上海文化发展基金会图书出版专项基金资助项目
社会政策前沿译库

工作的未来、技术和基本收入

[美] 迈克尔·乔比(Michael Cholbi)
迈克尔·韦伯(Michael Weber) 主编
黄淑芳 译

华东理工大学出版社
EAST CHINA UNIVERSITY OF SCIENCE AND TECHNOLOGY PRESS
·上海·

图书在版编目(CIP)数据

工作的未来、技术和基本收入 / (美) 迈克尔·乔比(Michael Cholbi),(美) 迈克尔·韦伯(Michael Weber)主编;黄淑芳译.—上海:华东理工大学出版社,2023.3
(社会政策前沿译库)
书名原文:The Future of Work, Technology, and Basic Income
ISBN 978-7-5628-6760-9

Ⅰ.①工… Ⅱ.①迈… ②迈… ③黄… Ⅲ.①职业社会学—文集②国民收入—文集 Ⅳ.①C913.2-53 ②F014.41-53

中国国家版本馆 CIP 数据核字(2023)第042062号

The Future of Work, Technology, and Basic Income, 1st Edition/by Michael Cholbi, Michael Weber
ISBN: 9781138316065

著作权合同登记号:“图字 09-2020-835 号”

策划编辑 / 刘 军
责任编辑 / 张 云
责任校对 / 孟媛利
装帧设计 / 王 翔
出版发行 / 华东理工大学出版社有限公司
地址:上海市梅陇路 130 号,200237
电话:021-64250306
网址:www.ecustpress.cn
邮箱:zongbianban@ecustpress.cn
印 刷 / 上海展强印刷有限公司
开 本 / 710 mm×1000 mm 1/16
印 张 / 13
字 数 / 191 千字
版 次 / 2023 年 3 月第 1 版
印 次 / 2023 年 3 月第 1 次
定 价 / 238.00 元

社会政策前沿译库

丛书序言

preface

社会政策一直以来被视作西方工业化与现代化的产物。市场作为资源分配的最重要手段面临失灵的困境,个人及家庭不得不面对各种风险,而传统的对抗风险的主体,如家庭、教会、互助组织在此过程中也面临变革及不确定性,因此国家干预成为大势所趋,福利国家的扩张与发展成为历史的必然。20 世纪 70 年代以后,社会政策的焦点才开始超越费边福利国家主义的狭隘边界,将市场、家庭、第三部门等其他多元福利提供主体重新带回理论争论中,重新反思福利权利与福利责任、福利多元治理等议题,以及对“国家福利是否值得追求”“为什么要去追求”等更深层次的意识形态问题进行探讨。

纵观 20 世纪 70 年代末福利国家危机以来,西方社会政策在实践上已有诸多变革。首先是福利市场化与私有化的改革。曾经的福利国家橱窗——英国在撒切尔政府的带领下逐步开始福利市场化的改革,与强调“管得少的政府是最好的政府”的美国具有不谋而合之处。市场化及私有化理念在世界银行、国际货币基金组织、经济合作与发展组织的推动下被广泛传播,对全球社会政策的改革都产生了深远的影响。然而值得注意的是,大家已不约而同地开始反思福利市场化改革所带来的问题、市场化是否促进了社会政策中关于公平与正义的价值理念。其次是福利国家的类型化不断被打破。哥斯塔·埃斯平-安德森的《福利资本主义的三个世界》把资本主义福利制度划分成三种类型后,不断有新的福利国家类型被提出,比如地中海福利国家类型、东欧转型福利国家类型、东亚福利国家类型等。不同国家的社会政策改革总是具有一定的路径依赖性,同时又被打上时代烙印。而不断涌现的福利国家类型本质上体现了不同国家在福利治理上的因地制宜的实践。最后是社会政策的改革越来越强调对社会政策的评估，即政策中谁从中受益、谁没有受益、谁应该受益等。这与社会政策这一学科的独特性有关，与其他学科相比，社会政策更关注弱势群体，以及社会公平正义的价值取向。对社会政策的评估反过来可以对更加科学地制定和实施社会政策具有一定的促进作用。

与西方国家相比，我国的社会政策发展在理论和实践上都非常“年轻”。直到 21 世纪初，我国才快速步入了社会政策时代。一方面，这意味着我国社会政策发展面临前所未有的机遇，社会政策既作为社会的稳定器，同时又作为经济发展的助推器，在制度设计、原则确立以及推进方式上进行了多种创新实践。另一方面，也意味着我国社会政策的发展由于基础弱，尚面临诸多难题和挑战。

为推动中国社会政策研究和学科的发展，吸收和借鉴国际最新理论与经验，2015 年年初，华东理工大学社会学系同仁决定引进翻译一批国际社会政策领域的前沿著作。历经多年的努力，这套《社会政策前沿译库》终于付梓。该丛书涉及社会政策理论、全球社会政策治理、环境社会政策、家庭社会政策等领域，涵盖了国际上社会政策各个分支学派的思想与智慧。希望这套丛书的出版能够为推动中国社会政策理论研究与实务发展做出一定的贡献。

何雪松

华东理工大学社会与公共管理学院院长、教授、博士生导师

前　言

foreword

迈克尔·乔比　迈克尔·韦伯

当代许多社会是“以工作为中心”的，对大多数人来说，工作在经济、社会和心理方面发挥着核心功能。① 在这样的社会中，工作不仅仅是个人赖以生存的主要收入来源②，也是个人获得自我认同感、社会认可和社交能力的方式，是个人发展和锻炼技能的主要途径，被视为个人长大成人、步入并融入社会的标志（Frayne, 2015）。“以工作为中心”的社会成功地促使个人“认同并按部就班地献身于有偿劳动，将工作置于生活的中心，并肯定工作本身就是目的”（Weeks, 2011）。

不出所料，在“以工作为中心”的社会，非自愿失业往往会对失业者的经济和身心造成一种毁灭性的打击（Brenner, 2005；Herbig, Dragano, and Angerer, 2013；Calvo, Mair, and Sarkisian, 2015；Margerison-Zilko et al., 2016）。然而，许多社会预言家预计，随着经济增速放缓、气候变化导致的生

① 根据经济合作与发展组织（OECD）的统计，2017 年，有 40 多个国家的就业人口比重超过 50%，有 25 个国家的就业人口比重超过 67%（https：//stats. oecd. org/Index. aspx?DatasetCode=LFS_ SEXAGE_I_R）。在美国，2017 年这一比例为 70. 1%，高于经济合作与发展组织统计的 67. 8% 的平均水平，但远低于冰岛（85. 8%）、瑞士（79. 8%）和瑞典（76. 9%）等国家。根据美国劳工部的统计，美国女性劳动力的比例（57%）低于男性。冰岛也是如此，2015—2017 年，冰岛女性劳动参与率一直徘徊在 73%左右。男女劳动参与率的不同是很重要的，即使是在“以工作为中心”的社会中，其也与无偿劳动的重要性相关联。例如，女性通常要照料儿童和老年人。根据经济合作与发展组织的统计，在世界范围内，女性花在无偿劳动上的时间是男性的 2～10 倍（www. oecd. org/dev/development-gender/Unpaid_care_work. pdf）。这导致社会形成歧视性的制度和对性别角色的刻板印象，以及对男女劳动力参与度、工资和工作质量等劳动成果的差别对待。

② 至少在美国，收入不是工作的唯一经济功能，因为它通常是工人健康保险（和一系列其他福利）的来源。

产和居住模式的改变,以及全球人口老龄化问题日益严重、雇主和雇员之间的信任度下降、临时就业和“打零工”人数的增加,“以工作为中心”的社会将在未来几十年内衰退(Brynjolfsson and McAfee, 2014; Thompson, 2015; Srnicek and Williams, 2015; Stern, 2016; Frey and Osborne, 2017)。

在所有可能削弱工作中心地位的发展中,自动化带来的风险可能最大,技术进步威胁着无数的工作岗位。有研究显示,随着计算机和机器人的普及,现有的工作岗位可能有近一半将会面临被淘汰的风险(Frey and Osborne, 2017)。正如工业革命所证明的那样,对于需要体力劳动来完成的工作,机器显然比人力更加高效。事实上,制造业就业人数的持续下降在一定程度上是因为技术对劳动力的淘汰,而当下的各类技术开发会在更多领域对劳动力造成威胁。数字智能技术使机器能够执行常规的、可重复的认知型任务,因此,以前认为不会受自动化影响的从业人员,如会计、卡车驾驶员、医疗诊断师和酒店服务人员等,也可能会被机器取代。随着人工智能的不断发展,计算机将以高效率、低成本的优势在更大范围内替代人力。

如果这场自动化革命成为现实,社会、工作场所和个人就不得不适应这样一种经济:就业种类、工作时间、总体就业机会都将减少,非周期性失业率达到前所未有的水平。虽然这样一场革命会给社会和个人带来巨大的挑战,但也会带来机遇。比如,社会对人力劳动需求的减少可能会增加个人在非工作时间(闲暇时间)获得满足感的机会,卡尔·马克思(Karl Marx)、约翰·斯图尔特·米尔(John Stuart Mill)和伯特兰·罗素(Bertrand Russell)等哲学家都明确强调过这一点(Russell, 1935; Mill, 2001; Sayers, 2005)。自动化革命还可以为改善工作条件打开大门,伊丽莎白·安德森(Elizabeth Anderson, 2017)强调应减少专制管理型的私营雇主的数量。但是,考虑到工作在这类社会中的核心地位,以及人们对工作的普遍忠诚,一场深刻影响经济、影响人类劳动本质和需求的自动化革命可能会给许多工人造成严重的创伤(Cholbi, 2018)。对此,我们确实需要反思与工作、经济生产率有关的社会政策。最重要的是,未来工作岗位的减少可能会迫使这类社会寻找新的方式,让人们在经济上自给自足。

正是在这一背景下,全民基本收入(universal basic income, UBI)这一政策的热度开始上升。全民基本收入政策无条件地为个人提供最低水平的收入,而且最重要的是,不要求他们工作。因此,这一政策不同于美国、英国等国家常见的公共福利政策(往往要求受助者工作,起码需要找工作或参与就业培训)。全民基本收入并不是一个新概念,它已经得到了意识形态领域不少理论家和领导者的支持。这些支持者包括古典自由主义经济学家,如弗雷德里克·哈耶克(Friedrich Hayek);反种族主义和反贫困活动家,如马丁·路德·金(Martin Luther King)和德斯蒙德·图图(Desmond Tutu);自由主义思想家,如米尔顿·弗里德曼(Milton Friedman);女权主义者,如卡罗尔·佩特曼(Carole Pateman);马克思主义者,如安东尼奥·内格里(Antonio Negri),以及以埃隆·马斯克(Elon Musk)为代表的众多政府官员和企业家。全民基本收入也并非没有实际先例。近些年来,加拿大、芬兰、肯尼亚、荷兰、美国进行了各种规模和形式的全民基本收入实验,如美国阿拉斯加永久基金会利用其所在州的能源收入为每位居民提供年度股息,该基金会自1982年以来一直在持续运作。

上述关于工作场所自动化革命的预言引发了人们对工作“危机”的预测,全民基本收入成为学术界关注的焦点。本书主要讨论的就是全民基本收入和工作性质的变化。总的来说,本书阐明了在面对与工作和自动化革命有关的挑战时,全民基本收入在当下和未来所具备的潜力以及存在的局限性。

在很多人看来,全民基本收入是一个激进的想法,本书中有几篇文章探讨了全民基本收入的哲学基础,阐明了全民基本收入的合理性。例如,马特·兹沃林斯基(Matt Zwolinski)在《哈耶克视角下的自由市场和基本收入》一文中引用哈耶克的著作来为基本收入辩护。这也许令人惊讶,因为众所周知,哈耶克是一个强硬的自由市场主义者。兹沃林斯基认为,哈耶克对基本收入的支持是基于他从新共和主义视角出发对自由的解读(自由即不受强制),这并没有背离他的自由市场主张。对哈耶克来说,自由在于能够按照自己的决定和计划生活,而不是被他人的意志支配。兹沃林斯基认为,这种自由要求政府以最低收入的形式重新分配资源,以确保个人不受他人支配。

杰西卡·弗拉尼根(Jessica Flanigan)在《基于无政府主义的基本收入

论》一文中提出,公务人员应该保护个人的自然权利(如反对人身干涉的权利),但他们通常会围绕财产制定超越这些自然权利的规则和公约,而不考虑个人是否同意。因此,她提议将基本收入作为国家侵犯个人权利的一种补偿方式。

贾斯廷·托西(Justin Tosi)在《关系充足主义与基本收入》一文中提出了平等主义理论,包括伊丽莎白·安德森和塞缪尔·舍夫勒(Samuel Scheffler)提出的平等主义的关系形式,但这难以证明基本收入的合理性。她转而求助于充足主义理论,根据这一理论,正义要求的不是某些商品分配的平等,而是保证每个人都有足够的商品。托西总结道,充足主义的一种关系形式是每个人都有足够的社会地位与他人建立体面的、基于尊重的关系,这为全民基本收入提供了比任何平等主义观点都可信的理论基础。

一些人支持全民基本收入的理由是,与传统的社会福利计划相比,全民基本收入提供的是现金,而不是“一揽子”必需品(如食物、住房等);全民基本收入计划没有那么家长制,它为受助者提供了更大的灵活性去追求他们的目标。迈克尔·乔比(Michael Cholbi)在《论支持无条件基本收入的反家长制理由》一文中提出,从反家长制角度为全民基本收入辩护比表面上看起来要难得多。在“选择如何影响自由”这一问题上,那些以反家长制为由支持全民基本收入的人对家长制的理解有误,他们强调了选择权与自由的关系。而乔比则主张,他人对受助者的干预方式会影响受助者的能动性,进而反映出一种认为受助者低人一等的家长制判断。此外,与全民基本收入相比,物质扶助似乎能更好地防止家长制加深不平等的社会关系。

本书还探讨了全民基本收入与工作和工作场所的关系,特别是在“以工作为中心”的社会中,全民基本收入如何与自动化带来的挑战相交织。伊芙琳·福尔热(Evelyn Forget)在《工作与价值:基本收入及工作的社会意义》一文中指出,相对于工作,基本收入可以起到许多令人满意的作用。例如,在稳定的工作岗位减少和临时工作增加的情况下,基本收入可以为人们提供收入,并增加平衡工作与生活的机会,包括暂时离职去从事志愿活动或创造性工作,或者进行休闲活动的机会。即便如此,福尔热仍坚称工作的价值超越了薪资。因为工作本身也很有价值,它既是公民身份的来源,也影响人们如何看待自己与他人。因此,福尔热的结论是,基本收入不能也不会减少当前和未来工作环境中的一些不利影响,特别是对即将开始职业生涯的年轻人来说,是否将工作作为基本收入的一个条件,还有待探讨。

和福尔热一样,科里·P.沙夫(Kory P. Schaff)在《工作、技术和不平等》一文中强调,工作为人们提供了各种非金钱收益,包括自我实现、自尊和社会归属感。技术进步预示着劳动力的淘汰,对劳动者来说,这意味着他们的福利会有巨大的损失。基本收入可能会减少工作岗位变少所带来的一些负面经济影响,但由于它未能解决根本的财产关系,在沙夫看来,它不会减少不平等现象或补偿工人未来可能遭受的非金钱损失。

福尔热和沙夫认为,基本收入是促进后工作时代更理想化的一种手段。约翰·达纳赫(John Danaher)在《为后工作时代正名:退出策略与游戏式生活》一文中则持有不同的观点,他认为,基本收入不太可能补偿人们因为长期失业而失去的价值感和满足感。但考虑到工作真的很糟糕,我们应该追求一种更自由、更游戏化的生活,相较于以工作为中心的生活,这种生活可以为人类繁荣提供更多机会。

安德烈亚·韦尔特曼(Andrea Veltman)在《全民基本收入及工作的好处》一文中对基本收入的批评者进行了反驳。批评者认为,基本收入与传统工作伦理是背道而驰的。韦尔特曼则认为基本收入有很多优势,如可以通过减少人们对工作的物质依赖、增加人们与雇主讨价还价的筹码,来让人们获得更有利的工作条件,从而提升人们积极自由的潜力(人们有效追求自己欲望的能力)。此外,韦尔特曼还表示,基本收入将改变人们的工作动机,但它不会削弱人们的工作动机。她还总结说,基本收入不会破坏社会的互惠规范,这些规范支撑着人们的信念,即工作是一种社会责任。

和许多基本收入的倡导者一样,韦尔特曼认为基本收入不会取代工作,反而会改善工作。弗劳克·施莫德(Frauke Schmode)在《无条件基本收入与坏工作问题》一文中指出,很少有人关注基本收入对坏工作可能产生的影响。据施莫德分析,坏工作是指主观上(就工人的需求、偏好、价值或能力等方面而言)和客观上(就工作环境、报酬、安全性、自主权、自由时间等方面而言)都不好的工作。虽然我们预计基本收入会给予工人更大的杠杆——要么拒绝糟糕的工作,要么讨价还价让工作变得更好。但施莫德得出的结论是,只要坏工作继续存在,一个被人们忽视的社会正义问题——如何分配坏工作——将很难得到解决。

人们对基本收入的兴趣越来越浓,同时也更加关注那些被社会边缘化或禁止的劳动形式。维达·潘尼奇(Vida Panitch)在《基本收入和亲密劳动》一文中探讨了自由主义者和社群主义者是如何看待亲密劳动的。他们还激烈地争论了给亲密劳动定罪是不是对此类劳动剥削女性或将她们的身体商品化的适当回应。潘尼奇认为,基本收入是一种更合理的回应,如果女性希望的话,她们可以拒绝亲密劳动,但有关方面要保障她们选择自己心仪工作的权利。她得出的结论是,自由主义者和社群主义者都应放弃支持刑法,转而支持将基本收入作为应对亲密劳动潜在危害的政策手段。

正如本书收录的研究所证明的那样,与工作和自动化相关且不断变化的经济现实赋予了基本收入新的生命,基本收入成为理论和实践研究的对象。反过来,这些研究对人们在未来如何与工作及他人建立联系有着深远的影响,未来的经济现实与经济繁荣的社会所习惯的经济现实将有着天壤之别。

参 考 文 献①

Anderson, E. 2017. *Private Government: How Employers Rule Our Lives (And Why We Don't Talk About It)*. Princeton: Princeton University Press.

Brenner, M.H. 2005. "Commentary: Economic Growth Is the Basis of Mortality Rate Decline in the 20th Century—Experience of the United States 1901–2000." *International Journal of Epidemiology* 34: 1214–1221.

Brynjolfsson, E. and McAfee, A. 2014. *The Second Machine Age: Work, Progress, and Prosperity in a Time of Brilliant Technologies*. New York: Norton.

Calvo, E., Mair, C.A., and Sarkisian, N. 2015. "Individual Troubles, Shared Troubles: The Multiplicative Effect of Individual and Country-level Unemployment on Life Satisfaction in 95 Nations (1981–2009)." *Social Forces*: 1625–1653.

Cholbi, M. 2018. "The Desire to Work as an Adaptive Preference." *Autonomy* 4.

Frayne, D. 2015. *The Refusal of Work: The Theory and Practice of Resistance to Work*. London: Zed.

① 为方便读者查阅,本书按英文原版复制参考文献。

Frey, C.B. and Osborne, M.A. 2017. The Future of Employment: How Susceptible Are Jobs to Computerization? *Technological Forecasting and Social Change* 114: 254–280.

Herbig, B., Dragano, N., and Angerer, P. 2013. "Health in the Long-term Unemployed." *Deutsches Arzteblatt International* 110: 413–419.

Margerison-Zilko, C., et al. 2016. "Health Impacts of the Great Recession: A Critical Review." *Current Epidemiological Report* 3: 81–91.

Mill, J.S. 2001. *Utilitarianism*. Indianapolis: Hackett Publishing Co.

Russell, B. 1935. *In Praise of Idleness*. London: George Allen and Unwin Ltd.

Sayers, S. 2005. "Why Work? Marx and Human Nature." *Science and Society* 69: 607–616.

Srnicek, N. and Williams, A. 2015. *Inventing the Future: Postcapitalism and a World Without Work*. London: Verso.

Stern, A. 2016. *Raising the Floor*. New York: Public Affairs.

Thompson, D. 2015. A World Without Work. *The Atlantic*, July/August. https://www.theatlantic.com/magazine/archive/2015/07/world-without-work/395294/.

Van Parijs, P. and Vanderborght, Y. 2017. *Basic Income: A Radical Proposal for a Free Society and a Sane Economy*. Cambridge, MA: Harvard University Press.

Weeks, K. 2011. *The Problem With Work*. Durham: Duke University Press.

目　录

contents

第一章　哈耶克视角下的自由市场和基本收入

马特·兹沃林斯基

引　言

对大多数美国民众来说，他们知道哈耶克这个名字，仅仅是因为福克斯新闻频道（*Fox News*）名嘴格伦·贝克（Glenn Beck）推荐过他的名作《通往奴役之路》（*The Road to Serfdom*）。贝克之所以推荐这本书，是因为想对当时政府的危险路线提出警告。无论这是幸事还是不幸之事，现在很多人都知道哈耶克这个人了。不过，笔者怀疑大多数人会意外地发现，在哈耶克的整个职业生涯中，他一直替“为所有人提供平等的最低收入”（Hayek，2013）这一观点辩护。

当然，这里有个明显的悖论。作为20世纪著名的自由意志主义者之一，哈耶克推崇自由市场，但又极力维护在很多人看来是福利国家的典范之作的基本收入保障。哈耶克对这一悖论也未曾做过充分说明。虽然他一直支持基本收入保障，但从来没有详细解释过他这么做的理由。因此，很多人会产生这样一种印象：哈耶克对基本收入保障的支持是一种意外，是一种个人的小怪癖。这种悖论的产生有两种解释：一种是哈耶克在自己的个人主义思考框架中产生了逻辑上的小瑕疵（对认同自由意志主义的人而言）；另一种是哈耶克的自由意志主义意识形态中尚有一丝同情心和人文关怀（对不认同自由意志主义的人而言）。

本章的论点是哈耶克对基本收入保障的支持并非一种意外。恰恰相反，从积极的政治哲学而不是对哈耶克的观点进行经典诠释的角度考虑，笔者要强调的是，对于从哈耶克的观点中汲取灵感的研究者而言，哈耶克对基本收入保障的支持是顺理成章的。笔者认为，哈耶克的自由意志主义理想（自由市场和小政府）和基本收入保障的观点与他所追求的个体自由[①]（免受强制的自由）这一基本理念是同源同流的。

笔者希望这一论点能够引起“哈耶克主义者”及其他学者的兴趣。在笔者看来，哈耶克视角下的自由市场和基本收入，不仅根植于哈耶克对自由本质的独到见解，而且根植于哈耶克对自由在市场经济中如何运作的独特看法。哈耶克对自由的理解与菲利普·佩蒂特（Philip Pettit, 2006b）等理论家提出的新共和主义观念有很多共同之处。相对于由罗伯特·诺齐克（Robert Nozick, 1974）和默里·罗斯巴德（Murry Rothbard, 1973, 1982）等自由意志主义者对自由的解释，哈耶克对自由的理解有其高明之处。因此，本章的目的之一就是说服那些与哈耶克持不同观点的自由意志主义者，以调整他们对自由的理解。笔者相信，这虽然不能彻底改变自由意志主义者对基本收入保障的抗拒，但会有所助益。

笔者认为，那些非自由意志主义的共和派也可以从哈耶克的观点中获益。以佩蒂特为代表的共和派通常擅长在私人领域发现控制行为的源头，并建议政府采取行动以降低这些控制行为带来的风险。他们没有意识到市场竞争本身也可以成为约束控制行为的有力工具，也没有意识到即便是善意的政府政策也可能会强化现有的控制行为或者催生新的控制形式。[②] 本章的第二个目的是说服那些偏爱共和派自由观的人采纳哈耶克的观点，明确市场和政府在推进或阻碍自由方面所起的作用，从而在公共政策问题上靠近自由意志主义者的思路。

本章共分为五个部分：第一部分详细审视哈耶克对自由和强制的论述，特别关注他在《自由秩序原理》（*The Constitution of Liberty*）一书中所做的阐述；第二部分解释哈耶克的阐述怎样印证他在自由市场和小政府方面的自由意志主义立场；第三部分说明哈耶克关于自由的论断如何支持

---

① 阿斯比约恩·迈尔克维克（Asbjorn Melkevik, 2017）提出了类似的观点，即从强制的理由出发为基本收入辩护。

② 罗伯特·泰勒（Robert Taylor）是个明显的例外。参见泰勒（2013, 2017）的观点。

基本收入保障；第四部分探讨有保障的最低收入是否应该基于有工作意愿这一前提；第五部分为结论。

哈耶克对自由和强制的论述

在《自由秩序原理》中，哈耶克将自由定义为不受强制（Hayek, 2013：57－58）。这意味着，哈耶克固守着标准的自由意志主义路线，至少普通读者是这样理解的。如果自由仅仅受到强制的威胁，那么缺少权利或财富并不能使个体失去自由。[①] 相对而言，政府的税收和规章制度的确是强制性的，因此对个体的自由造成了侵犯。

但是，细读《自由秩序原理》之后，我们可以发现，哈耶克对自由的理解无论是从基础理论还是从实际意义来看，都与常规的自由意志主义有所偏离。从理论上说，自由意志主义者，如罗斯巴德和诺齐克，认为强制是一种道德观念，与个人的权利有关。自由意志主义者的基本观点是，只有当 A 要求 B 满足 A 的要求，否则就侵犯 B 的权利时，A 才对 B 实施了强制行为。[②] 对自由意志主义者而言，由于政府无权在未获得个人同意的前提下获取个人名下的合法财产，因此，当政府因为个人没有交税而扬言要对个人进行罚款或监禁时，其行为就是强制性的。在这种定义下，税收是一种“偷窃”行为。

很多自由意志主义的批评者（甚至有些是支持者）认为，从逻辑上看，这种关于自由的理论（以及自由意志主义基于自主的个人权利的基本理论）具有无政府主义色彩。即便是最小的国家，为了保护个人的消极权利，它也需要靠强制性税收来筹集资金。但是如果所有的税收都是对个人权利的侵犯，那么自由和最小的政府也不具备兼容性。[③]

哈耶克认为，自由和强制的概念不能混同于抽象的自然权利。相反，

---

① 相关批评参见科恩（Cohen，2011）的论述。

② 关于自由意志主义者对道德化的自由和强制概念的探讨，参见科恩等（Cohen，1995；Weinberg，1997；Zimmerman，2002）的论述。

③ 这是罗斯巴德的观点（Rothbard，1973），但是诺齐克对这一观点进行了不遗余力（但说服力略显不足）的驳斥（Nozick，1974）。

他所说的自由是指个体可以“按照自己的决定或计划”生活，“而不是无奈地受制于他人”（Hayek，2013：59）；强制则是指“个人的行动受制于他人的意志，以达到他人的目的，而非自己的目的这种状态”（Hayek，2013：199）。

哈耶克认为，“强制意味着实施伤害性的威胁”，并通过这一威胁“达成某种意图”（Hayek，2013：200）。威胁带来的伤害通常以暴力形式出现。但是哈耶克强调，暴力并非强制的唯一形式（Hayek，2013：202），强制还可以通过其他形式得以实现，如拒绝提供个体生存所必需的资源或服务，或者拒绝为个体提供其最需要的保护（Hayek，2013：203）。例如，在沙漠里拥有水资源的人，可以通过拒绝给予他人水资源而获得强制权（Hayek，2013：203）。甚至闷闷不乐的丈夫、唠唠叨叨的妻子、歇斯底里的母亲，都可以实施“某种具有压迫性的强制行为”。然而，在这些情况下，任何通过政府行为来纠正这些强制行为的尝试都会导致“更严重的强制行为”出现，这是自由社会无法接受的（Hayek，2013：205）。

基于哈耶克对自由的理解，政府行为可以具有强制性，但并非一定如此。在哈耶克看来，在君主专制的社会，臣民的生命财产取决于国王的心情，这显然是强制的典型情境。但是，哈耶克相信，当政府的规则公平、公正地适用于所有人时，政府行为就不存在强制性，这一点尤为关键。① 当然，这些规则会限制个体的行为。但是，只要这些规则具有普遍性且公平地适用于所有人，它们就没有将个体置于他人的意愿掌控之中。用哈耶克的话来说，这些规则如同“自然法则”一样，是个体赖以规划其人生的基本社会原则。这些规则没有将一些人置于从属地位，也没有将另外一些人置于统治地位（Hayek，2013：221）。

这种自由观也有不足之处——早期的自由意志主义批评者们，如罗纳

---

① 关于这些规则是否具有强制性，哈耶克并不十分确定；或者，这些规则虽然具有强制性，但只是一种无关紧要的强制，这种理解是否正确，哈耶克也不是十分确定。为了支持前一种说法，哈耶克这样写道：“如果这些强制性规则的制定并非针对我个人，而是平等地适用于处于类似情境下的所有人，那么这些规则和影响我实施计划的自然障碍没有区别。”（Hayek，2013：210）然而，哈耶克也支持后一种说法，他反复强调：“防止人们互相实施强制行为的方法，就是对他们全部实施强制行为。这意味着人们只能减少强制行为或减少强制行为造成的危害，但无法彻底消灭强制行为。”（Hayek，1967）

德·哈姆威（Ronald Hamowy，1961）就曾提出过一些问题。但是，相对于传统的自由意志主义理论而言，这种自由观的优势表现在其对社会关系本质特征的关注上。对自由意志主义者来说，自由是抽象的权利，而抽象的权利是从历史意义上来理解的。[①] 因此，对自由意志主义者而言，他们根本无法通过社会关系特征来认定一种状态是否为自由状态。例如，如果一个人被身体强壮的持枪者拖拽、殴打等，那么这个人的自由是否受到侵犯？对于这种情况，我们需要具体分析。这个人是由警察（或支配性保护机构）实施合法逮捕的罪犯吗？如果是这样，那么虽然从表面上看这个人的自由受到了侵犯，但是答案是否定的，他的自由（他的权利）并未受到侵犯。再如，士兵需要服从上级命令，包括何时用餐、何时就寝、如何着装等，如果不服从命令，就会受到严厉惩罚的威胁。那么士兵是自由的吗？自由意志主义者的回答是"是"，如果他们签署了合约，那么他们就是自由的。对自由意志主义者来说，只要前提条件是正确的，即便是极具压迫性的社会安排或者被他人呼来喝去，也不会侵犯个体的自由。只要前提条件是公正的，实施程序是公正的，那么结果就是公正的。同理，只要前提条件是自由的，程序是尊重的、自由的，那么这种行为就是自由的。

西奥多·伯赞克（Theodore Burczak）认为哈耶克的观点也是如此。根据伯赞克的理解，哈耶克判断某一建议是否存在强制性的依据是该建议提出时的条件（Burczak，2013：51）。但是，笔者认为这是对哈耶克的误解。对哈耶克来说，问题的关键不是沙漠中的流浪者是否依赖水资源垄断者，而是水资源垄断者如何使用其权力。如果水资源垄断者扬言谁不按照他的意愿行事就得不到水的话，那么他就实施了强制行为；如果水资源垄断者与他人分享水资源，那么他就没有实施强制行为。

垄断行为与市场中其他有条件的交易行为有何不同？需要注意的是，哈耶克并不认为垄断行为本身会让某种建议具有强制性。如果有人想请某位知名艺术家为其画像，那么他可能需要支付高昂的费用，但这里不存在

---

① 诺齐克因对分配正义进行历史主义研究而闻名，但他认为自由是道德化的，由此可以引申为个人只有在权利受到侵犯时才会不自由。因此，他对自由的论述同样具有历史性特征。参见诺齐克（1974：Chapter 7）的论述。

强制。哈耶克这样解释：艺术家的服务和沙漠中的水不同，不是生存必需品（Hayek，2013：203）。但是，他后来在回应哈姆威时说这种解释不够完善。哈耶克认为，更深层次的解释是，享受艺术家的服务不是人们的基本权利，而在紧急情况下享用可以救命的水是人们的基本权利（Hayek，1967）。哈耶克承认，对于何人在沙漠里有喝水的基本权利，他的论证还不够充分。但是可以想见，一方面，水是人类生存的必需品；另一方面，在这种情况下供需机制通常并不能起到理想的作用。

以上阐述证明，哈耶克对强制的论述和他对几个例子的分析相互印证、浑然一体。对哈耶克而言，关键问题不在于道德和法律权利的底线，而在于一个建议到底是增加还是减少了选项。雇主提供了一个不太好的工作，（通常）不是强制行为，因为这个建议增加了选项，而且一般来说，从某人那里得到工作或工资并非基本权利。抢劫者问你“要钱还是要命”是一种强制行为，因为这一行为减少了选项。具体来说，钱和命都是你应有的，且在抢劫者出现之前，这两者是你已经拥有的权利。沙漠里的水资源垄断者要求你服从建议是强制行为，因为你本来就有权得到水资源，而他的威胁（不服从就不给你水喝）和抢劫者的威胁（交出钱，否则要你的命）本质上是一样的。

自由与市场

哈耶克关于自由的理论和佩蒂特提出的新共和主义理论（Pettit，1997）有诸多相似之处。与佩蒂特一样，哈耶克认为要理解自由，首先要理解支配。支配指受制于他人的专断意志，而自由指免受（或仅承受最低限度的）支配。本部分要讲的问题是，这种共和主义自由观如何与哈耶克的自由市场理念相契合。

当代共和主义批评者，如杰弗里·布伦南（Geoffrey Brennan）和洛伦·洛马斯基（Loren Lomasky）认为，这种观点与市场严重背离。虽然笔者认为这种看法是错误的，但是佩蒂特和理查德·戴格尔（Richard Dagger）等共和派在谈论市场时对此表现出支持态度。[①] 当代共和派对市

① 相关论述参见佩蒂特的文章（Pettit，2006a）。

场充满怀疑，认为市场是支配和不自由的源头。即便是温和的观点，也不为市场唱赞歌，而是持“平静的”容忍态度。

佩蒂特和佩蒂特的批评者的观点都有道理，但是双方的论证都不是特别严谨。从本质上看，共和派所主张的自由不是市场的敌人，而市场也没有拒绝共和派所主张的自由。

事实上，哈耶克对市场的看法表明，我们可以进一步认为市场非但没有拒绝共和派所主张的自由，还经常保护这种自由不受侵犯。

市场竞争的本质是提供更多选项，从而当一种提议不能满足个体的利益时，个体有权拒绝。在自由竞争的劳动力市场，当雇主试图强迫雇员从事违背其意愿的事情时，雇员有能力拒绝并重新找工作，这种拒绝的能力是一种制约。① 退出并非轻松的选项，但在许多情况下，退出选项确实存在，而有人会选择退出，这足以保护所有人的自由。笔者从不比较不同商店牙膏的价格，但是显然有人会比较，这就有助于保证牙膏的价格竞争，从而对所有人有利。

市场竞争越激烈，价格和其他契约受供需机制等非人为调控越多，市场中任一代理人在交易中将自己的意志强加于另一方的可能性就越小。当然，市场中所有东西都是有标价的，而在价格和预算的制约下，没有人可以“自由”行事。然而，市场竞争确实有助于保证个人选择不受其他市场代理人的特定意志的影响。这限制了市场代理人对个人处境的操控，他们希望个人做的事，对个人来说是造成痛苦最少的一种选择。这种非操控性是自由的一个重要构成因素，在这一点上，佩蒂特和哈耶克的观点是一致的。

哈耶克认为竞争可以有效制约强制，正因为如此，他才对政府权力心怀疑虑。毕竟政府是社会中唯一可以合法使用武力的机构，政府通常能有效地垄断武力。通过垄断武力，政府建立并维持对其他事务的垄断，如对道路、邮政、刑法的制定和实施等的垄断。需要这些服务的个体别无选

---

① “一般来说，个体经营业主实施强制行为的可能性较小，他提供工作机会与提供商品和服务的性质类似。他只能从诸多谋生机会中去除一个，对在别处挣不到等额工资的雇员，他只能以解雇来威胁。这种行为虽然也会给雇员造成痛苦，但不是强制行为。”（Hayek，2013：203 - 204）

择，因此他们只能服从政府的安排。事实上，这正是政府和社会上其他组织的根本区别——多数组织只能提出建议，而对于这些建议，人们有拒绝的自由；政府则不同，政府往往不提建议，而是提要求。

哈耶克认为，只要政府所提的要求属于一般性规则，并且这些规则平等地适用于所有人，那么政府的强制性就在人们可以接受的范围内。但是，法规越来越多，越来越复杂，以至于普通人事先并不知晓哪些行为是被允许的，哪些行为是被禁止的，因为执法机构已经无法如理论所预期的那样做到有法必依。个体享有的自由裁量权越大，其被强制的可能性就越大。如果一个人所必须遵从的已经不是法律，而是办公桌后的某个官僚或戴着警徽的某个警察，而他又以自己认为合适的方式践行法律的话，这时他就不再享有完全的自由了。①

从哈耶克的自由观出发，我们就不难理解他对市场和国家的自由意志主义态度。市场竞争意味着个体拒绝不利于自己的提议，从而鼓励公司给出有利于个体的方案。因为个体不依赖特定的买家或卖家，所以不会被迫接受他们不喜欢的条件。很显然，政府没有竞争对手，这意味着个体别无选择，只能接受对他们不利的提议。竞争保护选择，限制强制；垄断阻碍选择，增加强制的可能性。

当然，笔者前文所讲到的哈耶克支持市场的论证仅仅适用于竞争的市场。而我们并不能想当然地认为所有市场都是竞争的市场。真实世界的市场竞争从来都达不到理论所期待的那样完美，因为完美竞争意味着信息全面、买家和卖家无限多且交易成本为零。事实上，有些真正的市场甚至连竞争的基本要求都达不到；有些市场因为自然因素，准入门槛特别高；有些市场则因为政府政策人为地提高准入门槛；有些市场从事特殊商品交易，几乎没有替代品；有些市场则因为严重的信息壁垒而无法正常运转。

在缺少竞争的情况下，强制的可能性就会大大增加。例如，在失业率较高的时期或者行业，管理者可以通过自己的自由裁量权来迫使员工“自愿”加班，或保留其政治观点，或容忍骚扰行为等，因为员工面临遭解雇而失业的威胁。哈耶克承认这种情况可能存在，但是他认为在市场经济中

① 这些观点有助于人们理解哈耶克对法治的顾虑，参见哈耶克（2013：part 2）的论述。

发生这种情况比较罕见：

> 不可否认，有时就业状况也会为真正的强制创造机会。在高失业率时期，解雇的威胁会被用来强迫员工从事与原劳动合同不符的工作。例如，在一个矿区小镇，管理者可以随意对自己不喜欢的人进行专横武断的处置。然而，这种情况在一个繁荣而充满竞争的社会，即便可能发生，也是极为罕见的。(Hayek，2013：204)

并非所有解雇的威胁都具有强制性的，这是哈耶克的看法，也可以说是学者们关于该问题的普遍看法。解雇的威胁是否具有强制性，取决于对雇员来说后果是否严重。假如雇员还有其他较好的就业机会，解雇威胁就不具有强制性。再假如，雇员被解雇后可以依靠自己数额不菲的储蓄维持生活，解雇威胁也不具有强制性。前文提过哈耶克关于某人想请著名画家为自己画像的例子。对哈耶克而言，艺术家对自己服务的垄断及其高价要求不构成强制，这是因为他所提供的服务对潜在的顾客来说并非必需品。类似的，如果雇主提供的工作机会对潜在的雇员来说可有可无，那么即便是享有一定垄断权的雇主，也无法实施强制行为。关于这一点，后文还会展开论述。

在讨论这一点之前，笔者将就市场竞争和强制的关系提出另一个问题。在理想状态下，市场竞争可以保证工资和其他雇佣条款受供需机制调节，而不是由某雇主（或雇员）的心情决定。但是，即使是在理想状态下，市场竞争也只能确保劳动所得与劳动的市场价值相吻合，却不能确保劳动所得足够维持劳动者的基本生活，当然，“足够”仅仅以较为客观的方式进行界定。例如，即使在完美竞争的条件下，那些生产力低下的人得到的工资也是不足的。那么，对于这类人，如残障人士或老迈之人，情况又如何呢？市场是否会使这类人受到强制呢？

在竞争性市场，有些人受能力限制，挣的工资不能满足其基本需求，这种情况本身不是强制。在这种情况下，工资低的决定因素是工人生产力水平低，如果支付更高的工资，雇主就会遭受损失。雇主并非为了操控雇员的选择而强迫他们或者利用他们，进而有意压低工资，雇主并没有威胁到雇员。相反，他们为雇员提供了改善其状况的福利，尽管福利水平没有达到雇员的预期。

退一步讲，虽然有些低工资本身并不具有强制性，但那些靠低工资生活的人很容易受到其他方面的强制。贫穷意味着缺少选择，而当所有的选项都非常糟糕时，不难想象某些无良个人或公司就可能利用这一点为自己谋取利益。饿极了的人会因为你的一块面包而听从你的安排，前提是他面前只有这一种选择。自己的生存有赖于他人的意愿，被迫为满足他人的意愿（而非自己的意愿）而采取行动，这在哈耶克看来是不自由的本质。

但问题是我们应该如何应对这种不自由。一种选择是以法律的形式禁止强制性建议。有时候，这是最恰当的选择。当我们禁止身体暴力的威胁时，我们消除了强制，从而拓宽（或者至少保留）了潜在受害者的选择范围。但是，向穷困无助的人提供坏工作这类建议呢？我们是否应该禁止"血汗工厂"？请注意，如果我们禁止"血汗工厂"，一些穷人的选择权或许不会增加，他们的生活也不会得到改善，因为"血汗工厂"是他们面前糟糕的选择中最好的选项了。如果把这个选项拿走，又不提供其他替代选项，那么他们的生活不仅得不到改善，反而会更加悲惨。①

在这种情况下，个人需要的是增加选项，而不是减少选项。降低强制程度的方法不是明令禁止，而是提供机会。

下文将讨论如何提供机会的问题。

自由和基本收入

请注意，为了保护人们不受强制，某种形式的再分配是很有必要的。这是从哈耶克的视角出发探讨基本收入问题的第一步。正如前文提到的，贫困使人们极易被他人强制。在劳动力市场紧缩时，雇员必须服从雇主的安排，否则会面临失业困境。在这种情况下，个人因为缺少财力而不能独立，从而无法从他人的无所不在的严重干涉中逃离。这样的例子不胜枚举。给人们金钱就是赋予他们选择的能力，也就是赋予他们拒绝的能力，

---

① 笔者在其他文章中对此问题做过详细探讨，参见兹沃林斯基等（Zwolinski，2007；Powell and Zwolinski，2011）的论述。

从而意味着赋予他们自由。①

诚然，这种自由可以通过国家再分配得以实现，但一般认为自由意志主义的核心意识形态就是反对国家再分配。需要注意的是，再分配的基本概念与自由意志主义者已经接受的其他政策形式并无明显的不同。抛开无政府主义者，大多数的自由意志主义者都认为提供警察保护是国家的合法职能，是维护个人权利的必要手段。但是，提供警察保护的形式不同于个人直接支付费用来换取服务的形式。这种服务的资金来自普通税收，然后基于需要在全民范围内进行再分配。这种服务保护个人免受强制，而服务的资金来自再分配。如果自由意志主义者可以接受这种情况，那么为何不能接受为了保护个人免受强制而进行金钱的再分配呢？这两种情况都以强制的形式来达到限制强制的目的——将全社会的强制程度降至最低。

当然，哈耶克视角下的再分配是有限度的，认识到这一点非常重要。在哈耶克的视角下，再分配的作用是保护个人免受强制，这是一个相当有限的目标。相对于实现平等或消除运气影响这样的目标而言，这个目标确实不算高远。旨在消除强制的再分配体系不会将减少痛苦定为目标，而仅仅是减少个人因受制于他人意志而产生的那种痛苦。当然，对个人来说，不受强制的自由并非唯一重要的事。但是，哈耶克认为，这是唯一可以通过合法要求他人而实现的事，是一种国家可以通过强制性手段而实现的正义。

现在看来，从哈耶克的立场出发，我们已经可以证明某种形式的再分配是必要的，那么接下来就是决定再分配的形式。本章的观点是哈耶克的研究路径为基本收入（为所有人平等地提供金钱）提供了理由。选择这种形式的理由何在？

哈耶克在这方面所言不多，他是这样表明立场的：

> 确保人人都能得到一笔最低收入，也就是说有了这笔收入，个人在没有工作时也可以维持生计。这不仅为所有人提供了一种合法的风险保

① 这是常见的共和派论调，参见佩蒂特等（Pettit，2007；Casassas，2007；Lovett，2009）的观点。

> 护，而且可以说是大社会的必要构成部分，因为在大社会中，个人无权对他出生时所在的小群体中的任何人提出具体要求。大社会制度旨在促使众多成员离开自己的小群体所提供的安全地带，虽然一开始他们享受到了这一制度带来的好处，但是后来他们发现自己孤立无援，且他们并无过错，却无力谋生，这很快导致了他们的不满，甚至引发了暴力行为。(Hayek，1979：55)

哈耶克继而说明了最低收入保障和他所批判的“社会正义”的不同。哈耶克指出，这两者的不同在于，前者致力于“勇于承担责任，提供最基本的福利水平，从而杜绝贫困”；而后者则致力于“确定个人的合理地位，并进行相应的分配”（Hayek，2013：410）。只要后者涉及确保“特定的人获得特定的配给，就必然产生歧视，即对不同的人采取不公平的对待方式，这与自由社会是不相容的”（Hayek，2013：376）。

《自由秩序原理》的主题之一是法律的重要性，这里的法律指平等适用于所有人的一般性规则。这似乎可以用来为全民基本收入提供合理的解释。而以某一特定群体为目标，或经过资格审查才给予福利扶助不符合这一原则。[①] 但是，哈耶克坚持认为资格审查对于任何合理的国家再分配都是不可或缺的。[②] 而且，笔者对“普遍”和“平等”的概念在解释此问题时是否有用表示怀疑。毕竟，以下两种情况在普遍性上区别不大：一是只有那些年收入低于1.2万美元的人才能得到福利扶助，年收入高于1.2万美元的人不在此列；二是只有40岁以上的女性才有资格享受年度乳腺钼靶检查，年龄低于40岁的女性（以及男性）则不在此列。这两种情况都涉及相关人群的区别对待。在某种意义上，人们没有得到平等对待，但是这种不平等对待似乎与获得政治生活中重要的平等权利并不冲突。

---

① 詹姆斯·布坎南（James Buchanan，1997）似乎赞同这种说法。

② 确保困境中的人平等地获得一笔最低收入需要一个前提，那就是证明受助者确实有此需求，任何非个人捐赠的资金发放都必须有相关证明。那些反对资格审查的人是非常缺乏理性的，他们把一种基于需求而提供的服务变成了一种荒谬的要求，要求不论是否需要，所有人都应该得到扶助，这样做的目的是避免让那些真正有需求的人感到自己低人一等。这就造成一种状况，即努力帮助穷人，同时让他们觉得自己所得的帮助是他们努力的结果，是理所应当的（Hayek，2013：427）。

基于上述理由，笔者认为从哈耶克的立场对基本收入进行的合理性解释与资格审查并不冲突——无论对收益方还是对供给方，都是如此。也就是说，再分配有两种模式：一种是只为有需要的人提供福利；另一种是为所有人提供福利，然后再通过税收的方式将其从不需要的人那里收回。①

从哈耶克的视角出发，资格审查之所以有问题（其实哈耶克好像从未认真探讨过这一点），是因为再分配制度本身有可能会成为一种强制手段，迫使个人受他人专断意志的控制。个人必须向很多拥有自由裁量权的官僚证明他们真的配得上这笔钱，如他们在努力找工作，他们并不懒惰，也不吸毒，也没有试图钻制度的空子，等等。在这种情况下，个人就处于一种奴性的地位，为了满足自己的需要而受制于那些垄断资源的人。一种相对普遍且自动运行的再分配制度可以最大限度地减少自由裁量控制，从而将个人从这种限制和屈辱中解放出来。而且，直接提供现金补助的制度给予个人自己做决定的自由，他们可以用这笔钱来支付租金、买日用品，或者存起来以备将来之需。与之相对的是，提供物质补助的制度则把决定权交给政府，而政府的决定到底受某种强大的利益左右还是真正考虑受助人的基本需求则很难确定。哈耶克一直强调，政府规划者因缺乏"对某时某地具体情况的了解"而不能有效地实施其计划，这是哈耶克作品中最有力的主题之一。② 哈耶克认为，这种局限性是支持分散式（自由市场）经济计划的一个重要理由。现金拨款可以分散决定权，从而能够让了解具体情况的人最有效地利用资源。如果这一点成立的话，在现金补助和物质补助哪一种更可取的争论中，政府对具体情况掌握不足这一局限性就成为强有力的论证依据。哈耶克思想中有两个要素对支持全民基本收入之类的做法非常关键：一是他相信自由是免受他人专断意志控制的状态，二是他怀疑政府规划制定者对特定信息的掌握不足。但在得出结论之前，我们还需要考虑另一个要素，即哈耶克一再重申的观点：社会福利只能提供给那些真正努力工作但仍无法维持生计的人。

---

① 这两种模式表明，真正无条件的基本收入和弗里德曼式的负所得税之间的财政平衡可以通过数学方法来演示。

② 哈耶克曾在文章中明确表达过这一观点（Hayek，1945）。

有工作是否应该成为一种必要条件

一种常见的说法认为，基本收入保障与其他公共扶助方式的区别在于它具有无条件性。这种说法有些夸大其词。① 几乎所有的基本收入方案在什么人可以得到资助方面都提出了条件，有些情况是仅限于居民，有些情况是规定某一年龄标准。但是这种夸张的说法也暗示了一个事实，那就是和其他公共扶助方式相比，基本收入保障提出的条件要少很多。特别是对那些有工作或者有工作意愿的人来说，基本收入保障可以说是无条件的。

笔者在前文已经论证了免受他人支配的自由观促使哈耶克呼吁为全民提供最低收入保障。但是关于这种保障是否有附加条件的问题，还有待进一步探讨。为了得到基本收入，个人是否必须工作，或者是否必须有工作的意愿?

哈耶克显然对此持肯定的态度。在《法律、立法与自由》（*Law, Legislation and Liberty*）一书中，哈耶克写道：

> 这个问题主要关涉的是那些因各种缘故而无力在市场中谋生的人（比如老、弱、病、残、孤、寡等）的命运。任何人都可能陷入困境，而且个人在陷入这种困境时靠一己之力无法应对。但是，一个达到一定富足程度的社会有能力为所有人提供生计保障。(Hayek, 1979: 54 - 55)

换句话说，政府转移支付的目的是为那些无力养活自己的人提供生计保障。至于那些有能力养活自己却没有工作意愿的人，该如何处理？哈耶克在这个问题上给出了明确的回答：

> 我从不质疑个人有权主动从文明社会中退出。但是，这些人享有什么样的“政治权益”呢？我们应该为他们的隐退提供资助吗？任何一种政治权益都应该以文明社会赖以立足的规则为前提。我们可以助残扶弱、养老抚幼，但前提是心智健全的成年人必须遵守公平的守则，这样我们才能提供用以救助的资金保障。(Hayek and Bartley, 1988: 153)

---

① 参见范·帕里斯和范德波特的著作（Van Parijs and Vanderborght, 2017）。

哈耶克所谓的“公平的守则”，可以从下面这个例子中得到解释：“军事化管理的志愿劳动服务可能是保证大家都有工作机会且都能得到最低收入的最佳形式。”（Hayek，2007：152）

由此可知，哈耶克至少暗示了他对互惠原则的支持，这一原则经常被斯图尔特·怀特（Stuart White，1997，2006）等基本收入的反对者们使用。基于互惠原则，想从社会的生产活动中获益的人必须对社会做出相应的贡献，这是一种道德义务。靠他人生产活动而“坐享其成”不是一种权利，至少对有能力做出生产贡献的人来说是这样的。因此，这种观点还认为，政府提出必须工作或者有工作的意愿这种条件，是对不劳而获的一种制约，也有助于实现互利互惠。

互惠原则的影响力很大，它不仅广受普通民众的欢迎，也不乏哲学家的支持。但是，主张基本收入并不违背互惠原则。即使个人需要做出相应的贡献才能享受到来自他人生产活动的利益这种说法站得住脚，政府也不能明确规定贡献的方式必须是有偿的劳动。例如，艺术家、父母、照料他人的人，他们都做出了（或者有能力做出）重要的社会贡献，但是他们所从事的“工作”均不符合所得税抵免之类的规定。①

即便互惠原则是对的，还是需要为那些真正无法做出互惠贡献的人做些调整。例如，那些有能力但是不愿意工作的人当然不应该获益，但是那些因为身体或精神残疾而无法工作的人，则应受到不同对待。所以，即便互惠原则规定不工作的人不能获益，我们也不能将其理解为所有不工作的人都不能获益。

至此，笔者所呈现的对互惠原则的回应具有普遍性。很多基本收入支持者都这样提过。但是请注意，这些说法和哈耶克的思想结合起来会更加强大。也就是说，哈耶克针对自己反对无条件基本收入的观点做出了最有力的回应。

哈耶克在讨论市场经济的优点，特别是在讨论市场经济中自由运作的

① 由此观点出发，我们可以认为是没有基本收入的社会违背了互惠原则，因为那些对社会有用的劳动被排除在有偿劳动范围之外，从而没有得到应有的报酬。关于这方面的深入探讨，以及互惠原则与基本收入的关系，参见卡尔·怀德奎斯特（Karl Widerquist，1999）的论文。

价格体系的作用时，反复强调对信息的分散性本质的认知。正因为关乎某时某地的具体情况的信息无序地分散在经济体的各成员之中，所以由国家进行中央计划的经济注定会失败。[①] 这样的国家无法获得有效利用资源所必要的所有信息。市场经济则通过价格信号调节信息传播，买家和卖家可以通过价格信号了解他们使用的各种资源的供需情况。但是价格体系之所以运作良好，恰恰是因为它对信息的简化。市场中的买家几乎无法确定其所需的某种商品价格上涨的所有原因，他们只知道价格上涨了，因此，他们或者出高价购得该商品，或者选择放弃该商品。

从本质上来说，哈耶克认为任何政府机构（或者任何大规模复杂制度的决策者）都不可避免地要面对如何获得全面信息的问题，其必须掌握所有具体情况的信息才能有效调配资源。这一观点意义重大，有助于我们理解上文讨论过的关于互惠原则的两种观点。

对于第一种观点，假设：第一，互惠原则要求那些从社会的生产活动中获益的人必须做出相应的互惠性贡献；第二，有些活动虽然不是有偿劳动，但是仍然符合互惠条件。我们现在需要解决以下难题：如何区分哪些活动符合互惠原则，哪些不符合互惠原则？如果苏珊娜正在努力创作伟大的美国小说，这是否符合互惠原则？是否只有当小说具备较大的成功的可能性时才符合互惠原则？如果詹姆斯不工作，在家照顾孩子，是否符合互惠原则？如果他并非一个称职的父亲，而是把孩子丢在一边，自己整天看电视，孩子无人看管，日渐消瘦，这种情况是否符合互惠原则呢？

问题的关键并非这些问题无法解决。聪明的道德哲学家们自会提出一套理论，以精确地界定互惠性贡献的界限。问题的关键在于，即便有这样一套理论，将理论付诸实践仍需要很多相关信息，而政府无法确保其掌握的信息是安全可靠的。政府如何确定詹姆斯是不是一个合格的父亲？为了确定这一点，政府需要行使什么样的侵入权？

对于第二种观点，论证方式是类似的。如果有些人确实因为无法做出互惠性贡献而免受互惠原则的限制，那么政府则需要确定哪些人是不能工作的，哪些人是不愿工作的。那些不愿工作的人可能会想尽一切办法欺骗

---

① 参见哈耶克等的相关论述（Hayek，1937，1945，1978；Hayek and Bartley，1988）。

政府，从而获得他们原本没有资格享受的福利，这将给政府的鉴定工作带来更大的麻烦。同样，要做出正确的决定，政府需要掌握与个人生活细节相关的大量信息——即便我们愿意赋予政府很大的侵入权，以方便其搜集信息，但想要掌握全面的信息仍困难重重。

因此，即使互惠原则是一个可靠的道德原则，我们也不能由此决定政府应该以某种互惠性贡献为条件来发放福利。这一原则没有问题，问题是政府无法掌握足够的信息，以确保正确实施这一原则。

也许有人会问，为什么不尝试一下呢？即使政府有时候会犯错，但尝试实施互惠原则总比彻底放弃这一原则要好。这种说法乍一听确实可信。但是，我们不能简单地认为尝试实施互惠原则就一定比放弃更好。尝试实施互惠原则将会导致大量第一类错误，即那些确实有资格享有福利的人得不到福利。放弃互惠原则将会导致大量第二类错误，即那些没有资格享有福利的人得到了福利。到底是尝试好还是放弃好，取决于这两种错误的相对严重程度。

当然，关于相对严重程度如何确定的问题也很难解决，这取决于人们对一系列道德考量的重视程度。有资料显示，在哈耶克的思想体系中，相较于第二类错误，他更关心如何避免第一类错误。第一类错误关涉有资格得到福利但被排除在外的人群。而这意味着这些人会被迫进入市场，从而受到潜在的严苛而无理的强制。他们将被迫接受有损尊严的工作，否则可能（强制性地）失去获得生存必需品的渠道。相对而言，第二类错误意味着那些没有资格得到福利的人得到了福利，这将最终导致税收的增加，以便应对那些多出来的福利开支。因为哈耶克认为税收具有强制性的观点是正确的，所以这一后果也有其道德层面的考虑。此外，在市场经济中，增加税收所造成的强制程度显然低于在市场经济中陷入赤贫所涉及的强制程度。基于此，像哈耶克这类以降低强制程度为己任的学者自然会更加重视避免第一类错误，而非第二类错误。

结　论

如果我们将全民基本收入定义为无条件的现金转移，那么哈耶克并不支持全民基本收入。① 关于转移支付到底采取现金还是物质的形式，哈耶克从未讨论过。但是，哈耶克针对“无条件”这一问题提出过明确的看法，那就是个人只有证明自己无能力通过生产劳动谋生，才有资格享受“平等的最低收入”。

然而，哈耶克支持的政策与其倡导的原则所指向的政策并不相同。本章论证了以下内容：(1) 哈耶克的自由说与共和派大体一致；(2) 哈耶克主张将国家权力用于减少强制行为；(3) 哈耶克质疑政府在复杂的体系中获得必要信息并精准决策的能力。这些都可以证明哈耶克对基本收入的青睐。虽然支持基本收入的说法并非出自哈耶克本人，但的确是在哈耶克的理论视角下可以得出的结论。

本章没有涉及太多关于哈耶克式的基本收入应该采取何种形式的话题。本章的任务是从哈耶克的基本原理中明确支持基本收入的理由，而不是撰写详细的实施计划。关于这种基本收入的数额如何确定，是以个人还是家庭为单位进行配给，是通过税收系统实施还是采取其他手段实施等细节问题，在此不做探讨。当然，这些问题都是至关重要的，而且前文提及的哈耶克的基本原理也蕴含了大致的实施方案。

例如，哈耶克式的基本收入目的是为人们提供一种最低限度的收入，从而赋予他们拒绝强制的基本资源。从这个意义上说，这种基本收入的数额不大，肯定比菲利普·范·帕里斯（Phillipe Van Parijs）提出的基本收入要少。范·帕里斯提出的基本收入是理想化的，意图使那些最穷困的人最大限度地获得可持续的真正自由（Van Parijs，1995）。同时，为了有效遏制家庭中的强制，基本收入应该直接支付给个人，而不是一家之长。如果基本收入通过减免所得税的形式实施，就可能支付给一家之长。除了这些及其他一些类似的规定外，以哈耶克的基本原理为指导进行基本收入的设计，确实还有很大的选择空间。一定形式的基本收入对保护个人免受强制是非常必要的，但是从哈耶克的立场看，如何推行基本收入，要根据具体情况仔细斟酌。

---

① 这一定义来自范·帕里斯和范德波特的著作（Van Parijs and Vanderborght，2017），其中还明确规定基本收入必须是一种个人的政治权益。

参考文献

Buchanan, J.M. 1997. "Can Democracy Promote the General Welfare?" *Social Philosophy and Policy* 14(2): 165–179.

Burczak, T. 2013. "A Hayekian Case for a Basic Income." In *Basic Income and the Free Market: Austrian Economics and the Potential for Efficient Redistribution*, edited by G.L. Nell, 49–64. New York: Palgrave MacMillan.

Casassas, D. 2007. "Basic Income and the Republican Ideal: Rethinking Material Independence in Contemporary Societies." *Basic Income Studies* 2(2): 1–7.

Cohen, G.A. 1995. *Self-Ownership, Freedom, And Equality*. New York: Cambridge University Press.

Cohen, G.A. 2011. "Freedom and Money." In *On the Currency of Egalitarian Justice and Other Essays in Political Philosophy*, edited by G.A. Cohen and M. Otsuka. Princeton: Princeton University Press. doi:10.1007/s10551-011-1058-8. doi:10.1177/1470594x06064218.

Hamowy, R. 1961. "Hayek's Concept of Freedom: A Critique." *New Individualist Review* 1: 28–31.

Hayek, F.A. 1937. "Economics and Knowledge." *Economica* 4: 33–54.

Hayek, F.A. 1945. "The Use of Knowledge in Society." *American Economic Review* 35(4): 519–530.

Hayek, F.A. 1967. "Freedom and Coercion: Some Comments on a Critique by Mr. Ronald Hamowy." In *Studies in Philosophy, Politics, and Economics*, 348–350. Chicago: University of Chicago.

Hayek, F.A. 1978. "The Pretense of Knowledge." In *New Studies in Politics, Economics and the History of Ideas*, 25–34. London: Routledge.

Hayek, F.A. 1979. *Law, Legislation and Liberty, Vol. III: The Political Order of a Free People*. London and Henley: Routledge and Kegan Paul.

Hayek, F.A. 2007. *The Road to Serfdom*, edited by B. Caldwell. Vol. II, *The Collected Works of F.A. Hayek*. Chicago: University of Chicago Press.

Hayek, F.A. 2013. *The Constitution of Liberty: The Definitive Edition*, Vol. 17. London and New York: Routledge.

Hayek, F.A. and Bartley, W.W., 1988. *The Fatal Conceit: The Errors of Social-ism*. Chicago: University of Chicago Press.

Lovett, F. 2009. "Domination and Distributive Justice." *The Journal of Politics* 71(3): 817–830. doi:10.1017/s0022381609090732.

Melkevik, A. 2017. "No Malibu Surfer Left Behind: Three Tales About Market Coercion." *Business Ethics Quarterly* 27(3): 335–351.

Nozick, R. 1974. *Anarchy, State, and Utopia*. New York: Basic Books.

Pettit, P. 1997. *Republicanism: A Theory of Freedom and Government*. Oxford: Oxford University Press.

Pettit, P. 2006a. "Freedom in the Market." *Politics, Philosophy and Economics* 5(2): 131–149.

Pettit, P. 2006b. "The Republican Ideal of Freedom." In *The Liberty Reader*, edited by D. Miller, 223–243. Boulder: Paradigm Publishers.

Pettit, P. 2007. "A Republican Right to Basic Income?" *Basic Income Studies* 2(2): 1–8.

Powell, B. and Matt, Z. 2011. "The Ethical and Economic Case Against Sweatshop Labor: A Critical Assessment." *Journal of Business Ethics* 107(4): 449–472.

Rothbard, M.N. 1973. *For a New Liberty*. New York: Collier.

Rothbard, M.N. 1982. *The Ethics of Liberty*. Atlantic Highlands, NJ: Humanities Press.

Taylor, R.S. 2013. "Market Freedom as Antipower." *American Political Science Review* 107(3): 593–602. doi:10.1017/s0003055413000300.

Taylor, R.S. 2017. *Exit Left: Markets and Mobility in Republican Thought*. Oxford: Oxford University Press.

Van Parijs, P. 1995. *Real Freedom for All: What (if Anything) Can Justify Capitalism?*, edited by D. Miller and A. Ryan, *Oxford Political Theory*. Oxford: Oxford University Press.

Van Parijs, P. and Yannick V. 2017. *Basic Income: A Radical Proposal for a Free Society and a Sane Economy*. Boston: Harvard University Press.

Weinberg, J. 1997. "Freedom, Self-Ownership, and Libertarian Philosophical Diaspora." *Critical Review* 11(3): 323–344.

White, S. 1997. "Liberal Equality, Exploitation, and the Case for an Unconditional Basic Income." *Political Studies* XLV: 312–326.

White, S. 2006. "Reconsidering the Exploitation Objection to Basic Income." *Basic Income Studies* 1(2). doi:10.2202/1932-0183.1036.

Widerquist, K. 1999. "Reciprocity and the Guaranteed Income." *Politics and Society* 27(3): 386–401.

Zimmerman, D. 2002. "Taking Liberties: The Perils of "Moralizing" Freedom and Coercion in Social Theory and Practice." *Social Theory and Practice* 28(4): 577–609.

Zwolinski, M. 2007. "Sweatshops, Choice, and Exploitation." *Business Ethics Quarterly* 17(4): 689–727.

第二章　基于无政府主义的基本收入论

杰茜卡·弗拉尼根

无政府主义者应当支持基本收入。如果无政府主义是真正关乎正义的理论，那么公务人员所执行的法律应当保护人们的自然权利，如免受攻击的权利，因为那些伤及他人自然权利的人或者威胁要伤及他人自然权利的人放弃了其免受他人干涉的权利。换句话说，自然权利（如身体权）是可执行的。这意味着任何人，包括公务人员，都可以为了保护自己或他人而对有责任能力的侵犯者使用防卫性武力。

但是，如果无政府主义是真正关乎正义的理论，那么公务人员不能对那些无责任的人使用武力或威胁他们将要使用武力进行强制。除非个人赞同执法体系，否则公务人员使用武力的执法行为有违公正。有些财产规则（笔者称之为财产公约）在执行时并未保护人们的自然权利，而执行前也未取得被执行人的同意。因此，如果无政府主义是对的，那么财产公约的执行则有违公正。当公务人员的行为不公时，他们应对受害者做出补偿。因此，公务人员在执行财产公约时，应考虑再分配的方式，这种再分配应对所有受到不公正待遇的公民做出补偿。全民基本收入是一种有效的补偿政策。

笔者的观点与托马斯·潘恩（Thomas Paine）在《农业正义论》中的主张相似。潘恩认为，如果某种财产公约允许某些人耕种土地，那么这些人就应缴纳地租以弥补这种财产公约造成的不公（Paine, 2000）。潘恩认为，人们对自己的劳动及通过劳动使土地增值的部分享有财产权。如果政府实施鼓励耕种土地的财产公约，人们的收入就会增加。[①] 在潘恩看来，土地是“人类共有财产”，也就是说所有人对土地都享有自然权利，都有使用权。因此，当一种财产公约对宣称拥有土地的人实施保护时，则剥夺了另外一些人的土地使用权。即便这一财产公约旨在增进社会整体福祉，它也是对人们自然权利的侵犯。由此，潘恩得出以下结论：因为实施传统的财产公约侵犯了人们使用土地的自然权利，那些由此得益的人应当对该群体内的成员做出补偿。因此，潘恩主张以地租形式建立一笔公共基金，并从基金中取一部分给年满 21 岁的个人发放津贴，“作为对其所失去的自然遗产的补偿”。[②] 潘恩认为，公务人员在执行财产公约时侵犯了人们的基本权利，因此应当通过财产再分配来进行补偿，这是从无政府主义视角为基本收入辩护的核心论点。

本章分为五个部分。第一部分简要介绍无政府主义并阐述支持无政府主义的理由。如果正义需要无政府主义，那么法律的执行只有在人们赞同执法体系或者执法体系是用来保护人们的自然权利时才是正义的。不能满足以上两个条件的执法是非正义的。第二部分主要论证如下内容：财产权至少在一定程度上是约定性的，有些财产公约超出了保护个人自然财产权的范围，无政府主义者对这些公约的执行应多加关注。这些论点在第三部分继续深入展开。笔者认为人们并没有同意财产公约的执行，因此财产公约的执行侵犯了人们的自然权利，也就是非正义的。但是，并不能因为有失公正的财产公约侵犯了人们的可执行的消极权利，人们就有权对抗政府，不遵守财产公约，或者暴力违抗法律。强制性的财产制度牵涉对可执行的自然权利的无理侵犯，因此从道德上说是不可接受的。但是，还可能存在这样一种财产制度，既可以保护可执行的自然权利，也可以在道德上被接受，这将是一种最佳财产制度。第四部分主要论证如下内容：假设存在一种既可以保护可执行的自然权利，又可以在道德上被接受的最佳财产

① 潘恩（2000）指出：“土地，在自然状态……与开垦之后相比，只能为少量居民提供资源。因为改良土地与土地本身是分不开的，土地财产的概念必须考虑这种依存关系。然而，所谓个人财产，指的是对土地进行改良后产生的价值，而非土地本身，这才是正确的理解。”卡尔·韦德奎斯特支持基本收入的理由如下：基本收入是一种补偿形式，其可以赋予人们拒绝工作的自由。

② 潘恩（2000）还建议利用这笔基金为 50 岁以上的老人及残疾人建立养老和关爱计划。

制度，并且所有人都因这一制度得以执行而生活得更好。即便如此，公务人员仍然应该对公民进行补偿，因为财产制度的执行是不公正的。笔者提出两点来证明补偿的必要性。第一，现有的财产制度不是既可以保护可执行的自然权利，又可以在道德上被接受的最佳财产制度。现有的财产制度是为了确保自然权利得到保护而对所有人提出的要求，已经超出了必要的范围。无论什么样的财产制度，都应在执行过程中最低限度地使用暴力，以保护那些在该制度中容易受到暴力侵害的人。第二，即使是道德意义上的最佳财产制度，也不能达到无政府主义的理想要求。未经同意而执行的某些财产制度，因其侵犯人权，充其量是次佳制度。在第五部分，笔者认为基本收入是针对财产制度执行问题的一种补偿方式。相对于现有的财产制度，基本收入可确保人们的自然权利受到更大限度的保护。基本收入也可以起到声明的作用，即承认某种财产制度的强制执行会对人们造成伤害。

无政府主义

无政府主义者都相信人们的道德许可和义务并不会因其代表政府或充当公共角色而发生变化。迈克尔·哈默（Michael Huemer, 2013）的论证可谓无政府主义的有力论证之一。为了证明以上观点，哈默提议：当人们想知道公务人员是否有资格执行法律时，可以考虑一下自己的邻居是否有资格以同样的方式行事。这种方法有助于人们理解无政府主义在实践中如何得到应用。公务人员有资格禁止人们攻击无辜者，原因在于所有人都有资格对那些有责任能力的攻击者使用防卫性武力，以期保护自己和他人。

与哈默的看法一致，笔者所支持的无政府主义观点对人们的权利和义务有独特的见解。

第一，笔者认为每个人都拥有自然权利，包括（但不限于）身体权。例如，人们有权处置自己的身体，并对那些禁止他们这样做的暴力行为做出反抗。笔者在本章中所使用的“权利”这一术语，是指对某事物的专享控制权，且这一控制权是可执行的。自然权利是人与生俱来的权利，既包括不被谋杀、攻击或欺骗的权利，也包括不受攻击或谋杀威胁的权利。笔者在本章中所使用的“强制”这一术语，是指侵犯他人自然权利的威胁性话语，这里的自然权利包括免受暴力侵犯的自然权利或其他类型的自然权利（Wertheimer，1987；Pallikkathayil，2011）。即使在一个没有政府的社会，人们也享有免受攻击或威胁的权利。

第二，笔者关注的是可执行的自然权利。关于权利的说法，人们的观点各不相同。有人把权利描述为免受他人干涉。这种权利的概念与权利意志论或一系列免受他人干涉的消极权利基本一致。笔者所采纳的正是这种权利概念。有人用权利来指代更广泛的利益，包括行动自由、免受他人干涉、使用资源等。笔者并不反对权利的这种用法，但是为方便下文的讨论，笔者将关注不受他人干涉的消极权利。这些消极权利是可执行的，因为当人们的自然权利遭到侵犯或威胁时，他们有权对侵犯者使用武力或武力威胁。同时，旁观者也将有权以执行他人的自然权利为目的对此进行干预。

为方便论证，笔者对消极自然权利做出了假设，即免受谋杀、攻击、欺骗和武力威胁的消极自然权利是可执行的。但笔者并没有做出关于积极自然权利的假设，即每个人都拥有积极自然权利，或者这些积极自然权利是可执行的。这意味着如果某人对他人的人身权利做出侵犯或威胁，那么这个人就放弃了自己免受干涉的权利，因此有责任承担防御性武力威胁的后果。同时，笔者还假设因贫困而受苦的人不应受到威胁，即使这些贫困人员享有不可执行的积极自然权利，即得到他人帮助的权利。

第三，笔者假定人们同意放弃自然权利，这将使一个原本不可接受的权利侵犯行为获得许可。关于这一点，约翰·西蒙斯（John Simmons，1999）是这样论证的：如果人们事先接受一个由武力和强制支持的执法体系，那么公务人员就获得了在执法过程中使用武力或武力威胁的许可。事实上人们并没有同意公务人员的执法行为，这使得大多数执法行为失去了合法性。以上所有假设都旨在明确两个充分条件：第一，如果某人对他人的这一不受干涉的可执行自然权利构成了侵犯或威胁，就表示其放弃了自身这一不受干涉的自然权利，此时，针对其使用防御性武力或武力威胁就得到了许可。第二，如果某人同意武力或武力威胁的制约，就表示其放弃了自身这一不受干涉的自然权利。有了这两个条件，对他人使用武力或武力威胁就获得了许可。

以上是笔者勾勒出的无政府主义简略大纲，主要观点是公务人员和其他任何人一样，在未获得许可的前提下，没有采取行动的权威（Simmons，1999；Huemer，2013）。通常情况下，对不应受到干涉的人使用武力或强制是不被允许的。同样道理，公务人员对不应受到干涉的公民使用武力或强制也是不被允许的。笔者所采纳的权利理论可能会引发争议，但是这种理论的灵活多变性正好与各种无政府主义理论框架（包括个人无政府主义和平均无政府主义）相兼容。

需要强调的是，无政府主义者并不认为国家应处于无序状态或没有法律的状态，有些人理应受到强制。具体来说，就是那些对他人自然权利造成侵犯或威胁的人，他们理应受到公务人员的强制，因为自然权利是可执行的。对他人施加暴力或威胁的人放弃了他们不受干涉的权利。因此，公务人员有资格为了保护他人的利益而威胁作恶者或对其使用防御性武力。这与任何人都有权对无理由侵犯他人者使用防御性武力或强制是同样的道理。公务人员还可以在已经得到同意授权的前提下使用武力或强制。反过来讲，除非人们放弃自己不受干涉的权利，否则所有的执法行为都是非正义的，因为人们不应受到公务人员的强制或武力控制。

以上仅仅对无政府主义做了一些介绍，并没有为其辩护。本章将以上文介绍的这种无政府主义观点为论证的基础。当然，为了能够证明无政府主义的正确性，笔者还需要做更多的论述，具体观点概要如下：

（1）在获得许可和履行义务方面，公务人员与普通公民的权限相同。

（2）对一个人免受武力或强制的可执行自然权利的合法侵犯必须满足以下两个条件之一：他/她理应承担被干预的责任；他/她同意放弃自己不受干预的权利。

（3）公务人员合法使用武力或强制的条件是执法对象理应承担责任或者同意放弃不受干涉的权利。

一般而言，多数法律的执行并未获得被执行人的同意，而且不少法律的执行也并非为了保护人们的自然权利。在这些情况下，执法行为因涉及使用武力或武力威胁而成为未经许可侵犯人们自然权利的行为。

对那些基本认可无政府主义关于政治权利和义务观念的人来说，以下论证将证明，以无政府主义为前提来论述现有政治制度伦理，结论是出乎意料的。而对不接受无政府主义的人来说，他们会发现无政府主义的现实意义比他们预期的更大。

财　产

前文在讨论免受干涉的可执行自然权利时，仅关注了身体权利。但是人们所享有的不受干涉的可执行自然权利的范围不只局限于身体权利。如果人们享有可执行的自然财产权，即不许他人使用自己身体之外的东西的权利，那么人们在享有身体免受武力、欺诈和强制的权利之外，还将享有免受盗窃的权利。[①] 如果免受干涉的权利可以扩展到身体之外，公务人员就可以为保护人们的财产而获准执法。如果存在可执行的自然财产权，公务人员就不能侵犯人们的财产权，除非人们放弃财产权或其财产权被剥夺。

关于可执行的自然财产权是否存在，学者们的意见并不统一。无政府主义是一种关于政治权利和义务的理论，并不支持将自然权利的范围扩展到身体之外的事物。但是无政府主义者认为人们有权使用和控制外部事物，同时人们也有义务尊重彼此对外部事物拥有使用权和控制权的主张，这些不会因为政府行为而改变。公务人员是否有权通过强制手段迫使公民尊重他人对外部事物的主张，取决于人们是否提出这样的主张。

有些哲学家认为所有的财产权都是公约，而公约是由公务人员建立

① 自我拥有权的支持者认为身体权即财产权，身体权保护人们的身体在未经允许时不被他人利用；自我拥有权的反对者则拒绝身体权即财产权的说法。但是这些不同意见并不会影响下文的论证。其他批评自我拥有权的人担心这种说法过于武断或宽泛（Cohen，1995；Sobel，2012），但是本章的论证并不以自我拥有权为依据，而是基于身体权和免受暴力侵犯等争议较少的“核心案例”来展开的。

的，没有政府就没有财产权（Murphy and Nagel，2004）。如果所有财产权都是公约，并且无政府主义是正确的，那么公务人员使用武力和强制手段来执行个人财产权的行为就无法获得许可。正是出于这个原因，有些无政府主义哲学家，如皮埃尔-约瑟夫·蒲鲁东（Pierre-Joseph Proudhon，1876）认为，任何私有财产权的执行都是不公正的，因为这侵犯了人们不受干涉的权利（自由）或被平等对待的权利。

有些哲学家（包括无政府主义者）的确认为人们享有一些身体以外的可执行自然财产权，但是对于这些权利的范围，他们意见不一。① 一个较为可信的可执行自然财产权的例子是人们对自己的劳动产品享有的权利。例如，哈默认为，人们可以在一定情况下享有对外部事物的自然权利：

> 假设你在一个远离任何政府管辖范围的荒野中探险，这时，你发现一片空地上有一个简陋的棚屋。棚屋好像是某个隐居者修建的，而这个隐居者是这片土地上的唯一居住者……尽管隐居者严正抗议，但你还是决定在棚屋过夜，吃些隐居者自己种植和采集来的食物，然后把棚屋漆成淡绿色。你其实完全没有必要做这些，你只是因为觉得好玩。（Huemer，2017）

在上述例子中，哈默认为，即使没有任何政府来确立人们对其家园的财产权，这种行为也是错误的。人们除了拥有对自己身体的可执行自然权利外，还拥有对外部事物的可执行自然财产权利。也就是说，上述例子中

① 有时，这种意见不一被当作人们对外在事物的自然权利不确定的标志。有些康德派学者认为，对外在事物的财产权是自然权利，但是在没有政府的情况下又无法认定。基于此，他们得出的结论是无政府主义是伪命题。这种论点假设要解决与执行自然财产权利相关的不确定性问题，就必须借助政府的参与。但是，如果在自然状态下的某种财产主张缺乏清晰度和确定性，那么政府对这种财产主张进行强制性执行的标准也同样具有不确定性。公务人员并不具备认识论特权，无法对含糊不清的财产主张进行界定，也不能解决财产标准的不确定性问题，因为这种不确定性源于形而上学的模糊性。政府的作用主要表现在资源调配方面。如果政府调配资源是合法的，那就意味着他人不可对这种政府调配进行武力干涉；而对财产所有者来说，这意味着他们可以使用武力保护自己所得资源的权利。但是，不能因 A 征用了某外部事物而使 B 的权利受到干涉，并且 B 可能并不认可财产主张，A 也无法保证其消极权利可以得到保障。这样看来，财产机制会使人们更容易受到暴力行为的伤害。政府通过垄断对财产主张执行暴力来解决保障问题，这是一种将暴力降到最低程度的做法。但是，政府实施暴力是否合法是有条件的，其只有被用来保护人们的可执行权利时才是合法的。政府并不能解决可执行权利的范围问题。

的隐居者有权使用适当的武力威胁将外来者驱赶出他的棚屋，也有权禁止外来者将棚屋漆成淡绿色。

哈默的例子和很多人的直觉一致，即隐居者建造和修缮了棚屋，因此他对棚屋拥有更多的权益主张。丹·莫勒（Dan Moller，2017）在此基础上做了进一步论证，他认为，人们对自己的劳动产品拥有可执行财产权。莫勒还认为，在发达经济体中，多数财富来自服务行业，而在服务行业，人们通过劳动获得财富，因此人们对带来这些财富的事物享有可执行自然权利。

然而，即使存在一种完美的假设，即有些财产权和身体权一样，是自然的、可执行的，现有的财产制度依然涉及财产公约的执行。例如以下三种情况：

第一种情况是，按照潘恩的说法，自然资源财产权的执行至少在一定程度上是依照公约的，即使自然资源权只有一部分属于自然权利。也就是说，虽然渔夫对其从河中抓到的鱼拥有自然权利，但是对于他还没有抓到的鱼，他的权利则会受到公约的制约，这些公约决定了他是否对其尚未抓到的鱼享有权利。这些公约的形成可能是出于自愿的，并无政府干预，然后发展到对那些不遵从公约的渔夫实施强制执行的程度。在这种情况下，渔业公约的执行可能需要使用武力将违反公约的渔夫从公共资源中赶出去。

基于这种观点，迈克尔·奥特苏卡（Michael Otsuka，2003）进一步论证道：鉴于人们对土地的所有权是源于公约的，公务人员在执行土地所有权时也可以合法地强制要求农场主拿出一部分收入来为那些饥饿的同胞提供食物。对从渔业公约的执行中获益的人来说，情况也是一样的。奥特苏卡将这两种情况和仅仅靠自己的身体获得财富的情况进行了对比，后者属于自然权利，如某人用自己的头发织了一件毛衣。关键是虽然人们拥有自己的身体，但是他们并没有资格无限制地利用身体之外的自然资源，特别是当利用自然资源会涉及由于执行公约而侵犯他人的身体权利，或者以其他方式损害他人利益时。

第二种情况是，金钱是另外一种非自然的财产公约。大多数流通货币是由政府印刷的，通常由中央银行控制产出总量，并由此确定个人所拥有货币的价值。公务人员制造货币的目的是降低交易成本，并使人们在就某种货物或服务的价值评价进行信息交流时更加方便。但是，政府在制造货币的同时也创建了一个财产公约体系，并通过武力和胁迫要求人们遵从这一公约体系。

回到哈默所讲的隐居者和棚屋的例子。在谈及真正的财产时，人们本能地认可隐居者对其棚屋的所有权，在他不同意的情况下，任何人都不应对棚屋进行改变，特别是在隐居者或他人看来会使棚屋价值贬损的改变。但是，假设隐居者还有 1 万美元的资产，如果你和他的交易伙伴进行贸易，使他们提高货物的价格，从而使隐居者的资产贬值，这种情况即使可以算作对他造成了侵犯，也属于不同性质的侵犯。一种情况是将他的房子漆成浅绿色，导致其资产贬值 2%；另一种情况是通过和当地的汽油供应商进行交易，从而提高需求量，导致油价上涨，进而使他的资产贬值 2%。隐居者对这两种情况的不满属于不同性质。再假设中央银行增加货币的印刷量，导致了通货膨胀，从而使隐居者的资产贬值 2%，这种侵犯的性质也和第一种不同。

在这种情况下，金钱是另一种财产类型，与身体、劳动或者哈默所举例子中的棚屋都不一样。某人对自己的身体、时间或身外之物所拥有的自然权利的范围是固定的，而金钱所赋予他的权利是会变化的。中央银行可以全然不顾个人关于劳动或身体的决定，仅仅通过改变利率或汇率就能改变个人所拥有财产的价值。这种情况并不会被认定为对个人金钱权利的侵犯，这说明个人对金钱的财产权在很大程度上是源于公约的——也就是说，并不是基于独立自由、身体权利或者其他不受干涉的一般自然权利的。虽说金钱是一种公约，但这是一种所有人都被迫参与的公约。金钱公约的执行侵犯了人们的自然权利，因为不遵从金钱公约的人，即使他们并未侵犯他人的可执行权利，也可能会受制于武力或强制。

第三种情况是知识产权公约。知识产权公约是一种财产公约，而非源于自然权利。布赖恩·克威克（Bryan Cwik，2014）认为，从哈默关于人们对外部事物拥有自然财产权的论点出发，可以解释在一定程度上人们对某些想法也拥有可执行自然财产权，因为这些想法是他们劳动的成果。笔者对这样的权利是否可执行持怀疑态度，因为如果某人有一个想法，并按照这个想法采取了行动，但人与人之间许可和义务的基准并未发生改变，也就是说，其他人有义务不按照这个想法行动。但是，如果有人按照某种想法行事，而这个想法是他人先想出来的，那么这个人也不应被干涉。克威克认为，人们对其想法的价值仅仅享有有限的控制权，但现有的知识产权公约难免会在一定程度上侵犯非责任人的自然权利。

与尊重他人可执行自然权利的义务不同，公民没有义务遵从财产法。因此，人们在违反财产公约时并没有放弃其自然权利，在执行财产公约时使用武力和强制也就没有获得许可，除非人们对财产公约表示同意。无政府主义者关于反对执行财产公约方面的论点可以总结如下：

第一，公务人员只有在两种情况下才可以对人们使用武力或强制：一种是执行对象为责任人，另一种是执行对象同意财产公约而放弃其权利。

第二，不遵守财产公约的人并无责任承受武力或武力威胁。

第三，人们并没有同意财产公约的执行。

第四，公务人员无权对不遵守财产公约的人使用武力或武力威胁。因而，公共领域中财产公约的执行是错误的。

第一点是一种无政府主义宣言，笔者姑且拿来作为分析的前提。第二和第三点是论题的核心。笔者的观点是不遵守财产公约的人并未放弃其不受武力或武力威胁的自然权利。相对而言，只有当人们违反了更基本的道德规范（如不能谋杀、不能伤人等规则）时，才算放弃其不受武力和武力威胁的自然权利。

同　　意

如果人们同意一系列财产公约的执行，那么公务人员就获得了执行这些财产公约的许可。我们可以想象一种自发形成的财产公约，如人们可以选择使用比特币，并同意执行协议以保护数字货币所有人的财产权益；或者有人自愿加入以色列基布兹农场，从而同意其财产公约，即在全体成员间平等分配资源，但也允许其成员随时退出财产公约。假如没有现有的全球财产秩序，我们可以想象会有更多形式的自发、自愿的财产公约。

但是人们通常并未同意财产公约的执行。正因为如此，公务人员对财产公约的执行是不公正的。就目前的情况来看，没有人对现有的全球财产制度表示同意，但是所有人都被迫遵守这些制度。这种武力和相关武力威胁在传统财产制度中的产生有两种方式：一是所有财产主张都受到某种法律的保护，而执法是一种暴力行为，该暴力行为的执行并不是为了保护人们自然的身体权利。二是没有财产的人会受到另一种形式的暴力，因为财产制度剥夺了其在制度之外的生存方式。以黑市为例。现有的财产规则剥夺了某些人受法律保护的权益，而将其赋予另外一些人（De Soto，2000）。这就导致财产制度外的人很容易受到暴力侵犯：一种是来自公务人员的侵犯，他们禁止在其社会财产制度外进行贸易或执行协议；另一种是来自黑市财产制度的侵犯，而该制度是公共财产制度打击的目标。换言之，无论何种财产制度，只要涉及有选择执行一部分人的财产主张，只要涉及维护与金钱和知识产权相关的规则，就会产生赢家和输家。在这种情况下，不能说输家罪有应得，因为这一财产制度的特定条件是公约，而非基于根本意义上的自然权利。正是从这个意义上来说，现有的财产制度都是不公正的（Goff，2017）。

这些论点似乎暗示着，为了维护自然防御权利，人们可以对财产公约的执行置之不理或进行武力抵抗，这在道德上是允许的。这是事实，但是人们同样可以出于道德上的考虑而选择不抵抗，因为事实上对财产公约的执行进行抵抗很可能会侵犯非责任人的自然权利，而且抵抗带来的危害有可能大于财产公约不公正带来的危害。财产公约的执行是不公正的，因为这一行为侵犯了人们可执行的自然权利。但是，即便如此，目前所执行的财产公约可能是现有的可维护自然权利平衡的最佳机制。

另外，基于公务人员在执行财产公约时侵犯了非责任人的自然权利这一事实而得出他们有充分的理由停止执行财产公约的结论是错误的。公务人员可以通过维护财产体系来改善民生。从长远来看，农业社会比之前狩猎和采集的原始社会更有利于人类发展。虽然执行某一财产公约会侵犯该体系内所有人的自然权利，但是该财产公约能够长期且大幅改善民生，这一点也是重要的考量。

因此，公务人员既有道德理由继续执行有益于民生的财产公约，又有道德理由不执行这一财产公约。因为考虑到完全自愿的社会不具有可行性，而且存在有人拒不履行其尊重他人自然权利之责任的问题，若某种财产公约虽然不完美，但是保护着人们的自然权利，则这种财产公约应当得到支持，其理由与判定强制性财产公约不公正的理由相同（Valentini, 2012）。还有这样一种顾虑，即公务人员在执行财产公约时可能会营私舞弊，违背其职责，不尊重他人，损害他人利益。支持和反对执行财产公约的道德理由来自两个不同的道德视角。从道义上看，关注点在执行，所有政府管理的财产制度都不能获得道德许可。从价值论的角度看，关注点在政府各种事务带来的好处，政府管理的财产制度是好的，因为其相对于其他制度而言，更有利于改善民生。基于同样的理由，我们可以判断某些制度是否优于其他制度。一方面，当某人侵犯了他人的权利时，他就有责任受到防御性的干涉或惩罚，即对受害者做出补偿。另一方面，如果从道德上看民生确实重要的话，那么在某些情况下为了民生而侵犯某人的权利则是有道德理由的。

补　偿

有些财产公约虽然侵犯了人们的自然权利，但是保持了利益平衡，因此推翻这种公约意味着更严重的权利侵犯，而且会造成福利方面的损失，故而公务人员就有充分的理由继续执行那些侵犯人们自然权利的财产公约，而公民则没有充分的道德理由推翻现有的财产公约。不过，即使强制性的财产公约是道德意义上保护人权的最佳方式，我们也不能说现有的强制性财产公约获得了道德许可，毕竟被迫参与其中的人们仍然受到了不公正的待遇。一方面，所有现有的已执行的财产公约不仅都侵犯了公民的可执行权利，而且都会产生赢家和输家。对一部分人来说，这意味着他们的可执行权利遭到侵犯，而且会受到严重伤害。另一方面，一个理想化的财产公约，即使可以像任何其他财产公约一样改善民生，但是只要侵犯人权，就是不公正的。基于这些原因，公务人员应当在全民范围内为在执行财产公约时产生的不公做出补偿。

以体育运动为例。假设公园里的所有人都参加周六举行的曲棍球比赛，那么大家都会获益。如果没有这种比赛安排，人们有可能因为无所事事而发生争执，从而无法安排更有趣的活动，进而使公园陷入混乱，因此有人决定联合起来并强迫所有人参加曲棍球比赛。假设该决定是在充分听取了各方意见之后，由大家投票产生的，然而，还是有人不喜欢运动，只想做替补或当观众，那么强迫所有人参加比赛是不公的。虽然这种不公对在场的所有人都有好处，但是不公的本质没有变。一旦这种不公发生了，制定规则的人就应该想办法使那些受到不公对待的人所受到的伤害最小化。

即使公园里所有人都得益于规则制定者的干涉，他们也有资格要求补偿，因为他们是被迫按照规则制定者的要求来使用公园的。既然规则制定者强迫公园里的所有人遵守公园用于曲棍球比赛这一规则，就应该尽量安排好反对参加曲棍球比赛的人，让他们可以不参加比赛。规则制定者应允许任何人放弃参加曲棍球比赛可能带来的快乐，并为那些不参加运动的人提供长凳，这样他们可以拒绝参加比赛，仅仅观看，而且不受惩罚。

因为所有非自愿的财产公约都会侵犯人们的自然权利，所有被公务人员强迫遵守财产公约的公民就像公园里被迫参加一场自己并未同意参加的比赛一样。即使从大局考虑他们也是受益者，但是因为政府强加于身的财产公约对他们造成了不公，所以他们应当得到补偿，这种补偿应该使他们能尽可能拒绝参与自己并未同意的游戏。潘恩曾经提出过这样的论断，即财产公约的执行赋予一部分人土地收益权而剥夺其他人的这种权利，所以执行财产公约的政府应对其人民做出补偿。潘恩的这一论断强调的是公务人员侵犯人们的自然权利是非正义的，即使他们这样做的道德理由是从大局出发，为人们谋求利益。

从公务人员对他人自然权利的强制性侵犯中获益的人也应得到补偿，尽管这种说法乍一看不合常理，但是在某些情况下又合情合理。例如，希安娜·史福林（Seana Shiffrin，1999）认为，如果孩子出生可能会受苦或生病，那么生孩子可能就是错的，因此父母有责任对孩子做出补偿，即使孩子的状况不会（也不可能）因孕育而更糟糕。史福林通过一个假设进一步解释道：假如一个有钱人从飞机上扔下金砖，这显然对得到金砖的人是有益的；但是如果这个有钱人在扔金砖时伤到了某人的手臂，他就应该对这个人做出补偿，即使从大局看受害者已经得到了好处。

从家长制的角度出发，为了某人自身利益而侵犯其自然权利也是错误的。例如，一位已经了解相关信息的有行为能力的病人拒绝接受抢救治疗，但医生却为了病人的大局利益而强行实施手术，这也是错误的（Eyal，2012）。类似的，为了保护人们的大局利益，公务人员禁止人们签署剥削性或欠考虑的合同协议也是错误的，理由是这样做剥夺了人们的经济权利（Flanigan，2017）。许多自由派哲学家摒弃家长制的理由是家长制侵犯人们的自然权利，对受家长制支配的人缺乏尊重。以上例子说明，公务人员不能以大局利益为唯一的理由而侵犯人们重要的权利。

正如以大局利益为由将人们置于苦难的境地或侵犯其自然权利的行为是错误的一样，以大局利益为由对人实施不公平对待也是错误的。假设一家种族主义航空公司拒绝某人乘坐其航班，但后来航班坠毁，机上无人生还（Woodward，1986）。从事实来看，种族歧视的受害者最终因为被拒绝登机而受益，但是他们并不会因此放弃对该航空公司种族歧视的指控。

在以上例子中，即使那些侵权的、不公的或造成伤害的干涉形式产生了事实上有益的结果，也不能成为不予补偿的理由。财产公约的强制执行总是会侵犯那些不同意该公约的人的权利，对那些由于某一套财产公约的执行而遭受苦难的人来说，这是伤害性的、不公平的。基于这些理由，公务人员有义务对遭受不公待遇的公民做出补偿，即使从大局看财产公约的执行是有益的，即使他们的行为是善意的。

补偿有三个功能。第一，补偿具有表达功能。为错误行为做出补偿是表示承认错误，也表示对受害者道德地位的认可。① 通常情况下，法律表达的是社会规范，但是也会因其改变了公共价值表达的某一方面而改变了社会规范（Sunstein，1996）。惩罚属于法律领域的一部分，而法律领域中对法律规范的表达是特别清晰突出的。公务人员惩罚他人时，这些人应对其犯罪行为表达不满或谴责，这种表达的激烈程度应与犯罪严重程度相一致（Feinberg，1965）。相似的规范则可能表达一种关于补偿责任的理论。为错误行为做出补偿时，补偿应该与错误行为的严重程度相一致（Klepper，1990；Varuhas，2014）。正如公务人员可以通过实施惩罚来表达对犯罪行为的谴责，他们也应该通过补偿为自己的错误行为向公民做出相应程度的忏悔。

第二，补偿具有修复功能。这一功能有助于有关人员从理论上确定对一个强加于全民的财产制度来说什么样的补偿才是恰当的。虽然补偿不能纠正错误行为，但是可以减少受害者由于受到不公待遇而产生的不满情绪（Coleman，Hershovitz，and Mendlow，2015）。对由政府执行的财产制度来说，补偿应针对公民对财产制度产生的不满，即财产制度并未公平对待所有人，在财产制度的执行过程中，公民受到了武力威胁或伤害，更重要的理由是财产制度的执行侵犯了公民的自然权利。因此，公正的补偿形式应当有助于减少公民受到的不公待遇和伤害，同时能使公民在继续执行财产制度的情况下尽可能地行使其自然权利。

第三，补偿具有关系功能。如果有人受到了不公正的对待，有关人员就应该在公共领域承认自己的错误行为，以此认可这个人在一个道德社会中的平等地位，即便这样做无法对不公做出修正（Radin，1993；Darwall，2009）。补偿的这种功能可以明确补偿的类型。也就是说，无论补偿形式如何，都不能削弱公民的平等地位，即补偿不能带有侮辱性，也不能是家长制的。公务人员为了执行财产规则而侵犯人们的自然权利，本身就是将

① 这种表达功能通常与惩罚有关，惩罚不仅仅是对伤害或侵权行为的补偿，也是进一步表达对权利侵犯的不赞成（Feinberg，1965）。补偿同样具有这种表达功能。考虑到历史上的侵权案例，其不公延续至今，拒绝因侵权而对某人或某一群体进行补偿，其表达功能是很清晰的（Posner and Vermeule，2003；Valls，2003）。

人们置于附属地位的不公正行为。因此在进行补偿时，公务人员不能为弥补自己最初所犯的错误而进一步将人们置于附属地位。

最后，补偿所需资源应尽量不给无责任的旁观者造成负担，即因公务人员的错误行为而产生的补偿不应成为一种集体惩罚，补偿资金不应由该政治社会中的无辜成员承担。另外，对一个组织来说，即使在其大多数成员并未直接参与错误行动，而代表组织采取行动的个人应对受害者道歉或做出补偿的情况下，该组织作为一个集体也应为其错误行为负责（Shockley，2007）。在这种情况下，补偿的责任应由组织成员以公平的方式共同承担。

基本收入

因为财产公约的执行不公正，所以公务人员理应对公民做出补偿。本部分将论证为何补偿应以全民基本收入的形式实施。全民基本收入是以现金方式支付给全体成年公民的。① 笔者对基本收入的支持是理论性的，并未提出支付的实施细节或基准，但基本条件是可以对人们因强制执行财产制度而遭受的不公做出补偿，补偿的方式应最大限度地减轻无责任旁观者的负担，补偿数额与不公程度相匹配。只要能满足这些条件，无论支付的形式或基准如何，都可以赋予人们不参与的选择权，同时仍然可以享受财产制度带来的利益，如经济增长和创新。笔者支持满足以上条件的任何基本收入形式和基准（Van Parijs et al.，1997）。

基本收入是执行财产制度的最佳补偿形式，理由有四点。第一，与现有的财产公约相比，基本收入能更好地保护人们的自然权利。例如，现有财产公约强迫人们在财产制度内工作以满足基本需求，而基本收入则可以让人们不在该制度内参与劳动，但仍然可以在社会中生活。第二，目前的财产制度以武力威胁为支撑，对那些被财产公约置于不利地位的人来说，

① 对儿童可以进行有条件支付，正如对儿童的赔付或遗产应达到一定条件，这些条件旨在确保这笔资金用于为儿童谋取更多利益。另外，如果无条件支付可以为儿童谋取更多利益，那笔者也会支持对儿童的无条件支付（Levy，Matsaganis，and Sutherland，2014）。

这些威胁的负担过重。基本收入将保护人们不会因执行这些财产公约而受到伤害。第三，从表达功能上看，基本收入比现有的扶贫项目更好。例如，基本收入不像物质福利项目那么家长制，而且基本收入明确承认强制执行财产公约造成的伤害，因此能够消除那些关于受益人是否应该得到福利的质疑之声。第四，因为基本收入是全民性的，所以它还可以修复公民之间的平等关系。基本收入的这一作用鼓励公民之间团结一致。相对而言，现有的资格审查则鼓励零和思维与阶级仇恨，以牺牲弱者利益的方式让政治上的强者获益。

将基本收入作为执行财产公约的补偿形式的第一个理由，是基本收入可以让公民有选择不参与财产制度或不工作的自由。虽然不能通过基本收入改变财产法律的不公，但是对那些被迫遵守财产法律、权利受到侵犯的人来说，基本收入可以成为一种补偿形式。与其他支持基本收入的理由不同，以上论断不是一种实验性的假设，它不会假设基本收入能改善民生，也不会假设人们享有接受救助的积极权利。这种支持基本收入的理由和自由意志主义，以及主张分配公平的平等主义理论都有一致性。任何一种在公共领域执行的财产制度，只要强迫所有人遵守，就侵犯了人们的自然权利。

第二个理由是以基本收入的形式为错误地执行财产制度进行补偿，在满足前文所提及的三个功能的同时，还可以解决两个亟待解决的问题，即确定恰当的补偿比例和尽量减少旁观者的损失。全民基本收入认可这样一个事实：所有公民都受到公务人员的强迫而遵守不合法的财产公约。基本收入还可以减少人们因为财产公约的执行而产生的不满情绪，如因财产公约侵犯其身体权利而产生的不满情绪，因财产公约限制其自由而产生的不满情绪等，因为他们是被迫工作并加入一个他们并未同意的财产制度中的。基本收入还认可所有公民在不受干涉方面的平等权利，而在公共领域执行财产制度侵犯了公民这一权利。从道德层面来说，每个人和执行财产制度的公务人员都是平等的。

基本收入的表达功能优于现有的扶贫项目，原因有两点。第一，基本收入摆脱了家长制，而现有的扶贫项目，不论是受到左派还是右派青睐的扶贫项目，都带有家长制的特点。比较一下，某项目给贫困家庭发放食品券，但是公务人员可以规定这些食品券只能用来购买特定食品。公务人员声称他们比这些家庭更清楚其应该如何选择食品。这类政策对贫困人员具有侮辱性和压迫性（Anderson，1999）。左派支持的扶贫项目也是如此，如公共医疗保险禁止贫困家庭按照自己的需求进行消费。第二，因为基本收入作为强制执行财产制度的补偿形式是合理的，所以那些质疑受益人是否应该得到福利的声音得以消除。现有的扶贫项目经常受到非议，因为有人认为“不值得帮助的穷人”得到了太多福利。基本收入政策则不会遇到这种问题，因为所有被迫遵守强制性财产规则的人都应获得补偿，并有权按照自己认为合理的方式处置这笔收入。基本收入对家庭主妇尤其有利，因为她们在家从事无偿的工作，而现有扶贫项目要求受益人寻找有偿工作（Pateman，2004）。

主张平等主义的无政府主义者也应支持基本收入，因为基本收入可以加强公民间的团结，重建公德心。扶贫项目只能扶持一部分公民，无法从中受益的公民就会对受益者产生嫉恨。而且，因为只有一部分公民可以受益，这部分人可能会增加其从集体资源中可以获得的份额，从而牺牲其他群体的利益，这将鼓励寻租行为。或者说在其他情况下，公民认为自己并未获得公共福利，因而不愿进一步支持福利项目去扶持其他人（Mettler，2011）。

有时候，有针对性的福利项目不仅造成嫉恨和寻租，而且会加深公民间的不平等，使一部分政治上的强势群体剥削和压迫那些相对较弱的群体（Rothstein，2017）。社会保障金就是这种现象的一个实例。社会保障金是向老年公民发放的一笔限制性基本收入。在美国，老年公民是一股特别强大的政治力量，他们会到处游说，为老年人争取利益，宣扬累退税政策，而累退税则以牺牲美国年轻人的利益为代价，令老年人更加富有（Wilkinson，2005）。

基本收入是一种修订性建议，因此有人担心实施基本收入政策后，无责任的旁观者的负担会比现在更重。一种财产公约可以减少公务人员对有钱人进行选择的干涉，另一种财产公约可以减少公务人员对人们平衡选择的干涉，而我们不能想当然地支持第一种财产公约。这就解释了为什么增加无责任旁观者的负担这种担心与基本收入无关。基本收入可能会要求纳税人缴纳比当前更多的税金。① 公务人员的确强制性要求所有纳税人一起负担执行一种财产制度所需的费用，但是纳税人不能说他们有权从这种财产制度中获得某种特定利益，而另一种替代性的财产制度却侵犯了其权利。当公务人员通过强迫所有公民遵守一种政府实施的财产制度而侵犯了其权利时，他们并未事先声称支持某一特定的制度。虽然一个基于市场的财产制度的执行有其道德上的理由，但是这些理由并非出于保护纳税人应得收入的考虑。

结　　论

前文支持基本收入的论述证明，支持再分配政策不一定要接受公务人员有权强迫公民或公民有义务遵从公务人员的强制的说法。即使是无政府主义者，也有理由支持那些保护人们不受掠夺、总体上促进自由的政策，这些政策虽然不完美，但是考虑到当前公务人员执行的财产制度侵犯了基本人权这一事实，这种解决方案是可以接受的。

再分配政策的批评者可能会提出反对意见，认为实施基本收入政策会增强政府对人民的强制，他们也因此和无政府主义理想背道而驰。这种反对意见很常见，因为无政府主义者通常反对政府干涉公民的个人选择。但是公民对财产所做的选择从最开始就不是在他们权利范围内所做的选择。因此，如果那些特别爱财的有钱人认为公务人员将他们的钱再分配给他人是错误的，这些有钱人就错了。公务人员执行的由金钱构成的、用来保护金钱的制度本身就是错误的，因为这一制度侵犯了所有人的权利。因此，虽然再分配会干涉有钱人的选择，但无须再分配的财产制度也同样干涉了有钱人的选择。反对再分配财产制度的道德理由与反对执行财产制度的理由相同。因此，如果公务人员需要执行财产制度，他们就应该执行再分配

① 有些基本收入的支持者，如查尔斯·默里（Charles Murray，2016）认为基本收入无须增加税额。

制度。

从无政府主义视角出发的另一种更为严肃的反对意见是，基本收入政策与开放边境和全球公正的道德要求不相容（Howard，2006）。无政府主义者支持开放边境的理由与他们反对执行财产公约的理由应该是相同的。开放边境是由公务人员建立并执行的公约，它侵犯了人们不受暴力侵害和自由活动的自然权利。但是，如果公务人员因为需要将基本收入作为其执行财产公约的补偿，从而必须区分公民与非公民身份，那么开放边境和基本收入确实不相容；或者从实用的角度出发，人们可能会担心，作为一个经验性的问题，采取再分配制度的政府将不会欢迎外国人，从而导致再分配制度的民主支持率下降。

支持基本收入的无政府主义者从三个方面做出了回答。第一，公务人员应当为执行财产公约而给予受害者补偿，这一论点恰恰证明外国人也应该得到一定补偿。第二，支持基本收入的论点与开放边境的理想具有相容性。公务人员可以执行开放边境政策，然后再对执行财产公约时产生的权利侵犯做出补偿。对公务人员来说，这是一种避免侵犯人们自然权利的方法。第三，对采取再分配制度的政府不欢迎外国人的忧虑，其实大可不必。这种经验性现象只是证明公务人员在某些情况下无法完成其维持公正的职责，而不是反对开放边境或基本收入的理由。在当今世界，几乎所有的政府都执行财产公约和开放边境政策，因此，只要政策支持对那些自然权利受到侵犯的人给予补偿，就是对现状的改善。

该论点的反对者可能还会说，一个完全基于自愿的社会是不可能存在的，在任何具有可行性的替代性政治制度下，事实上，不侵犯人权则会导致人们的生活状况更糟糕。但是无政府主义者支持基本收入的理由是将其作为执行财产公约的补偿形式，并没有假设不执行财产公约的话人们的生活会更好，也并未假定存在一个没有财产公约的社会。无政府主义者支持基本收入的目的是演示一种理论理想，即使这种政治理想不可行、不可尝试。对无政府主义者来说，理想的政治社会是自愿的、非暴力的，每个人都尊重彼此的自然权利。这种理想与财产公约的执行不相容，因为执行财产公约侵犯了人们的自然权利。然而，财产公约的执行似乎不可避免，即使存在一个不执行财产公约的社会，这个社会也有可能陷入其他形式的暴力，这个社会与无政府主义非暴力的理想相距甚远。

基于以上理由，无政府主义者不应该主张彻底摧毁财产公约，因为这样做有可能将人们置于更多暴力行为的威胁之下。无政府主义者应该支持基本收入政策，以便对那些在财产公约执行过程中权利受到侵犯的人给予补偿。

参考文献

Anderson, E.S. 1999. “What Is the Point of Equality?” *Ethics* 109(2): 287–337.

Cohen, G.A. 1995. *Self-Ownership, Freedom, and Equality*. Cambridge: Cambridge University Press. https://books.google.com/books?hl=en&lr=&id=oeUQjOLNY-wC&oi=fnd&pg=PR9&dq=self+ownership+cohen&ots=e-kkiHs-cm&sig=eGPHUOy2-JWrrbacjYVl8Uzb_LI.

Coleman, J., Hershovitz, S., and Mendlow, G. 2015. “Theories of the Common Law of Torts.” In *The Stanford Encyclopedia of Philosophy*, Winter 2015 edition, edited by E.N. Zalta. http://plato.stanford.edu/archives/win2015/entriesort-theories/.

Crawford, N.C. 2007. “Individual and Collective Moral Responsibility for Systemic Military Atrocity.” *Journal of Political Philosophy* 15(2): 187–212.

Cwik, B. 2014. “Labor as the Basis for Intellectual Property Rights.” *Ethical Theory and Moral Practice* 17(4): 681–695.

Darwall, S. 2009. *The Second-Person Standpoint: Morality, Respect, and Accountability*. Cambridge, MA: Harvard University Press.

De Soto, H. 2000. *The Mystery of Capital: Why Capitalism Triumphs in the West and Fails Everywhere Else*. Basic Civitas Books. https://books.google.com/books?hl=en&lr=&id=vnK3A5uFpqQC&oi=fnd&pg=PA1&dq=hernando+de+soto+property+rights&ots=WxASGKJ9AI&sig=gMl89x3iF2O0A8WpSQuuGr76jwY.

Eyal, N. 2012. “Informed Consent.” In *The Stanford Encyclopedia of Philosophy*, Fall 2012 edition, edited by E.N. Zalta. Metaphysics Research Lab, Stanford University. https://plato.stanford.edu/archives/fall2012/entries/informed-consent/.

Feinberg, J. 1965. “The Expressive Function of Punishment.” *The Monist* 49(3): 397–423.

Flanigan, J. 2017. “Rethinking Freedom of Contract.” *Philosophical Studies* 174(2): 443–463.

Goff, P. 2017. “If Your Pay Is Not Yours to Keep, Then Neither Is the Tax.” *Aeon*, 21 September. https://aeon.co/essays/if-your-pay-is-not-yours-to-keep-then-neither-is-the-tax.

Howard, M.W. 2006. "Basic Income and Migration Policy: A Moral Dilemma?" *Basic Income Studies* 1(1): 1–22.
Huemer, M. 2013. *The Problem of Political Authority: An Examination of the Right to Coerce and the Duty to Obey*, 1st edition. Houndmills, Basingstoke, Hampshire; New York: Palgrave Macmillan.
Huemer, M. 2017. *Is Wealth Redistribution a Rights Violation?* https://philpapers.org/rec/HUEIWR [Accessed May 18].
Klepper, H. 1990. "Torts of Necessity: A Moral Theory of Compensation." *Law and Philosophy* 9(3): 223–239.
Levy, H., Matsaganis, M., and Sutherland, H. 2014. *Simulating the Costs and Benefits of a Europe-Wide Basic Income Scheme for Children*. UNICEF Policy and Strategy. www.unicef.org/socialpolicy/files/CPI_Manos_January_2014.pdf.
Mettler, S. 2011. *The Submerged State: How Invisible Government Policies Undermine American Democracy*. University of Chicago Press. https://books.google.com/books?hl=en&lr=&id=sL0rSuBu-v8C&oi=fnd&pg=PP8&dq=submerged+state&ots=NNwXdf3Ae4&sig=I3jjtOd4agD4EZF_JigXs9gJkGs.
Moller, D. 2017. "Property and the Creation of Value." *Economics and Philosophy* 33(1): 1–23.
Murphy, L. and Nagel, T. 2004. *The Myth of Ownership: Taxes and Justice*, New Ed edition. Oxford; New York: Oxford University Press.
Murray, C. 2016. *In Our Hands: A Plan to Replace the Welfare State*. Rowman & Littlefield. https://books.google.com/books?hl=en&lr=&id=Gx9ADAAAQBAJ&oi=fnd&pg=PR5&ots=GZD9wcV4Il&sig=9GHOCvp4ljzxJwgcECJrp9xBP5o.
Otsuka, M. 2003. *Libertarianism Without Inequality*. Oxford: Clarendon Press.
Paine, T. 2000. *Agrarian Justice*. Raleigh, NC: Alex Catalogue. http://schalkenbach.org/library/henry-george/grundskyld/pdf/p_agrarian-justice.pdf.
Pallikkathayil, J. 2011. "The Possibility of Choice: Three Accounts of the Problem With Coercion." *Philosopher's Imprint* 11(16). www.philosophersimprint.org/011016/.
Pateman, C. 2004. "Democratizing Citizenship: Some Advantages of a Basic Income." *Politics and Society* 32(1): 89–105.
Posner, E.A. and Vermeule, A. 2003. "Reparations for Slavery and Other Historical Injustices Essay." *Columbia Law Review* 103: 689–748.
Proudhon, P.-J. 1876. *What Is Property? An Inquiry Into the Principle of Right and of Government*. B.R. Tucker.
Radin, M.J. 1993. "Compensation and Commensurability." *Duke Law Journal* 43(1): 56–86.
Rothstein, R. 2017. *The Color of Law: A Forgotten History of How Our Government Segregated America*, 1 edition. New York; London: Liveright.
Shiffrin, S.V. 1999. "Wrongful Life, Procreative Responsibility, and the Significance of Harm." *Legal Theory* 5(2): 117–148.
Shockley, K. 2007. "Programming Collective Control." *Journal of Social Philosophy* 38(3): 442–455.
Simmons, A.J. 1999. "Justification and Legitimacy." *Ethics* 109(4): 739–771.

Smiley, M. 2017. "Collective Responsibility." In *The Stanford Encyclopedia of Philosophy*, edited by E.N. Zalta, Summer 2017 edition. Metaphysics Research Lab, Stanford University. https://plato.stanford.edu/archives/sum2017/entries/collective-responsibility/.

Sobel, D. 2012. "Backing Away From Libertarian Self-Ownership." *Ethics* 123(1): 32–60.

Sunstein, C.R. 1996. "On the Expressive Function of Law." *University of Pennsylvania Law Review* 144(5): 2021–2053.

Valentini, L. 2012. "Ideal vs. Non-ideal Theory: A Conceptual Map." *Philosophy Compass* 7(9): 654–664.

Valls, A. 2003. "Racial Justice as Transitional Justice." *Polity* 36(1): 53–71.

Van Parijs, P., et al. 1997. *Real Freedom for All: What (If Anything) Can Justify Capitalism?* OUP Catalogue. https://ideas.repec.org/b/oxp/obooks/9780198293576.html.

Varuhas, J.N. 2014. "The Concept of 'Vindication' in the Law of Torts: Rights, Interests and Damages." *Oxford Journal of Legal Studies* 34(2): 253–293.

Wertheimer, A. 1987. *Coercion*. Wiley Online Library. http://onlinelibrary.wiley.com/doi/10.1002/9781118785317.weom020106/full.

Widerquist, K. 2013. *Independence, Propertylessness, and Basic Income: A Theory of Freedom as the Power to Say No*. Springer. https://books.google.com/books?hl=en&lr=&id=o6yTqTHFnJkC&oi=fnd&pg=PP1&dq=karl+widerquist+basic+income+compensation&ots=X76Ml3WH58&sig=q8FOH88vjXUDRndBtepZ8VGvSYU.

Wilkinson, W. 2005. *Noble Lies, Liberal Purposes, and Personal Retirement Accounts*. Social Security Choice Paper No. 34. Cato Institute.

Woodward, J. 1986. "The Non-identity Problem." *Ethics* 96(4): 804–831.

第三章　关系充足主义与基本收入

贾斯廷·托西

平等主义吸引大众的原因很多，其中一个普遍原因是，平等主义对改善最弱势群体的物质条件表现出了强烈的关切。对许多平等主义者来说，这可能也是此观点最吸引人的地方。

本章的论题为一种平等主义，并认为这种平等主义陷入了令人深思的困境。关于全民基本收入政策的提议获得了惊人的广泛支持。南非、芬兰、瑞士等国的政客们都认同无条件的基本收入政策，同时，私人和公共领域都在进行基本收入政策的尝试。基本收入政策也得到了一些令人意外的意识形态派别的支持，如本书中有一些论点是从古典自由主义和无政府主义的角度来为基本收入政策背书的。

但是，平等主义者应该如何看待全民基本收入呢？一方面，全民基本收入政策可能会使社会中最弱势群体的生活得到实质性改善，甚至可能得到大大的改善。另一方面，实施这一政策将使商品（或福利，或才能，或任何符合平等主义正义的方式）的分配远远达不到平等主义的理想。一般来说，提议设立的基本收入金额并不会大到可以显著缩小贫富差距的程度。也许一些平等主义者会赞成实施全民基本收入政策，希望借此引领人们走上一条更宽阔、更艰巨的再分配政策的道路。另一些人可能会对这种政策持谨慎态度，担心其会限制决策者的想象力，使他们专注于与基本收入相关的次要问题，而不是考虑更激进的平等主义措施的可能性。让我们先把这些战略性问题放在一边，只关注从哲学方面考虑平等主义者应该如何评价基本收入政策。

布赖恩·巴里（Brian Barry）仔细斟酌了这个问题，他得出的结论是，平等主义者倡导平等有三个共同的理由，但是无论从哪个理由出发，他们都应该反对基本收入政策。巴里认为，功利派平等主义者不能接受无条件的基本收入，因为对这些人来说，一个人是否应该工作取决于他做这项工作能否促成效用的最大化。运气派平等主义者也应该反对基本收入政策，因为这一政策将同等对待那些选择不工作的人和那些自己没有选择、无法工作的人。由于前者的生活满意度会比后者高，因此原生运气造成的状况和选择性运气造成的状况将无法区分。最后，也是对笔者来说最重要的一点是，巴里认为，那些出于团结或友谊的目的而主张平等主义的人应该拒绝基本收入政策，因为这一政策将造就一个由就业人员和失业人员组成的两极化社会。

> 如果我们把经济平等视为一种物质生活平等的标准……基本收入制度将建立一个明显不平等的社会，因为领受基本收入的失业者和就业者之间必然会产生差距。（Barry，1992：140）

笔者认为，许多平等主义者会赞同巴里的观点。但是，如果一个平等主义者牢记自己青睐分配正义的原因是对弱势群体的关注，也许会在巴里的评述中认识到亚当·斯密（Adam Smith）所说的“政府掌权人”的思想。这样的人“似乎以为他们可以像在棋盘上摆布棋子一样，轻松安排社会成员的生活”，以及“常常过分迷恋自己完美的理想政府计划，从而不能接受丝毫偏差”（Smith，1985：233－234）。如果对平等主义正义理论的追求会导致人们认为全民基本收入不公平而予以拒绝，那么这或许是对平等主义正义理论的一次打击。对那些因为想帮助弱势群体而成为平等主义者的人来说，这可能是寻求另一种理论的好时机。或者那些认为基本收入政策具有吸引力的人，可能正在寻找一种正义理论来支持这一政策。

本章试图对这样一种理论做出简单的概述。笔者将把“全民基本收入是一项公正的政策”作为一个基本论点，并进一步解释其原因。如果基本收入给我们的印象是公平正义的，符合我们对美好社会的愿景，那么为什么会这样呢？下文将证明，关于分配正义和平等主义的理论是错误的。在一个公正的社会里，并不是人们必须享有平等的财产、平等的福利、平等的能力，甚至平等的社会地位，而是每个人都享有足够的社会地位。笔者将这种观点称为关系充足主义。

分配平等主义及其不足之处

后正义论时代的平等主义者之间的辩论大多围绕分配正义的方式展开，即关于“哪方面的平等”的辩论（Sen，1980：196－220；Cohen，1989：906－944）。这场辩论的参与者一致认为，人与人之间的平等必须通过某种事物X的平等来实现，而道德和政治哲学家的任务则是弄清楚X是资源、福利、能力还是其他事物。一旦解决了这个关键问题，正确的公共政策便是能以最近似平均的方式分配X的政策。

笔者想要探讨目前出现的两种流行观点，至少从其当代形式来说，这两种观点是对上述论题做出的回应。

第一种观点是关系平等主义，代表人物是伊丽莎白·安德森和塞缪尔·舍夫勒。关系平等主义者认为，平等主义的根本目的是消除社会等级制度，值得关注的平等是关系平等。安德森指责分配平等主义者忽视了关系上的平等，因为他们只关注商品的分配，而不考虑其他东西。她指出，从历史上看，平等主义运动一直致力于实现社会条件的平等，即人们要在一个人人地位平等的民主社会中交往。目前尚不清楚关系平等主义者的观点会对分配造成何种影响，且据笔者所知，还没有人试图弄清这个问题。[①] 但关键在于，平等的社会关系不是简单地通过分配来实现的，当然更不是通过单一商品的分配来实现的。

关系平等主义者是否比分配平等主义者更支持基本收入政策呢？就业和失业的社会成员在物质财产、福利等方面的差距不太可能冒犯到关系平等主义者。如果按照分配平等主义者所青睐的标准，在缩小优势群体和弱势群体之间的差距这方面，基本收入几乎没有取得什么进展，但是从公民间自由平等的社会关系来看，这不一定是一个问题。

---

① 至少有一个人认为应该这样做。参见：Christian Schemmel，“Why Relational Egalitarians Should Care About Distributions，” *Social Theory and Practice* 37，no. 3（2011）：365－390.

笔者认为，关系平等主义者对地位平等的关注带来了新的问题。第一个问题是就业问题。鉴于一些人有自己的事业（部分人甚至可能享受其中），而另一些人却未能充分就业，甚至完全依赖基本收入，因而可能会造成社会成员间的地位差异。无论好坏，许多人的自尊心与他们的工作都息息相关。对他们来说，重要的是能够将自己视为社会生产力的创造者，能够供养自己和家庭，能够通过有偿工作对社会做出贡献。[①] 因此，如果基本收入政策旨在解决由生产自动化导致的失业率上升问题，它就不能回应关系平等主义者的主要关切。当人们真正需要的是一份工作时，仅仅给予金钱并不能让他们感到自己和其他公民在社会上是平等的。[②]

由于没有更好的术语，我们可以说第二个问题是“老生常谈”的问题：基本收入将为炫耀性消费开拓有利可图的新领域。大多数关于基本收入的提案都是全民性质的，就此而言，每个人都能领取基本收入。毫无疑问，一些拥有更多收入来源的人会寻求机会来表明基本收入对自己而言毫不重要，而企业无疑会提供创造性的服务来满足这些人的需求，使得一切服务的开销完全等同于个人基本收入的全部金额。例如，度假胜地会提供奢华的“基本收入周末度假”；米其林星级餐厅会设计一个特别的“基本收入菜单”；慈善机构也可能会加入这个行列，提供方便的方式让一些人更方便地向朋友炫耀自己已经捐出全部基本收入，因为他们完全不需要它（Tosi and Warmke，2016：197－217）。所有服务都是为了尽可能浮夸而高调地挥霍掉全部的基本收入。也许有些人会选择一条更简单的路线，即分享自己烧钱的视频。无论如何，那些一心向上且努力的人都会想方设法把代表基本收入的金额变为下层阶级的象征，并以此在下层阶级和自己之间

---

① 诺齐克提出了一个著名的体验机器思维实验，他在实验中询问被试：如果你因外部世界因素而基本死亡，你是否愿意将自己接入一台生命机器，而它能为你提供任何你想要的主观体验。任何一位传授这一思维实验的老师可能都会发现，许多学生一想到要连接机器并且对社会毫无贡献，就会产生强烈的反感。“用基本收入弥补工作机会的缺失”这一说法远没有那么极端，但是笔者怀疑人们对这种想法产生负面回应，也是基于和上述学生类似的想法。参见：Robert Nozick, *Anarchy*, *State*, *and Utopia* (New York: Basic Books, 1974), pp. 42－45.

② 乔比在其他地方也提出过这样的观点：所述的工作欲望是一种适应性偏好。参见：Michael Cholbi, “The Desire for Work as an Adaptive Preference,” *Autonomy* 4 (2018): 1－17.

制造社会距离。因此，基本收入反倒可能被用作对抗平等社会的武器。

笔者要探讨的第二种观点是充足主义，它是与分配平等主义相对立的一种观点。[①] 充足主义是一种关于分配正义的学说，但它认为平等并不是正确的分配理想。相反，从正义的角度来看，真正重要的是人们拥有的足够多。哈里·法兰克福（Harry Frankfurt）总结了充足主义反对分配平等主义的论据：

> 从平等主义者的观念来看，道德上难以接受的并不是一些人拥有的财富比其他人少，而是那些财富较少的人太过贫穷，这是他们所谓经济不平等的常见情况。（Frankfurt，1987：32）

正如法兰克福所提出的，充足主义是平等主义的一种误差理论。也就是说，许多平等主义者在对其直觉感受进行阐述时会犯错，而通过认定这种情有可原的错误，一种替代性的理论得以生成，即充足主义。

因为本章后面还会涉及这种情况，所以笔者有必要解释一下为何会对法兰克福的观点做此描述。这里有一个不同背景下的误差理论案例，即当人们看到一根稻草浸在液体中时，可能会误以为稻草是弯曲的。这种情有可原的错误没有考虑到，根据折射原理，光波的方向会随速度的变化而改变。不同的液体介质导致光波速度发生变化，从而改变光波的方向，进而造成视觉错觉。当孩子们听到这样的解释时，常常会抗议说这不可能是真的，他们正盯着稻草看，不会犯这样愚蠢的错误。而这并不是对折射原理的充分反驳，因为显而易见，折射原理本身推翻了反对意见的基本依据。

保拉·卡萨尔（Paula Casal，2007：305）对法兰克福的观点提出了异议："所谓所有的平等主义者，包括一些见多识广的哲学家，之所以都认为平等非常重要，只是因为他们混淆了'比别人穷'和'很穷'这两个概念，这种说法简直毫无道理"。卡萨尔的反对意见中有两个明显的模糊之处。法兰克福并不是在指责所有的平等主义者都犯了这个错误，也没有说持有这种观点是成为平等主义者的唯一缘由。相反，他之所以提出以上

---

① 关于充足主义的详细论证参见：Liam Shields，*Just Enough: Sufficiency as a Demand of Justice*（Edinburgh：Edinburgh University Press，2018）.

观点，是因为从分配平等的非工具性关切考虑，这是最可信的理由，然而即便如此，也不能称其为好理由。[①] 毫无疑问，有些分配平等主义者把他们的信仰建立在更严重的错误的基础上。例如，约翰·罗尔斯（John Rawls）将某些形式的平等主义与嫉妒联系在一起。

法兰克福的观点之所以具有吸引力，部分原因在于他所指出的错误在一般政治话语中非常普遍。捍卫平等的人经常把对穷人的关切作为支持再分配的最重要、最有力的理由，这一点无可厚非。很多人认可这种普遍诉求，认为对穷人的关切是平等主义最令人信服的基础，这当然不是毫无道理的。从某种意义上来说，哲学家的直觉也根植于这一看法。所以我们有理由质疑“平等本身是有价值的”这一直觉，即使这种直觉来自一位见多识广的哲学家。[②] 因此，否定充足主义是错误的，就像孩子们否定折射原理是错误的一样。

根据像法兰克福这样的充足主义者的观点，当每个人所拥有的商品都达到充足程度的时候，一个社会的商品分配就是公正的。如果这个条件得到满足，那么有些人拥有的商品比其他人多就不构成问题了。因此，除非分配正义以工作的形式实现，否则充足主义者不会像关系平等主义者那样反对基本收入政策。只要基本收入足够高，达到充足的门槛，充足主义者似乎就会支持这样的政策。

我们的研究似乎可以到此为止了，因为我们已经确定了一种支持基本收入的分配正义观点。[③] 但是笔者认为，关系平等主义中是存在重要真理的。将商品分配正义的需求问题与更普遍的社会关系正义的需求问题区别看待，有什么意义呢？我们可能不喜欢关系平等主义者所说的那种基本收

---

① 考虑到哲学家们很难为平等找到一个基础，这可能是最合情理的理由。参见：Richard J. Arneson, “What, If Anything, Renders All Humans Morally Equal?” in *Peter Singer and His Critics*, ed. Dale Jamieson (Oxford: Blackwell, 1999), pp. 103 – 128.

② 罗纳德·德沃金（Ronald Dworkin）写道：“我认为，很明显，美国现在在实现平等理想方面做得还远远不够。有相当一部分美国人长期失业，或是工资水平低于任何实际的贫困线，或是在各方面存在生理缺陷，或是有特殊需求。如果有机会和能力，他们中的大多数会从事必要的工作，以获得体面的生活。”参见：Ronald M. Dworkin, *A Matter of Principle* (Cambridge, MA: Harvard University Press, 1985), p. 208.

③ 尽管如此，正如我们将看到的那样，目前所描述的充足主义可能难以确定一个具体的社会基本收入水平。

入政策，也就是将不可接受的社会关系制度化，但这并不意味着我们应该从我们的理论中排除所有关系因素。相反，笔者建议，我们应该探索一种理论，这种理论能够将充足主义的优点与关系平等主义的优点结合起来，由此产生的观点就是关系充足主义。

关系充足主义的基本思想

关系充足主义将充足性要求应用于社会关系中而不是分配中。与充足主义不同的是，这种观点并不要求人们拥有足够的财富——至少这不是它的基本要求。就像与之对应的关系平等主义一样，关系充足主义并不直接关注商品的分配。相反，该观点认为社会应致力于建立足够体面的关系，而且对商品分配的任何干预都应服务于这一根本目标。关系充足主义的根本要求是，每个人都应该拥有足够的社会地位来与他人建立体面的关系，或者说每个人都应该得到足够的尊重。那什么是足够体面的关系呢？目前尚没有一个完整的理论体系来解答这一问题，但笔者认为，这种关系至少应包括每个人的权利受到尊重、社会阶层的流动性（如没有严格的社会等级结构）、获得重要商品的权利。① 值得注意的是，这种关系并不包括平等的社会地位，但是可能会在某些领域要求平等的地位，因为有时足够的社会地位可能只是平等的地位，一个明显的例子就是法律面前人人平等。

就像充足主义一样，关系充足主义也可以被理解为一种误差理论，但这是一种关于关系平等主义的误差理论。关系充足主义者认为，关系平等主义的支持者混淆了体面的关系和平等的关系。误差理论对关系平等主义的阐释可以在支持者所举的例子中得到证实。在这些例子中，人们受到极不公平的对待。关系平等主义者卡丽娜·福里（Carina Fourie）在其关于平等社会地位的论文开头这样写道：

---

① 因为笔者并不会详尽叙述什么样的关系是足够体面的，而且这种观点比较新颖，人们并不熟悉其总体思想，所以有人对此感到不安是可以理解的。例如，读者可能会担心，一些关于充足关系的恶意观念会出现在这一系列观点中，并且在设定范围缩小到合理范围之前，关系平等主义也是如此。因此，为了让大家放心，在笔者的叙述中，任何关于体面关系的描述都不包括历史上的种姓社会、奴隶社会和将妇女归为二等公民的社会。

> 在美国，黑人通常会被要求远离人行道，避免接近白人。实行种族隔离制度的南非，要求黑人称呼白人男性为 Baas（Baas 在南非荷兰语中是“老板”的意思），称呼白人女性为 Madam（夫人）。虽然这通常是黑人对白人雇主的称呼，但是他们必须这样称呼所有白人，包括陌生人。另外，白人通常用“男孩”或“女孩”来指代成年黑人，这些都是社会不平等的例子。（Fourie，2012：107－108）

无须求助于关系平等主义的观点，我们就能看出案例中所描述的现象在道德上是令人反感的。在这些情况下，人们要求改善自己的社会地位，并非要求一个社会实现全面平等。例如，他们并不要求工作场所消除等级制度，也不要求消除因身份差别而自然生成的关系。这些人只是要求其权利得到尊重，而不是时时处处居于绝对从属地位。换句话说，一个实行种族隔离制度的社会和一个人人享有平等地位的社会，是存在极大差距的。关系充足主义者拒绝种族隔离一类的制度，但是主张公正的社会不需要实现所谓极端的平等。

因此，关系充足主义与关系平等主义的不同之处在于对平等社会地位的要求。关系充足主义也强调推动形成某种关系，但否认以追求地位平等和消除社会等级制度为目标。相反，我们的目标应该是每个人都享有足够的社会地位，从而在人际关系中得到足够好的对待。套用法兰克福关于充足主义的一个口号，如果每个人都得到足够好的对待，那么某些人是否得到比他人更好的对待，将不会产生道德影响。

对于关系上的充足可以有或粗略或精细的看法。最粗略的观点认为，从某种总述性的意义上来说，不应该有任何社会阶层（某一群体）因地位过低而无法得到足够好的对待。而精细的观点则认为，无论怎样细分，任何人都应该在生活的方方面面享受体面的对待。笔者认为后一种观点更合乎情理，也更具启发性，但在此就不做阐述了。

公正社会中的地位关系

现在让我们来更详细地比较一下这两种观点对公正社会中地位关系的

叙述。如前所述，关系平等主义者主张应该消除社会等级制度；而关系充足主义者则认为只要每个人都得到足够的尊重，等级制度的存在就没有问题。舍夫勒非常明确地反对等级制度。他认为，社会平等对我们很重要，“因为我们相信，至少在某些至关重要的方面，人际关系中一些有价值的东西是不受阶级、权力或地位差异影响的”。但是他承认“阶级、权力和地位的差异在人类社会生活中是普遍存在的”（Scheffler，2010：225）。那么我们该如何解释对等级制度的容忍呢？舍夫勒认为，对等级制度的容忍分为两种情况：一种是具备工具性价值的等级制度；另一种是“没有必要只为了让某种关系符合平等主义特征，而完全消除阶级或地位上的差别”（Scheffler，2010：226）。

笔者认为，除非我们把“平等主义特征”解释得太过宽泛，以至于它与社会平等毫无关联，否则这种观点并不适用于所有可以容忍的等级制度。这里讲一个故事，在这个故事中，等级制度没有工具性价值，但仍然不存在问题。《正义论》（*A Theory of Justice*）出版后不久，某次会议晚宴上，一位哲学家坐在了罗尔斯的旁边。据说罗尔斯在服役期间患上了壕沟足病，这困扰了他的余生，因此他穿皮鞋很不舒服。罗尔斯向他身边的同伴解释了这一情况，并请求对方允许他脱下鞋子。那个人回答说：“你可是约翰·罗尔斯，你可以做任何你想做的事！”这时，除非这个人对提出类似要求的研讨生出言不逊，否则把这个故事归为社会的不公正就是荒谬的。如果他确实是以粗鲁的方式回应了那些不那么知名的哲学家的要求，那就是不公平的，但仅仅是因为他没有尊重别人，而不是因为他对罗尔斯特别尊重。这是因为即使我们给予社会地位较高的人更多谅解，问题的关键仍然是足够谅解对方的请求。笔者认为，这种对哲学大家的尊重可能是允许等级制度存在的理由，但并不具备其他价值。

也许舍夫勒所说的另一种情况在这个例子中同样突出，这是一种具有平等主义特征的关系，但是碰巧包含了有限的等级差别。很多在政治哲学领域工作过一段时间的人都遇到过认识罗尔斯的人，他们谈起罗尔斯时都怀着崇敬之情，一个公正的旁观者不可能一脸认真地说他们与罗尔斯的关系“具有平等主义特征”。局外人可能会觉得这些对罗尔斯的溢美之词有些奇怪，但是这里讲到的关系并没有错。

我们可以找到一个不带有那么鲜明个人色彩的例子，比如在工作场所，等级制度显然是合适的。有些人凭借地位在公司拥有更大的权力。有人可能会反对说，企业内部的等级制度之所以被接受，仅仅是因为其具有工具性价值。笔者并不怀疑公司的等级制度是某种有效的手段，如可以提高生产效率，但事实上，制度的有效性并不意味着只要这些制度具有工具性价值就可以被合理化。公司内部的等级制度并不一定与公正相对立，反而可能就是公正的结果。假设沙漠法则是正确的，人们应该在其有效投入精力的生活领域获取更高的地位。人们的地位得到应有的提升是没有问题的（甚至是值得称赞的），但前提是其他人不会因此失去获得重要物资的渠道。

但是，也许有人会反对，职场“暴政”呢？一些雇主利用公司的等级制度来控制他们的员工，如在没有正当职业理由的情况下要求员工接受药检，提出不合理的着装要求，限制员工在休息时间的活动自由等。一个被权力所腐蚀的雇主对待员工恶劣而专断的方式自然会令员工怨声载道，这是常见现象。但是，这些都不能成为实行职场民主或消除公司内部等级制度的理由，这些只能表明有些雇主对员工不够好。但有必要重申，公司内部足够体面的待遇和平等地位之间还是存在很大的差别。

最后，有人可能会表示反对，认为笔者对待关系平等主义者的方式不够公平，因为一个平等的社会并不像笔者所描述的那么严苛，也许平等社会也留有允许人们赢得地位或丧失地位的余地。让我们再次回到舍夫勒的观点，这是他提出的在社会平等条件下可接受的等级限制：

> 在假定的平等主义关系中，参与者们必须自己制定平等主义关系的条件，必须建立对权力和劳动划分的模式及相互依存的模式。在这种模式下，参与者必须在保持平等关系的同时确定各自的角色。（Scheffler，2010：226）

我们在坚持平等主义观点的同时，应恰当保留对关系特征细节的评判，因为抽象的论证并不能解释所有潜在的复杂情况。但是，关系平等主义对等级制度的容忍只能止步于此，因为再宽容的话就意味着我们只能要求道德平等而不是社会地位平等。如果所有的观点都认为我们应该在道德上平等地对待（充分尊重）彼此，而在一些特殊情况下还要求社会地位平等的话，那么这里有一个更准确的名字，就是关系充足主义。

充足性的阈值

在认同关系充足主义而不是充足主义时，还有一个值得考虑的因素。充足主义观点总是面临着笔者所称的阈值问题：多少才算充足？充足主义者试图通过指定两种阈值来解决这一问题，但这两种阈值长期以来一直遭到反对。有人提出绝对阈值的说法。法兰克福认为，当再多的资源也不能满足更多显著的欲望时，我们就会达到充足的阈值（Frankfurt，1987：37－38）。罗杰·克里斯普（Roger Crisp）认为，充足性要求有足够的能力维持80年的高质量生活。他认为这个理论适用于所有可能的生命体（Crisp，2003：762）。撇开可信性这一基本问题不谈，一般来说，绝对阈值对发达社会来说似乎太低，而对发展中社会来说又似乎太高。

还有一种策略是提出一个相对阈值，根据这个阈值，多少才算充足，取决于相关人员拥有多少。这将解决前面提到的绝对阈值问题，因为对充足性的需求会因社会经济的发展阶段而有所不同。然而，正如批评家所指出的那样，法兰克福声称对幸福的追求是推动充足主义发展的首要因素，而这种给出相对阈值的方法却与法兰克福的主张相冲突（Casal，1987：301）。法兰克福之所以不完全赞同平等主义观点，是因为他认为别人所拥有的并不会对我们自身的幸福产生影响。当然，如果这是合理的，那么对一个人来说，拥有多少资源算充足也不应该取决于别人拥有多少资源。

关系充足主义可以更好地解决阈值问题。尊重他人的含义会因环境的不同而产生差异。经济发展水平和社会财富水平似乎是决定体面社会关系的两个变量。因此，达到关系充足所需的资源可以根据影响社会成员交往的社会因素而有所变化。卢梭（Rousseau）的观点与笔者的想法类似，他写道："任何公民都不应富裕到有能力购买另一个公民，也不应贫穷到被迫出卖自己。”[①] 满足这一标准所需的财富数额将因社会和经济状况而异。因此，关系充足主义并不局限于分配充足性的绝对阈值。这与法兰克福所认为的幸福具有非比较性的主张是一致的，因为充足性阈值的改变并不仅仅取决于他人的幸福感。相反，关系充足主义者认为，多少算是足够的资源，取决于在一个特定的社会中，必须有多少资源才能带来足够体面的关系。

需要强调的是，发达社会中条件较差的成员会抱怨自己的生活相对贫困，而在一些政治圈子里，贬低这类人成为某种流行趋势，这种情况令人沮丧。“他们都可以使用冰箱了，怎么还能抱怨自己贫穷呢？他们的祖先甚至做梦都不会想到冰箱的存在。”这是笔者能想到的一个比较有代表性的例子。对关系充足主义者来说，这是一个很容易被驳倒的说法。他们当然可以抱怨贫穷，因为前工业社会的充足性与当今社会的充足性显然不可同日而语。

结　　论

现在笔者可以兑现在本章开头时做出的承诺，陈述支持基本收入政策的观点。虽然笔者只叙述了关系充足主义的基本内容，但仍希望自己的叙述足够清晰，使关系充足主义比其他观点更适合作为基本收入政策的理论支撑。首先，关系充足主义可以从理论上支持基本收入政策，确保每个人都拥有充足的财富，可以容许不同发展阶段的社会存在基本收入支付金额的差异。其次，关系充足主义可以避免关系平等主义所面临的就业问题，因为关系充足主义者并不是特别介意就业状况带来的社会地位差异，并且不介意那些困扰关系平等主义者的老生常谈的问题。因此，如果基本收入政策有助于避免由缺少就业选择导致的不体面的社会关系，关系充足主义者就有理由认同基本收入政策。

---

① Jean-Jacques Rousseau, *The Basic Political Writings* (Indianapolis: Hackett Publishing, 1987), p. 170. 卢梭的说法可能暗示了允许持有财产的上限，这与笔者的观点相同。但为了本章的叙述，笔者暂且不谈这个问题。

参考文献

Anderson, E.S. 1999. "What Is the Point of Equality?" *Ethics* 109(2): 287–337.

Arneson, R.J. 1999. "What, If Anything, Renders All Humans Morally Equal?" In *Peter Singer and His Critics*, edited by D. Jamieson, 103–128. Oxford: Blackwell.

Barry, B. 1992. "Equality Yes, Basic Income No." In *Arguing for Basic Income: Ethical Foundations for a Radical Reform*, edited by P. Van Parijs, 128–140. London: Verso.

Casal, P. 2007. "Why Sufficiency Is Not Enough." *Ethics* 117(2): 296–326.

Cholbi, M. 2018. "The Desire for Work as an Adaptive Preference." *Autonomy* 4: 1–17.

Cohen, G.A. 1989. "On the Currency of Egalitarian Justice." *Ethics* 99(4): 906–944.

Crisp, R. 2003. "Equality, Priority, and Compassion." *Ethics* 113(4): 745–763.

Dworkin, R.M. 1985. *A Matter of Principle*. Cambridge, MA: Harvard University Press.

Fourie, C. 2012. "What Is Social Equality? An Analysis of Status Equality as a Strongly Egalitarian Ideal." *Res Publica* 18(2): 107–126.

Frankfurt, H. 1987. "Equality as a Moral Ideal." *Ethics* 98(1): 21–43.

Nozick, R. 1974. *Anarchy, State, and Utopia*. New York: Basic Books.

Rousseau, J.-J. 1987. *The Basic Political Writings*, 1st edition. Indianapolis: Hackett Publishing.

Scheffler, S. 2010. *Equality and Tradition: Questions of Value in Moral and Political Theory*. New York: Oxford University Press.

Schemmel, C. 2011. "Why Relational Egalitarians Should Care About Distributions." *Social Theory and Practice* 37(3): 365–390.

Sen, A. 1980. "Equality of What?" In *The Tanner Lectures on Human Values*, edited by S. McMurrin, 196–220. Cambridge: Cambridge University Press.

Shields, L. 2018. *Just Enough: Sufficiency as a Demand of Justice*. Edinburgh: Edinburgh University Press.

Smith, A. 1985. *The Theory of Moral Sentiments*. Indianapolis: Liberty Fund Inc.

Tosi, J. and Warmke, B. 2016. "Moral Grandstanding." *Philosophy and Public Affairs* 44(3): 197–217.

第四章　论支持无条件基本收入的反家长制理由

迈克尔·乔比

假设所有人都可以无条件地享有最低社会保障，也就是说，无论是否工作或参与其他生产性活动，所有人都可以得到一定数额的资金支持。最低社会保障应该采取什么样的形式提供呢？传统的社会福利制度通常会为受助者提供物质救助，如食品、住房、医疗及（在一些情况下的）收入扶助。一些自由意志论者或自由主义者认为，无条件的最低社会保障应该采取由政府直接管理的基本收入保障的形式来提供，即直接为受助者提供现金补助，理由是提供物质救助的最低保障形式具有家长制作风，应当反对。

这种以反对家长制为理由而支持基本收入、反对其他社会保障形式的说法经常有人提及，但是缺乏一种系统、详细的理论探讨。本章的目的是围绕以上说法展开讨论，以明确这种论调是否可信。

值得注意的是，无条件最低社会保障，无论采取怎样的形式提供，相对于带有各种附加条件的最低社会保障，都显示了较弱的家长制特征。对接受最低社会保障的受助者来说，政府提出的诸多附加条件的确带有家长制特征：要求受助者接受毒品检测甚至放弃生育，其实是以侵害受助者的自由权、自主权、主动权为条件来提供最低社会保障，以确保受助者按照政府（或其他公民）认为正确的方式生活。无条件提供最低社会保障则可以降低政府提供福利的家长制程度。但是，仅仅以此为理由，并不能认定无条件基本收入比无条件物质救助更优越。因此，从反对家长制的角度出发，我们仍然需要对这两种形式展开探讨。

从反对家长制的角度出发，支持基本收入、反对其他形式的最低社会保障的理论基础是否可信？下文将对此展开讨论。笔者认为，以反对家长制为理由，证明基本收入比物质救助更优越，要比预期困难很多。要论证这一观点，首先需要证明在改善民生方面，基本收入和物质救助同样有效。在本章第一部分，笔者对以上议题展开批评，指出仅仅以此为理由支持基本收入是不够的。第二部分和第三部分讨论以反对家长制为理由支持基本收入所依赖的两种理论：一是杰拉尔德·德沃金（Gerald Dworkin）提出的“自由论”或“自主论”，二是“理性意志论”。这两种理论深入探讨了家长制的本质和错误。此外，第三部分对后一种说法进行了详细论证，指出与无条件基本收入相比，物质形式的最低社会保障所表现出的家长制特征反倒是比较弱的。在第四部分，笔者提出，政府有权规定个人追求公平结果的方式，如政府选择用物质救助而非基本收入的形式向受助者提供最低社会保障，这种方式并不具有家长制作风。

虽然笔者认为，从反家长制的角度出发，基本收入与物质救助相比并没有突出的作用，但是这并不意味着笔者反对基本收入。事实上，笔者一边一如既往地反对家长制，一边不遗余力地支持无条件基本收入。但是，对后者而言，最好不要把反家长制这种假设用作论证的理由。

家长制与福利

向公民提供现金补助而不是物质补助可以摆脱家长制的约束，人们经常以这种说法为理由倡导无条件基本收入，却很少对其进行细致的论证分析。自由意志论者兹沃林斯基是为数不多的对这一主张进行论证的学者之一。[①] 他支持基本收入保障，在一定程度上是因为与现有的社会福利计划相比，基本收入保障显示出了较弱的家长制特征。兹沃林斯基认为，政府不应该把发放福利的标准建立在要求受助者遵从政府认为合适的生活方式上。这涉及政府所提供物质的本质。

① Matt Zwolinski, “The Pragrnatic Libertarian Case for a Basic Income Guarantee,” *Cato Unbound: A Journal of Debate* (2014).

尽管经济学理论和越来越多的实质研究都证明，现金补助带来的选择自由会让个人生活得更好，但是因为国家不相信受助者能够明智地消费，所以通常采用物质福利方式而非现金福利方式。

兹沃林斯基提出了几个不同的规范性因素：（1）采取物质福利政策的政府“不信任”最低社会保障的受助者；（2）现金补助为受助者提供了更大程度的选择自由；（3）与物质保障相比，基本收入保障使个体生活得更好。

让我们再逆向分析一下以上因素。在最大化个人福祉方面，基本收入保障很可能更有效。有了基本收入保障，个人可以根据自己的经济状况和目标决定消费支出。例如，个人可以选择以更灵活的方式使用基本收入（如买较好的健康保险或者买较便宜的房子），而不只是获得一定金额的住房优惠券。因此，基本收入很可能会给个人带来更多的福祉。

无条件的基本收入保障能否改善民生是一个实证主义问题，而对这个问题的系统性探索则相对较新。基本收入保障计划的试点研究发现，无论是直接还是间接地测评其影响，结果都是积极的。一项对 2011—2013 年在肯尼亚进行的“直接发放计划”（Give Directly Program）的研究发现，对每月无条件收入保障的受助者，尤其是女性受助者来说，她们的压力减轻了，自尊心增强了。[①] 伊芙琳·福尔热研究了 20 世纪 70 年代在曼尼托巴进行的一项基本收入保障计划，发现受助者在就医次数、因心理疾病住院治疗的次数及中学辍学率等方面都呈下降趋势。[②] 从已有的收入和福祉研究来看，这些结果不足为奇。虽然额外的收入有助于提升人们的幸福感，但这种影响已然达到顶峰。例如，在美国，这种效应每年可带来约 75 000美元的收入。[③] 总的来说，收入的稳定性、可靠性和收入的数额多

---

① Johannes Haushofer and Jeremy Shapiro, “The Short-Term Impact of Uncon-ditional Cash Transfers to the Poor: Experimental Evidence From Kenya,” *Quarterly Journal of Economics* 131 (2016): 1973 - 2042.

② Evelyn L. Forget, “The Town with No Poverty: The Health Effects of a Canadian Guaranteed Annual Income Field Experiment,” *Canadian Public Policy* 37 (2011): 283 - 305.

③ Angus Deaton and Daniel Kahneman, “High Income Improves Evaluation of Life But Not Emotional Well-being,” *Proceedings of the National Academy of Sciences* 107 (2010): 16489 - 16493.

少同等重要。从理论上讲，无条件的基本收入保障可能会通过增强个人对生活的控制[①]，尤其是对工作环境的控制来提升个人的幸福感[②]。它还可以减轻各方面资源匮乏对个人“认知能力”造成的负担，从而有利于个人制订更好的远景规划。[③]

但是，想要推断基本收入保障在增进福祉方面是否优于物质救助，依然存在两个困难。第一，上述研究和理论发现虽然做出了这种预测，但是并没有认真区分无条件基本收入保障和其他形式的无条件最低社会保障（如无条件物质发放这种形式）。有研究表明，综合经济安全感的提升有利于改善民生，但是该研究没有证明基本收入保障比其他形式更有效。改善民生的主要因素在于基本收入保障的无条件性，在于其提升了个人应对与就业相关的经济动荡的能力。这样一来，我们就有理由假设同样无条件的物质救助（包括医疗保健、食品券和住房[④]）会产生相同的效果。

第二，人们有理由相信物质救助可能更有效。如果自我损耗现象是真实存在的，那么基本收入保障带给受助者的幸福感可能会低于物质救助。自我损耗是指个体在自我控制和进行复杂选择时，其有限的心理资源负荷达到一定值，从而导致在后来的决策中表现出自我控制能力减弱和选择不力。[⑤] 在分配物质商品时，政府代替受助者做出选择。相比之下，基本收

---

① Richard M. Ryan and Edward L. Deci, "Self-determination Theory and the Facilitation of Intrinsic Motivation, Social Development, and Well-Being," *American Psychologist* 55 (2000): 68 - 78.

② Chris Yuill, "Health and the Workplace: Thinking About Sickness, Hierarchy and Workplace Conditions," *International Journal of Management Concepts and Philosophy* 3 (2009): 239 - 256.

③ Anandi Mani, Sendhil Mullainathan, Eldar Shafir, and Jiaying Zhao, "Poverty Impedes Cognitive Function," *Science* 341 (2013): 976 - 980.

④ 住房不安全问题事关民生福祉大事，对儿童来说尤其如此，参见：Edward Scanlon and Kevin Devine, "Residential Mobility and Youth Well-being: Research, Policy, and Practice Issues," *Journal of Sociology and Social Welfare* 28 (2015): 119 - 138.

⑤ 罗伊·E. 鲍米斯特（Roy E. Baumeister）和埃伦·布拉茨拉夫斯基（Ellen Bratslavsky）最早提出自我损耗研究，参见：Mark Muraven, and Dianne M. Tice, "Ego Depletion: Is the Active Self a Limited Resource?" *Journal of Personality and Social Psychology* 74 (1998): 1252 - 1265. 关于支持自我损耗研究的方法论，参见：Evan C. Carter and Michael E. McCullogh, "Publication Bias and the Limited Strength Model of Self-Control: Has the Evidence for Ego Depletion Been Overestimated?" *Frontiers in Psychology* 5 (2014): 823. 关于探究自我损耗的伦理和政治含义，参见：Michael Cholbi, "The Implications of Ego Depletion for the Ethics and Politics of Manipulation," in *Manipulation*, ed. C. Coons and M. E. Weber (Oxford: Oxford University Press, 2014), pp. 201 - 220.

入保障政策在资金使用方面赋予个人更多的自由。在基本收入保障条件下，受助者在处置其最低社会保障时将面临更多选择，这意味着对受助者的决策能力提出了更高的要求，从而导致不利的自我损耗。即使基本收入保障不会增加自我损耗，我们也有其他理由来支持物质救助形式，因为物质救助缩小了选择范围，提升了受助者的幸福感。选择需要时间和精力，而这些时间和精力本可以用于享受物质福利、提升幸福感。此外，选择也会引发自我怀疑和焦虑情绪，有时人们会对选择结果产生不切实际的期望，当选择没有达到这些期望时，悔恨便随之而来。选择能带来幸福感，但其价值受到边际收益递减规律的影响，超过这个边际收益，人们就进入了“选择超载”的范畴。①

笔者并非主张根据这些因素就可以断定在增进个人福祉方面基本收入保障不如物质救助。可能会出现这种情况：基本收入为人们提供了“最佳选择点”，即为人们提供了足够的控制权或选择权，与没有最低社会保障或物质救助的情况相比，基本收入更加优越。我们也可以这样认为，无论基本收入所造成的选择困难有多大危害，我们都可以用自律或自我督促的方式来抵消这一危害。另一种观点（笔者对此表示赞同）认为，就整体幸福感而言，基本收入与物质救助相差无几。然而关键在于，现有证据远不足以支持基本收入保障政策，因此想要彻底解决这一问题，我们需要进行更多的研究。

然而，即使就增进个人福祉而言，基本收入保障确实优于物质救助形式的最低社会保障，这一事实也不足以成为反对家长制的理由。宣扬基本收入保障在增进个人福祉方面更有效，似乎与反家长制的哲学主旨并不一致。下文将提到，反对家长制的理由各不相同。然而，所有反对家长制的核心论点都是坚信个人有权对自我选择给予高度的尊重。正如约翰·斯图尔特·米尔指出的那样，当一个人的行为涉及他人时，其就是“顺应社会”，而在“仅与自己有关的那部分，即只涉及自己时，个人是至高无上的”②。米尔认为，这并不意味着我们绝对不能干涉那些只涉及自身的行为。或许一个人的利益有时会受到极大的威胁，以至于其自身的利益成为

---

① Barry Schwartz, *The Paradox of Choice* (New York: Harper Collins, 2004).
② John Stuart Mill, *On Liberty* (Cambridge: Cambridge University Press, 2011), p. 9.

干涉其行为的“充分理由”（这与米尔的观点相反）。但是，在这种情况下，反家长制者则认为个人利益是一种抗衡手段，可以战胜一切反对干涉个人行为的道德理由。即便（事实上）远离家长制通常会有助于实现个人利益最大化，个人利益本身也不能构成反家长制和不干涉他人行为的理由。反家长制者通常不会以个人利益这种比较孱弱的理由来反对干涉他人行为，因为一旦干涉的结果是促进个人利益最大化，这一理由就会不攻自破。换言之，反家长制需要更强有力的理由，即个人有权不受他人干涉地做出个人行为选择，即使在他人看来，这种选择可能并不是促进其利益最大化的最佳选择。如果从道德上考虑反对家长制有充分的理由，那么个人有权在涉及自身事务的领域做出错误的选择，甚至依照这些错误的选择采取实际行动。

因此，以反对家长制为理由而支持基本收入（如兹沃林斯基在一定意义上所论证的那样），探讨基本收入是否比物质救助更能增进个人福祉，其实质是关于对个人行为的干涉问题，而以上反家长制的视角却将该问题淡化了。事实上，这种思路其实并未提出反家长制的根本原因。我们必须从其他角度出发，挖掘基本收入比物质救助更优越的反家长制理由。

关于家长制的自由论

兹沃林斯基的阐述蕴含了以反对家长制为理由而支持基本收入保障政策的论证思路：与物质救助相比，基本收入保障政策将为受助者提供更多的选择自由。德沃金认为，限制个人选择自由以增进其福祉即家长制做法。

当且仅当以下条件成立时，则 X 通过执行（或忽略）Z，而对 Y 实施了家长制控制：

（1）Z 的执行（或忽略）干扰了 Y 的自由权或自治权。

（2）X 未经 Y 允许而对 Y 执行以上操作。

（3）X 这样做的理由仅仅是 X 相信 Z 将改善 Y 的福利（包括防止 Y 的福利减少），或者以某种方式提高 Y 的收益、价值或利益。①

---

① Gerald Dworkin, “Paternalism,” *Stanford Encyclopedia of Philosophy*, 2014, accessed 3 August, 2017, http://plato.stanford.edu/entries/paternalism/.

如果以上家长制的概念是正确的，并且抓住了反对家长制的道德理由，那么从反对家长制出发论证基本收入保障比物质保障更好的理论框架就形成了。

假设决策者认为物质保障形式的政策更符合最低社会保障受助者的利益。如果将最低社会保障以物质而不是现金的形式提供给受助者，那么政策制定者会干预受助者的自由权或自主权。因为如果受助者有权获得最低社会保障，物质保障就极大地限制了他们的选择权。如果得到现金，受助者可以将其用于购买自己认为合适的必需品，比如用于支付房租或医疗费用；也可以将其平均分配，用于支付房租、医疗费用和购买食物等。而物质在这些最低保障的分配上是固定的。因此，选择物质保障形式的政策制定者会侵犯最低保障受助者的选择权，从而阻碍他们行使自由权或自主权；而现金方式则赋予了他们行使这些权利的可能性。这种决策是家长制的。假设反对家长制的道德考量成立，那么我们有理由支持基本收入保障而不是物质保障。

在考虑基本收入的反家长制理由是否足够充分之前，我们先要确定这种理由是否符合反家长制的理论基础。基于德沃金对家长制的定义，从表面来看，选择物质而非收入转移似乎并不涉及对受助者自由的干涉。如前文所述，任何一种无条件的最低社会保障与有条件的福利制度相比，都体现了较弱的家长制特征。在福利制度下，受助者需要满足这一制度设定的条件才能得到救助，这显然是对受助者自由权或自主权的干涉。因此，与有条件的最低社会保障相比，无论采取物质形式还是收入形式，无条件的最低社会保障一定具有较弱的家长制特征。无条件物质保障形式与有条件最低社会保障形式相比，提高了受助者的自由度，但是与无条件基本收入相比，依然限制了受助者的自由权或自主权。这种对自由权或自主权的干涉虽然相对较弱，却是客观存在的。

那么，基本收入保障与物质保障相比，为受助者提供了更多的选择，家长制特征较弱，这是否意味着我们就能以此为理由支持基本收入呢？以反家长制为理由支持基本收入这种观点背后存在一种假说，这种假说认为以保护某人的利益为理由而限制其选择，其实是以家长制做法来限制其自由权或自主权，这令人担忧。笔者对这一主张存有疑虑。

原因之一是该假说的逆命题是错误的：增加个人的选择权与家长制并非不可调和，也不能认为增加个人的选择权就是反对家长制。个人自由或自主的范围似乎仅限于对其有意义或与其“息息相关”的选择。假设某餐馆老板重视用餐者的健康情况，基于食品放置方面的研究来重新设计菜单上菜品的顺序①，将健康的主菜放在菜单的左上角，将其他主菜放在菜单的底部中间位置，同时在菜单中添加了十个新菜品。但是，由于这家餐厅是孟菲斯风格的烧烤店，因此几乎不会有用餐者点这些新菜品（如豆腐）。尽管餐厅为用餐者提供了更多的选择，但显然表现出了家长制的作风。为烧烤爱好者提供的新菜品是他们不大可能选择的菜品，仅仅在形式上给予用餐者更多的自由权或自主权，因此，如果说餐馆老板给予用餐者更多的选择就不是家长制作风，显然是行不通的。

同样，当有人试图向他人提供大量选择时，就会发生家长制操纵。乔治·蔡（George Tsai）观察到，给予一个人大量的选择，然后强迫他快速做出决定，会导致他做出符合自己预期的决定（如选择第一个或最后一个），从而达到家长制目的。②

以上例子都可以证明选择的范围与个人自由呈正相关这一观点是错误的，或者至少可以证明选择范围并不能说明该行动或政策是否具有家长制特征。这些例子也间接证明基本收入保障比物质保障优越的说法是错误的。也就是说，以反家长制为理由，认为基本收入保障比物质保障对个人自由权或自主权的限制较少这种观点缺乏充分的根据。毕竟，如果说扩大选择范围并不会弱化某种行为或某种政策的家长制特征，那么限制选择范围本身也不会成为该行为或政策具有更明显家长制特征的理由。

当然，扩大选择权和限制选择权显然不是同一层面上对等的概念，扩大选择权与某种行为或某种政策是否具有家长制特征并无明显关系，但是

① Brian Wansink and Katie Love, “Slim By Design: Menu Strategies for Promoting High-Margin, Healthy Foods,” *International Journal of Hospitality Management* 42 (2014): 137 - 143.

② George Tsai, “Rational Persuasion as Paternalism,” *Philosophy and Public Affairs* 42 (2014): 78 - 112.

限制选择权则突出显示了该行为或该政策的家长制特征，应该予以反对。然而某种行为或某种政策因限制个人的选择而具有家长制特征，与虽然扩大其选择权但是依然保留家长制作风这两种情况带来的危害是相同的。

比如下面这个例子，我们可以将其与前文餐馆老板的例子对照来考虑：假设老板知道用餐者很少选择某些菜品，并且想鼓励用餐者健康饮食，因此删除了那些用餐者很少选择的菜品，并将更健康的菜品放在菜单中更能吸引用餐者视线的位置（和以前一样）。此时，其行为是家长制的，但是删除那些用餐者很少选择的菜品限制了用餐者的选择，只是其家长制行为的延伸。

也有在家长式管制下，人们的自由权或自主权基本上不受影响的例子。乔纳森·琼（Jonathan Quong）认为，因朋友会挥霍金钱而拒绝借钱给他，虽然做出拒绝借钱行为前后朋友的选择范围并无变化，但这种做法依然是家长制的。[①] 在这种情况下，即使家长制行为对朋友选择范围或选择的重要性没有影响，家长制作风仍然存在。

从自由的角度探讨家长制是错误的，其错误在于认为家长制行为或政策如何影响受助者的选择是该行为或政策是否具有家长制特征的内在因素。但是，如前文所述，扩大选择范围也可能是家长制的，限制选择权则更容易陷入家长制，但是有时候家长制并不会影响个人的选择。虽然个人受到家长制对待时，其自由或自主的范围会受到影响，但是这种情况并非家长制的本质特征。

如果限制个人自由或自主这种论述并非家长制问题的核心，那么为什么这种说法竟然占据了近乎经典的地位呢？笔者的猜测是，在对家长制的哲学探讨中，政府的家长制作风成为最主要的关注点（而忽略了个人关系中的家长制作风），这导致人们对家长制的强制性功能（以及其他限制选择的手段）产生了误解。当政府实施家长制政策时，只能使用其方便使用的手段，而强制权力（如监禁、征税等）则是其主要手段。这些手段的使用，反过来增加了主体进行选择的成本。换句话说，政府的家长制政策是

---

① Jonathan Quong, *Liberalism Without Perfectionism* (Oxford: Oxford University Press, 2011), p. 77.

通过限制（或干脆取消）公民的选择来实施的。但是，如果我们把限制选择看作家长制的根本要素，就是将家长制的本质与政府实施政策时选择的家长制手段混为一谈。①

关于家长制的理性意志论

如果想以反对家长制为理由倡导基本收入，就需要对家长制的本质及反对家长制的理由进行重新考量。近年来出现的关于家长制的另一种图景与兹沃林斯基的观点相呼应，即政府通常不信任受助者，认为“受助者不能在如何使用金钱方面做出明智的选择”。

家长制的理性意志论认为家长制有两个明确的特征。② 第一，当以家长制作风行事时，个人或组织对其管理对象的最佳利益做出家长式判断，并以该判断为基础鼓励管理对象采取相应的行动。家长制行为人试图把管理对象的个人判断与其选择和行动割裂开，从而将自己的判断强加于管理对象，左右管理对象的选择和行动。因此，在事关管理对象的最佳利益时，家长制行为人试图以自己的判断替代管理对象的判断。对理性意志论的追随者而言，这种替代性判断是反对家长制的核心道德理由。试图以自己的眼光指导他人的选择，就是错误地进入了他人的行为领域，在这些领域中他们应该受到尊重。第二，理性意志论的观点是，在考虑管理对象的利益时，家长制行为人确信自己的判断比管理对象自身的判断更理性。第二个特征与第一个特征紧密相关：尽管考虑到他人的自我选择时，认为自己具备相同的理性，甚至更加理性也不是不可能，但这种行为中的家长制痕迹微乎其微。原因在于，如果说有些人的行为是家长制的，也就是说，这些人的行为是为了保障其

---

① 在笔者看来，这也是“自由意志主义家长制”推进基本收入的根本错误：不能仅凭一种策略在个人选择方面进行限制，就确定其是家长制的或者是应该予以反对的。

② 笔者在《家长制作风和我们的权力》一文中使用了“理性意志”一词，参见：Michael Cholbi, “Paternalism and Our Rational Powers,” *Mind* 126 (2017): 123 – 153. 其他相关陈述参见：Seana Shiffrin, “Paternalism, Unconscionability Doctrine, and Accommodation,” *Philosophy and Public Affairs* 29 (2000): 205 – 250; Jonathan Quong, *Liberalism Without Perfectionism* (Oxford: Oxford University Press, 2011); Daniel Groll, “Paternalism, Respect, and the Will,” *Ethics* 122 (2012): 692 – 720. 这些文献的作者可能会对笔者在这里介绍的理性意志的细节提出异议。

管理对象的所谓最佳利益，那么该行为人会不会认为，在其管理对象的判断不如自己的判断的前提下，家长制是合理的？一个家长制行为人如果认为自己的判断不如管理对象的判断，显然是不符合工具理性的，因为其家长制行为无法实现既定目的（增进管理对象的福祉）。

值得注意的是，与自由论相反，理性意志论对家长制的理解是基于家长制行为人的动机，而不是其所使用的手段。家长制行为人可以使用任何手段来迫使管理对象按照自己认为的最佳方式做出选择。这些手段可以是限制（或者扩大）管理对象的选择范围，也可以是对管理对象的选择进行调整。因此，理性意志论比自由论更加合理，它解释了为何限制自由权或自主权会令某种行为或政策具备家长制特征。

对理性意志论的支持者而言，反对家长制的道德理由主要是家长制行为人的信任缺失。家长制行为人不信任其管理对象可以为自己着想、谨慎行事。家长制行为人不认为其管理对象是社会生活的平等参与者，也不认为其管理对象对自我利益的判断理应获得他人的尊重。相反，他们认为在考虑自身利益时他人的理性意志反倒成为一种阻碍，应当规避。我们经常会觉得他人在考虑自己的利益及其实现的方法时做出了错误的判断。即使我们以往的经历证明这种判断是错误的，抛开对他人判断力的不信任，也是我们尊重他人、平等对待他人至关重要的一步。如果一个社会缺乏这种尊重，就意味着这个社会不重视个人及其理性意志。在这样的社会，个人对自身利益没有发言权。对理性意志的支持者而言，从道德上讲，家长制行为人表现出的不信任态度是引起人们反感的关键。①

---

① 有人认为反对家长制的理由在于其表达功能，也就是说，家长制作风表达了对管理对象的不尊重或侮辱。参见：John Kleinig, *Paternalism*（Totowa, NJ: Rowman and Allenheld, 1983）, p. 38；Joel Feinberg, *Harm to Self*（Oxford: Oxford University Press, 1986）, pp. 23－24；Elizabeth Anderson, "What Is the Point of Equality?" *Ethics* 109（1999）：287－337；Seana Shiffrin, "Paternalism, Unconscionability Doctrine, and Accommodation," *Philosophy and Public Affairs* 29（2000）：205－250；Nicolas Cornell, "A Third Theory of Paternalism," *Michigan Law Review* 113（2015）：1295－1336. 作为理性意志理论的支持者，笔者赞同家长制作风具有侮辱性的表达，但否认家长制从根本上具有侮辱性。家长制行为之所以让人反感，不过是因为其对管理对象表现出不尊重、不信任等判断（或者更准确地说是基于这样的判断而采取对待管理对象的方式）。然而，管理对象受到家长制行为的侮辱或者家长行为表达了侮辱性的判断在家长制的概念中都是次要的。

家长制的理性意志论比自由论的可信度更高。理性意志论更加充分地证明基本收入保障比物质保障更具备反家长制的作用，与本章的论证目的更加吻合。从理性意志论出发，我们可以得出如下推论：如果政府选择物质形式而非基本收入形式来提高最低社会保障，就意味着政府或政策制定者的态度中蕴含了不信任，即他们不相信受助者在如何使用金钱方面能够做出理智的选择。选择物质而非基本收入意味着政府或政策制定者相信在有关如何实现最低社会保障受助人的最佳利益方面，他们的判断比受助人自己的判断更合理。因此，从论证基本收入比物质救助更优越这一点来看，理性意志论好像提供了一种反家长制的理由。

尽管如此，对基本收入优于物质救助这一命题，家长制的理性意志论并不能给出有力的证据。回想一下，理性意志论的核心是家长制行为人对其管理对象的判断，即认为管理对象在涉及自身利益问题时判断力相对较差。对理性意志论者来说，这种对管理对象的贬损，意味着不尊重管理对象，不承认其具备独立思考的能力。但是请注意，在实施全民的和无条件的最低社会保障时，不存在这种比较性评估。因为同一政体的所有成员都无条件获得最低社会保障，所以不会显示出受助者缺乏判断力、行事不够审慎或自制力较差等问题。事实上，全民最低社会保障政策根本不会区别对待那些自我判断力确实比较差的受助者。鉴于作为主体的受助者通常无力对自己的福祉做出明智判断，这种政策似乎是合理的。这些受助者用康德（Kant）的术语来说，即有限理性主体。有限理性主体通常无法胜任计划、收集与选择相关的证据及权衡这些选择。所有物种共通的非理性让我们变得脆弱，因此我们更需要支持最低社会保障政策，因为这一政策为我们提供了一个立足的基础，有了它，我们才能平等地参与社会生活。这种支持最低社会保障的理由没有任何不平等的或家长制的内涵，至少不像理性意志论所言，缺乏尊重、傲慢无礼且带来道德难题。全民的和无条件的最低社会保障并不是要让最不幸的人因得到公共财政支持而感到耻辱①，而是要传递这样一个重要信息，即所有人都有权享受社会经济生产力带来

① Phillippe Van Parijs, "Basic Income: A Simple and Powerful Idea for the Twenty-First Century," *Politics and Society* 32, no. 1 (2004): 7-39.

的效益。这个信息是关于团结互助的，而不是关于能力等级的。在理性意志论者看来，能力等级是由家长制认定的。

因为最低社会保障具有全民性和无条件性，所以不能为家长制所用，或者至少不能成为理性意志论反对家长制的道德理由。当然，如果选择物质形式的最低社会保障，还是会有那么一丝家长制的意味。因为政府为其成员决定他们如何使用最低社会保障，这显得有些专断。但是，全民最低社会保障并不会区别对待任何受助者，不会认为其缺乏决定自我事务的能力。这一事实足以证明，无论最低社会保障采取何种形式，其本质并非家长制的。但是，即便物质救助和基本收入都不是家长制的，但与基本收入相比，物质救助好像更容易因具有家长制特点而遭到反对。

一方面，持这种反对意见的人认为，物质救助比基本收入更具家长制特点，理由是后者赋予了主体选择权，他们可以决定如何使用社会保障，而前者没有。这种反对意见立足于以下观点：某种行为或政策是否具有家长制特点，取决于它是否限制了个人为自身利益所做的选择。笔者在本章第二部分已经证明，限制选择这一事实并不能界定家长制，也不能成为反对家长制的理由。要想抓住家长制的本质，更好的思路是探究家长制行为人的动机，而不是关注其使用的手段。

另一方面，即使提供物质比提供基本收入更具有家长制作风，这也不能成为支持基本收入保障政策的坚实基础，因为当前讨论的家长制干预涉及选择权，而选择权之于我们的自主性是相当边缘的问题。笔者也曾论述过这个问题[①]，家长制行为或政策会对我们的各种决定能力产生干预。它们可能会使我们看不到那些值得理性思考的目标；也可能会导致我们歧视某些目标；或者可能会引导我们采取家长制主义者所认可的方式继续追求既定目标，对家长制主义者来说，这种方式更有可能实现其目标。基于每个人的实际身份不同，以及家长制主义者在干预中表现出的不信任程度的不同，以上决定能力也会不同。正因为如此，我们在反对家长制行为或政策对我们的干涉时，反对的理由是否强有力取决于家长制行为或政策作用于以上三个决定能力的哪一方面。当家长制行为或政策作用干涉我们对目

① Michael Cholbi, "Paternalism and Our Rational Powers," *Mind* 126 (2017): 123 - 153.

标的认知力时，我们反对的理由最强有力，因为家长制主义者认为我们心中的目标于我们不利，不允许我们将其作为可能的选择而加以考虑。我们将某种目标当作一种可能的选择予以考虑的能力，是我们从自己的利益出发而做出理性判断能力的核心表现。相对而言，当家长制行为或政策干预的是我们实现既定目标的能力时，我们反对的理由最弱。我们对如何实现目标的判断并非我们善恶观念的核心表现。可以说，这一判断不是对善恶的判断，而是对因果关系或形而上学关系的判断，是在实现我们已经决定去追求的目标的过程中对各种情况和事务的判断。因此，这种判断并非我们实际身份的真实反映。对于我们确定实现目标的最佳手段的能力，家长制干预所呈现出来的不信任表现在对事实的判断而不是对价值的判断方面。

关于从理性能力方面来理解家长制的哲学价值，笔者在此无法穷尽。然而，可以预见的是，很多人会本能地同意以下观点：干预人们追求目标的手段的家长制（弱家长制）与试图影响人们所追求的目标的家长制（强家长制）相比，受到的反对相对较弱。如果是这样的话，无论以何种理由支持基本收入、反对物质形式的最低社会保障，都属于反对弱家长制。如果选择物质形式的最低社会保障而非基本收入，政策制定者们将不会在“如何生活”上做出实质意义上的专制要求。他们不会试图影响受助者的宗教信仰、婚姻、职业选择、饮食习惯等。政策所反映的判断是关于什么是公民实现其目标的最佳手段，而且只要这些手段（如住房、医保、食品券及物质方面的其他典型项目）在其工具性方面具有普遍意义，那么关于国家将某种生活观念强加于人的这种反对意见就是夸大其词。

家长制、公正与应得权利

在第三部分，笔者已论述了物质保障在多大程度上比基本收入保障更具家长制特点。相较于这些做法，由国家决定个人实现目标的途径是一种相对温和的弱家长制作风。在这一部分，笔者认为，以物质的形式提供最低社会保障是否为家长制做法，尚没有定论。

无条件最低社会保障无论以何种形式出现，其作为实现某种公正结果的手段都具有一定的合理性。实现公正结果的备选途径如下：保证最低限度的个人福利；增强工人（包括个人和集体）权能，以改善其就业条件；促使个人追求更多样的权益，包括降低工作在生活中的核心地位等。显然，若以反家长制为理由进行支持基本收入的辩护，则个人有权通过他们自己喜欢的手段或自认为合适的手段实现公正的结果。举例来说，如果国家的目标是改善个人福利或赋予工人权利，那么也许应该给予个人最大限度的自由，以便实现这些目标。在这种情况下，基本收入比物质形式的最低社会物质保障更可取，因为从反家长制出发，前者比后者赋予了个人更多的自由。

这种论证的错误之处在于，假设在国家政策领域，个人有权使用他们认为合适的任何手段来实现公正的结果。一个国家要求其公民通过规定的途径实现公正的结果，这是被允许的，我们并不能因此断定这种行为是家长制行为。一个旨在培养有教养的公民的国家，只向经授权的教育机构提供资金支持；一个旨在改善公民健康状况的国家，会拒绝为公民报销接受未经培训的医生服务而产生的费用；一个旨在鼓励房主将其住房保持在宜居状态下的国家，会规定住房管道系统或电线标准。但这些国家并非以家长制作风对待自己的公民，类似的情况还有很多。这些做法并不具有弱家长制作风，虽然它们确实限制了公民追求理想的社会结果而可能采取的手段，但实际上公民并无权选择他们所认为的实现这些结果的最佳手段。民主决策是公开、协作的，它既要考虑公众共同参与审议，也要顾及共享资源（如税收）的使用。因此，个人无权自行决定他们使用何种手段追求公正的结果。那么在民主决策的背景之下，选择实现公正结果的手段并不属于“个人判断或行动的合法范围”。[①] 诚然，当国家以这种方式做出规定时，哪种手段最有利于实现公正结果就依赖于集体判断。但如此一来，国家便不能赋予个人自行做出此类判断的权力。由此，根据前文提及的关于家长制的理性意志论的观点，国家这一举动似乎表现出对公民的不信任，

---

① Seana Shiffrin, “Paternalism, Unconscionability Doctrine, and Accommodation,” *Philosophy and Public Affairs* 29 (2000): 205 – 250.

而这种不信任具有家长制特征，在道德层面容易引起人们的反感。然而，规定实现公正结果的手段并不一定会反映出国家对公民的不信任。更重要的是，只有当选择实现公正结果的手段属于个人判断或行动的合法范围时，强制规定手段的政策才是家长制的。决定国家在追求公正结果时认可或采取何种手段，并不属于个人判断或行动的合法范围。由此，我们在谈论家长制时，应该把恰当的公共选择与私人领域的个人权威予以区分。

请注意，上述结论与一个普遍性假设是一致的，即允许个人选择任何有利于实现公正的或社会期望的结果的手段。但同时这一结论也强调，在提供公共福利方面，社区可根据自身的实际情况（或至少考虑多种主观情况）决定如何最好地提供相关福利并实行相应的福利措施，而不是听从个人判断。对于实现公正结果的适当手段，个人无权根据自己的判断而采取行动。在这一前提下，我们的公共政策对这些适当手段做出规定便不能算作家长制作风。

因此，选择提供物质而非基本收入作为最低社会保障时，国家并非以家长制态度对待其公民，因为这种决策的选择权属于国家而非个人。当然，这一论点并不是赞成最低社会保障应采取物质形式。然而它确实表明，就这一层面而言，尚未有令人信服的理由说明这种做法是家长制的。

结　论

正如本章开头所指出的，许多社会现有的福利制度迫使受益人遵守带有侵扰性和侮辱性的条件，而任何无条件的最低社会保障制度几乎都会比这些现有的社会福利制度少一些家长制作风。因此，家长制的反对者应该促成有条件的最低社会保障向无条件的最低社会保障过渡。然而事实证明，将最低社会保障设定为基本收入而非物质救助，并不能说明这种做法就是反家长制的。无论是从限制公民的选择权还是从不信任他们的判断力的角度来考虑，提供物质而非基本收入的做法都不会比上述做法更具家长制作风。但这些考量也表明，我们无法有力说明将物质作为最低社会保障的做法更具反家长制作风。也许令人惊讶的是，对应如何提供最低社会保障这一道德问题而言，家长制在很大程度上是无关紧要的。因此，决定最低社会保障应采取何种形式，应以其他理由作为支撑。公正的结果能够说明无条件最低社会保障存在的根本原因，而我们尤其要重视的是，何种形式能够最好地实现这些公正的结果。

第五章　工作与价值：基本收入及工作的社会意义

伊芙琳·福尔热

工作在组织生活和社会中扮演的角色正在迅速改变。兼职和临时工作逐渐取代了稳定工作，技术也逐渐替代了部分工人，而这部分工人则需要收入保障。与此同时，劳动力市场的两极分化加剧了社会分化，成功人士享有更多的物质财富和更高的社会地位。基本收入可以缩小社会差距，为低收入者、失业者和无固定工作者提供稳定的收入，还可以让每一个人（包括那些市场需求量大的技术人才）都有机会平衡工作和生活——能够暂时或永久地离开劳动力大军，去从事志愿者工作、创造性工作或照料性工作，或者只是按照自己的方式参与休闲活动。

然而，这种追求休闲的自由给许多人提出了一个议题：工作不仅仅是为了得到一份薪水，也是我们行使公民权利和履行社会责任的主要方式。在孩提时代，我们接受教育（一定意义上）是为进入劳动力市场做准备；长大成人后，我们希望通过劳动赚到足够的钱来养活自己和家人；步入老年后，我们希望依靠自己的储蓄和投资所得生活。对劳动力市场的参与决定我们如何看待、评价自己和他人。

本章论证了工作对人类的内在价值。我们想要工作是因为工作能给我们带来实实在在的回报，这种回报远远超过我们所得的薪水。这也证实了当劳动力市场的弱势群体被剥夺工作机会时，可能会发生社会混乱。笔者承认，虽然基本收入可以抵消失业对个人和社会造成的部分损失，但工作本身仍然具有积极的价值。本章最后探讨的问题是，我们是否应该要求那些领取基本收入的人为自身的福祉而工作。考虑到刚开始职业生涯的年轻人，这个问题的答案也将见仁见智，各不相同。

工作之于人类的意义

与硅谷的愿景相反，需要人类去从事的工作不仅大量存在，而且将继续存在下去。在过去，每当技术变革颠覆劳动力市场时，新创造的就业机会总会多于被消灭的就业机会。一些报道喋喋不休地预测着，未来自动驾驶汽车和卡车将会取代美国的大量劳动力——160 万名卡车司机，80 万名送货司机，18 万名出租车司机，16 万名优步司机，50 万名校车司机，16 万名公交车司机。这还不包括 44.5 万名汽车修理工。由人为驾驶失误造成的事故频发情况将不复存在，从而不需要维修工人来修理事故车辆，也不需要医院的工作人员来处理伤者的伤口。仅仅由于一个可预见的变化，美国 400 多万人将失去与之相关的工作（Lee，2015；Gao，Kaas，Mohr，and Wee，2016）。然而，如果在 20 世纪初受命撰写类似报道，我们是否会展望一种前景光明的新行业呢？这是一种基于内燃机的新行业，不久将在全球范围内创造数以百万计的就业机会，不仅为卡车司机提供就业机会，还在其配套产业中创造就业机会。我们会把马车、车夫、马车制造商、农民、火车制造商、工程师及其他即将被取代工作的人一一列举出来吗？在 19 世纪，80%的工作与农业相关；而如今，大约有 2%的工作与农业相关，这主要是由于技术变革使得机械取代了人工劳动。在我们这个时代，我们是庆贺互联网为文案编辑人员带来的各种新工作，还是关注新闻业的消亡呢？当古登堡（Gutenberg）推行他的印刷机时，会有人为抄写员失去工作而哀悼。轮子的发明毫无疑问会引发搬运工人的恐慌，因为他们的工作量将大幅减少。我们不善于想象未来将会发生的真正改变，总是更关注我们正在失去什么，而不是我们将会得到什么。变化总会发生，但有一种变化我们无须担心，那就是人类工作的消亡。更重要的是，我们要认识到这样一个事实，即新工作的质量远远低于那些被遗忘的旧工作。人们的工资越来越低，人们越来越没有安全感，这才是值得关注的问题。

我们消费的所有商品和服务仍然来源于人类劳动。在劳动中，很多人都能找到赋予其生命意义的人际互动。工作为我们提供了学习和实践新技能的机会，经济学家总是低估工作在这方面的价值。有些人将劳动当作一种不可避免的灾祸。例如，亚当·斯密写道：

> 世间万物于人而言的真正价值是什么呢？它们能够省去人们的辛劳和麻烦，而将之加诸别人身上。劳动是首要价格，是人们购买一切东西所支付的最初货币。世界上所有的财富最初都是通过劳动购买的，而不是通过黄金或白银购买的。对那些拥有劳动力的人来说，如果他们想用劳动来交换一些新产品，那么他们所付出的劳动的价值与他们用于购买或支配的劳动量正好对等。（Smith，1776）

在整个经济学发展史上，人们一直强调工作的消极特征。工作是一种“负效用”，只有当工人得到的工资高到足以让他们忘记劳动给他们带来的不愉快时，这种“负效用”才能抵消。这种观点在犹太教徒和基督教徒的思想中很普遍，他们认为工作是对亚当（Adam）的诅咒；亚里士多德（Aristotle）和柏拉图（Plato）将劳动视为奴隶的命运，除奴隶之外的其他人则向往着休闲和自由的生活（Sayers，2005）。但也有例外：马克思主义经济学家之所以认为工作是消极的，仅仅是因为工作是在资本主义制度下进行的（Sayers，2005）。其他社会主义作家，如威廉·莫里斯（William Morris）和亨利·德·圣西门（Henri de Saint-Simon），也强调了人们将工作与负面价值联系在一起具有历史偶然性。20世纪早期，制度经济学家和社会经济学家强调工作的内在价值，并试图提高工作的质量，但这些努力在第二次世界大战后便失去了影响力（Rutherford，2011）。

幸福经济学是一个新的经济学领域，它扩展了传统经济学的关注领域。幸福经济学的前提是，人类可以对自身幸福感的各个方面做出报告，然后对这些报告进行统计分析。幸福经济学的倡导者已经证明了满足感可以源自工作本身。例如，《2017年世界幸福指数报告》显示，就业者在“生活评价”和“正面情绪”方面比失业者得分更高（见图5.1）。即使在我们对诸如婚姻状况、家庭收入、性别、家庭结构和年龄等因素加以控制之后，失业者的幸福感仍然明显低于那些全职工作者。

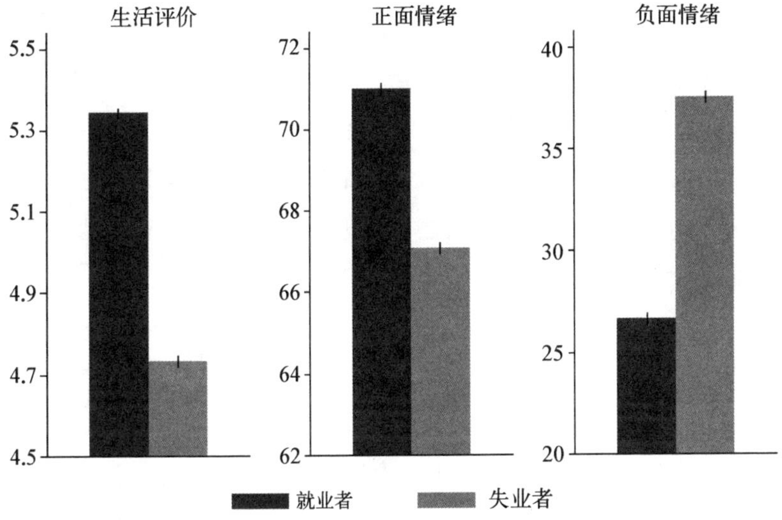

图 5.1　就业与幸福感

（资料来源：《2017 年世界幸福指数报告》）

当然，并不是所有的工作都能为人们带来同等的幸福感。与控制监督力度较大的工作相比，那些提供更多自我实现机会和弹性可控时间的工作给人们带来的幸福感更多（见图 5.2）。

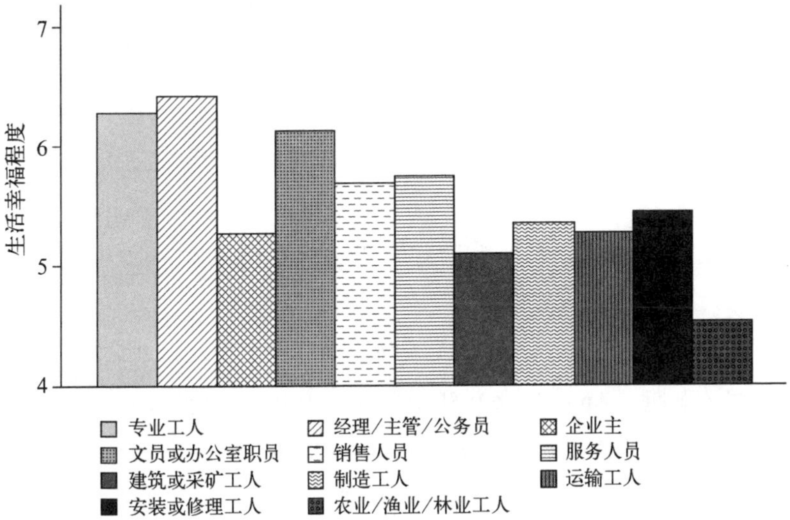

图 5.2　工作类型与幸福感

（资料来源：《2017 年世界幸福指数报告》）

与女性相比，就业变量对男性幸福感的影响更大。在高收入国家，自由职业者比全职工作者更幸福，自愿从事兼职工作的女性比全职工作的女性更幸福，非自愿的兼职工作和失业则会降低人们的幸福感。一些工作能够提升人们的幸福感，这些工作的特征是拥有更高的工资，更多的工作保障、自主权、学习新事物的机会、晋升的机会等。一些其他特征则会降低人们的幸福感，比如工作不安全、工作环境肮脏或危险、缺乏控制力、工作影响家庭生活，以及经常需要加班（Helliwell，Layard，and Sachs，2017）。

在一个不那么理论化的层面上，我们也知道人们对工作很重视，因为即使在没有任何物质优势的情况下，人们还是会拼命想要获得工作。大多数食物赈济处依赖于志愿者劳动，而这些志愿者大多都有着贫困的生活经历。他们中的许多人是没能参加工作的人，因为存在残疾或精神问题，他们很难保住工作，但是他们可能又没有资格获得残疾人补助金。在食物赈济处工作并不会增加他们获得食物的权利，因为不管有没有工作，这些人都能得到这些食物。除了一顿普通的午餐和一张汽车票之外，食物赈济处的志愿工作并不能给他们带来任何其他的物质回报。这项工作既辛苦又没有很多机会来提高技能。然而，食物赈济处从来不缺志愿者，这些志愿者就来自食物赈济处的服务对象。人们都重视工作，但理由各不相同：一些人喜欢在工作中与人交往，一些人希望追求自我价值。工作有助于构建我们的生活。

基本收入与社会福利

支持基本收入的理由通常从个人和物质角度出发，但社会因素同样重要。安妮·凯斯（Anne Case）和安格斯·迪顿（Angus Deaton）花了大量时间调查美国的社会痼疾，并提出了一个严峻的问题——社会福祉的对立面很可能就是“绝望之死”（Case and Deaton，2017）。他们专门调查了50~54岁的人群，尤其是高中及以下学历的人，发现2000—2015年自杀、吸毒和酗酒导致的死亡人数在增加（见图5.3）。他们认为，死亡人数的增加是由经济上的脱节造成的。尽管美国经济中的其他人，尤其是低收入少数族裔，在经济方面的境遇更差，但凯斯和迪顿认为，这些人因“期望破碎”而陷入了绝望。当其他人在家庭和社区中寻求到失业的安慰时，这个群体中的一些人选择一段又一段的短期婚姻而非稳定的婚姻；他们完全退出劳动力市场，加入了强调个体身份的“富贵福音教会”而非传统的公共教堂。这些都是社会不健康的表现。

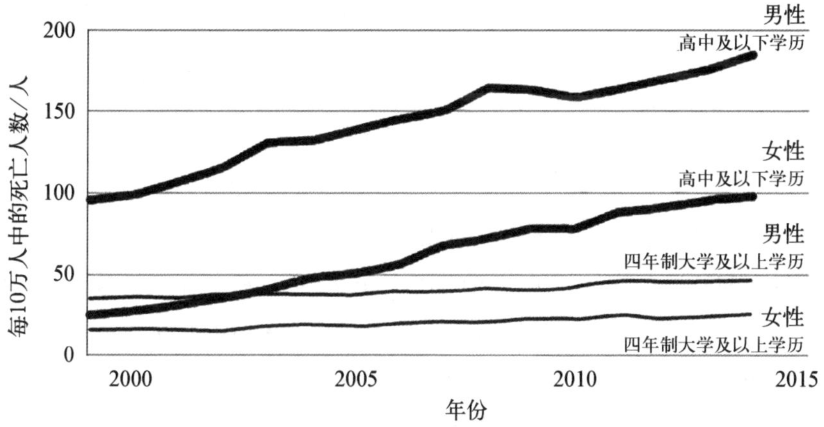

图 5.3 “绝望之死”造成的死亡人数①

基本收入可以抵消失业带来的经济损失，还可以进一步助力于保护社会机构，如稳定的家庭、传统的教堂及具有亲和力的社区，这些都有利于社会健康发展。凯斯和迪顿在研究中发现，在面临类似经济挑战的其他国家中并没有出现程度相当的“绝望之死”案例（见图 5.4）。

他们所调查的其他高收入国家大多仍然拥有运行良好的社会保障网络，至少包括基本福利和社会医疗，与美国的社会福利体系不同，这一事实可以解释美国独特问题的原因所在。

这些陷入绝望的 50~54 岁的人应该是在 20 世纪 70 年代初进入高中的。想想这些在 20 世纪 70 年代中期没能完成高中学业的人所经历的人生

① Anne Case, Angus Deaton, “Mortality and morbidity in the 21st century,” *Brookings Papers on Economic Activity* 48 (2017): 397-476.

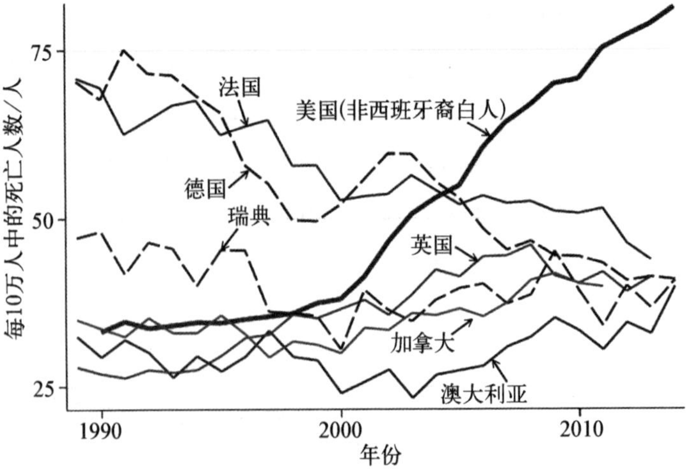

图 5.4 各国的“绝望之死”①

际遇。高中毕业的年轻白人男性可以找到很好的工作，通常是农业、农业服务行业和制造业领域的工作。自 20 世纪 70 年代起，伴随日益激烈的国际竞争，以及自动化技术的出现，农业领域从业人员的数量急剧减少，工厂纷纷倒闭。这些早早离开学校的年轻人虽然找到了工作，但工作却远不如 20 世纪 70 年代那般稳定。从那时起，没有高中文凭的男性很难找到工作或保住工作。与没有高中文凭的人相比，高中毕业生一般不会失业，即使他们被解雇，重新就业的可能性也很大，且新工作的工资与旧工作相当。他们一生的收入会更高，给孩子提供的机会也更多。相对于那些完成高中学业且拥有不同际遇的幸运的同龄人来说，这些没能高中毕业的年轻人生活十分艰难。基本收入不仅能为这些人提供收入保障，而且能为这些人的孩子提供继续接受教育的经费，以及今后接受职业培训和再就业培训的费用。

是否应该要求那些领取基本收入的人参加工作？

如果工作对人们的生活如此重要，那么国家在为人们提供基本收入的

① Anne Case, Angus Deaton, “Mortality and morbidity in the 21st century,” *Brookings Papers on Economic Activity* 48 (2017): 397 – 476.

同时，是否应该提出其必须参加工作的要求呢？对此持肯定态度的观点是过时的思想遗留下来的：只有当人们认为工作是一种令人不快的活动，且他们只有在被迫的情况下才会接受工作时，国家才需要提出这样的要求。

有些工作是十分重要的，没有这些工作，社会就无法运转，但这些工作又不能很好地融入有偿劳动力市场。幼儿、老人和一些重度残疾的人需要精心看护，并且所有人都或多或少需要他人的帮助。然而，看护工作从未很好地融入正式的劳动力市场。当我们试图将看护工作商品化时，我们往往贬低了工作的价值。这一点在疗养院最为明显，无论工作人员多么专业、多么体贴入微，人们都不太愿意在这里度过临终时光，大多数人说他们宁愿死在家里。如今，一位在家教养学龄前儿童的母亲会面临社会压力，因为决定不送孩子去托儿所，她需要对此做出合理的解释。传统上，女性承担了大部分的看护工作。大家都知道，如果无人从事这些工作，一个社会是不可能存在下去并繁荣发展的。看护工作可能进入市场成为商品，也可能在市场之外，但社会确实需要有人从事看护工作。同样，创造性工作也是社会繁荣的重要组成部分，但市场在鼓励创造性工作方面的作用并不大。很久以前，艺术家们需要资助人的经济支持。近年来，国家也会为艺术家们提供资助，但获得资助的人数非常有限。如果每一个认为自己有一技之长的人都能拥有从事创造性工作的经济自由，那么社会将会有何不同呢？

并非每个人都是看护者或艺术家，也并非每个人都渴望成为其中的一员。如果能在没有工作要求的情况下获得基本收入，一些人还是会选择工作，因为工作能让他们有机会和他人相处并获得满足感。有些人工作是为了工资或工作本身的价值，有些人则是为了享受工作带来的社交活动和关系网络。有些人会认为当前工作的薪资太低，他们要么另找一份工作，要么去做志愿者，要么利用好自己的时间做其他事情。他们的工作将由其他人来完成，接替这项工作的人对工资和工作性质的看法则与前任不同。如果在现有工资条件下无人选择这份工作，那用人单位就只能提高工资，或者开发一种技术来替代人力，或者干脆取消这个工作岗位。如果这项工作对社会足够重要，必须有人去做，而且必须在当地完成，那工资就会提高。如果工资没有提高，那就说明我们的社会决定放弃这项劳动产品。随着经济的发展，许多以前必要的工作岗位消失了。在北美或欧洲，以前人们“所需”的家仆已经不常见了，而在印度或印度尼西亚等国家，家仆仍被认为是中产阶级生活所必需的。有些工作还可能被外包出口到其他国家，这些国家的工人可以接受的工资比高收入国家的工人低。有人认为，如果没有强迫，这些工人会因此得到新的机会并从中受益。其他人可能会提出，高收入国家的消费者将以剥削外国劳动力为代价而获益。如果是这样的话，摒弃基本收入并不能解决问题，解决问题的办法应该是在海外倡导劳工权利，在国内加强消费者教育。

毫无疑问，有些人不会选择做市场之外的重要工作，不会选择去做志愿工作，甚至不愿意从事有偿的工作。如果国家为人们提供基本收入但不要求人们参加工作，那么有些人根本就不会去工作。一些人会整日垂钓，或者在苹果树下做白日梦。正如杰里米·边沁（Jeremy Bentham，1830）所言：“撇开偏见不谈，图钉游戏与音乐、诗歌等人文科学的价值一样。如果图钉游戏能提供更多的乐趣，那么它就比音乐和诗歌更具价值。”根据亚里士多德的理论，个体之间的内在差异会导致他们对非工作时间利用的差异。对很多人来说，休闲活动就是一种社会活动。

> 每个人都希望与朋友分享自己的生活消遣。这就是为什么有些人一起喝酒，有些人一起掷骰子，有些人一起运动，有些人一起打猎或一起研究哲学。同一类人聚在一起，享受这种消遣带给他们人生的莫大满足感。(Aristotle，2009)

我们知道，工作通常与幸福感有关。我们应该强迫基本收入的受惠者为了自身幸福而工作吗？这是一个道德层面的论题，而非经济层面的。如果经济足够好，不需要这些人劳动就可以给他们足够的工资，我们又何必担心他们如何花费自己的时间？当然，人们担心游手好闲的人会给社会造成危害。如果事实证明确实如此的话，那么我们需要直接面对导致犯罪或危害的具体问题，而不是剥夺许多守法之人的休闲权利，在休闲和工作两者间，他们有权选择休闲。

休闲之于文明是必不可少的。尽管经济学家倾向于将“休闲”定义为不在劳动力市场进行有偿工作的任何一段时间，但哲学家们的观点总是更加微妙。亚里士多德写道：

> 当所有这些发明都已经建立起来的时候，科学首先被发现于人们最早开始享受闲暇的地方，虽然科学的目的既非提供娱乐也非提供生活必需品。这就是为什么数学起源于埃及，因为那里允许僧侣阶层享受悠闲的生活。(Aristotle，1998)

事实上，过去几个世纪在艺术、科学、音乐、哲学和学术方面取得的所有伟大成就，几乎都是由那些拥有某种特定收入的人创造出来的。总而言之，这些收入足以让他们有闲暇时间从事重要工作。他们可能是贵族家庭的子女，不需要为钱而工作；或者是才华横溢之人，吸引了赞助他们科学事业的资助人；或者他们的生计由教会提供，教会认为支持一些科学和艺术活动是一项重要的投资。

休闲——不是娱乐，而是思考的时间——对社会的福祉至关重要。休闲本身就是一种活动，而不仅仅是无工作状态。玛莎·努斯鲍姆（Martha Nussbaum）在《创造能力》（*Creating Capabilities*）一书中问道：住在印度农村的一位名叫瓦萨尼（Vasani）的小女孩是否拥有休闲时光？

> 她有休闲时光吗？她能只是坐下来思考，或是享受美好的事物，又或是与朋友一起品茶吗？(Nussbaum，2011：10)

基本收入不仅能为所有人提供资源，使他们过上朴素且有尊严的生活，而且能为所有人提供参与休闲活动的机会。基本收入的基本特征是每个人都成为能够支配自己的时间和金钱的法官，而不需要那些自以为是之人的帮忙和援助。

在我们的社会中，休闲可能比大多数商品更难获取。我们从小就被教导要有所成就，却很少有人鼓励我们去追逐梦想。

是否应该对领取基本收入的年轻人提出参加工作的要求？

人们通常认为，只有成年人才有自由自己做决定并为自己的决定负责。根据大多数国家的法律，刚开始工作的年轻人都是成年人。他们的自由权限包括签署合同、投票、消费受限制商品、结婚和生育等。如果我们引入基本收入政策，他们能否享有自己决定是否工作的权利呢？

一些年轻人将从基本收入政策中获益良多。那些因超龄而退出儿童福利系统的人，在没有家庭或社会支持的情况下，可以利用基本收入来构建自己的生活并支付职业培训费用。一些年轻人可能会用基本收入去旅行、创作交响乐，或者去上学。从某种意义上说，许多中产阶级和富人的子女已然拥有一份基本收入了，他们的父母会在一定时期内资助他们参加休闲活动，因为这将促使年轻人了解自己和这个世界，并在未来的劳动力市场中做出更好的决策。因此，基本收入能够为所有年轻人创造公平的竞争环境，提供相似的机会。

然而，一些经济学家对这些机会的看法更为谨慎。他们认为，未来的工资、就业和职业道路会受到失业时期的负面影响，尤其是在年轻的时候（Nordstrom，2011）。劳动力市场创伤的理论基础来自人力资本理论，该理论表明，人们在失业期间，与企业相关的特定技能和通用技能的退化都会降低未来的就业能力与工资（Becker，1994）。如果潜在的未来雇主将某人的失业期视为其生产力低下或工作习惯不良的指标，那么情况会更加糟糕（Lockwood，1991；Pissarides，1994）。关于失业对后续找工作产生的心理影响，已有学者展开了研究（Clark，Georgellis，and Sanfey，2001）。

无论年轻与否，有些人不够成熟，无法预期长远后果，因而不能做出有远见的正确决定。而基本收入政策的前提是个人应该自己做出决定并承担后果。那么是否可以限定一个年龄界限呢？比如说 25 岁，不满 25 岁的成年人就不能无条件得到基本收入。这样无疑会有很多人受益，因为有些人目光短浅，会因基本收入政策而受到伤害。

这个问题笔者留给大家去思考，因为对于多大年龄的人才能获得无条件基本收入，人们有不同的看法和理由。然而，对大多数成年人来说，无条件基本收入的好处远远超过其代价。

参考文献

Becker, G. S. 1994. *Human Capital: A Theoretical and Empirical Analysis, With Special Reference to Education*. Chicago: University of Chicago Press.

Bentham, J. 1830. "*The Rationale of Reward*, excerpted and reprinted." In *The Classical Utilitarians: Bentham and Mill*, edited by J. Troyer. Indianapolis: Hackett, 2003.

Case, A. and Deaton, A. 2017. "Morbidity and Mortality in the 21st Century." *Brookings Papers on Economic Activity* 48(1):397–476 .

Clark, A., Georgellis, Y. and Sanfey, P. 2001. "Scarring: The Psychological Impact of Past Unemployment." *Economica* 68(270): 221–241.

Gao, P., Kaas, H.-W., Mohr, D., and Wee, D. 2016. *Disruptive Trends That Will Transform the Auto Industry*. McKinsey & Co. September. www.mckinsey.com/industries/automotive-and-assembly/our-insights/disruptive-trends-that-will-transform-the-auto-industry.

Helliwell, J., Layard, R., and Sachs, J. 2017. *World Happiness Report 2017*. New York: Sustainable Development Solutions Network.

Lee, J. 2015. "Self-Driving Cars Endanger Millions of American Jobs (and That's OK)." *Mud*, June 19. www.makeuseof.com/tag/self-driving-cars-endanger-millions-american-jobs-thats-okay/.

Lockwood, B. 1991. "Information Externalities in the Labour Market and the Duration of Unemployment." *Review of Economic Studies* 58(4): 733–753.

Nordstrom, O. 2011. *Scarring Effects of the First Labor Market Experience*. Bonn: IZA Discussion Paper, No. 5565.

Nussbaum, M.C. 2011. *Creating Capabilities: The Human Development Approach*. Cambridge, MA: Harvard University Press.

Pissarides, C. 1994. "Search Unemployment With On-the-job Search." *The Review of Economic Studies* 61(3): 457–475.

Rutherford, M. 2011. *The Institutionalist Movement in American Economics, 1918–1947*. Cambridge: Cambridge University Press.

Sayers, S. 2005. "Why Work? Marxism and Human Nature." *Science and Society* 69(4): 606–616.

第六章　工作、技术和不平等

科里·P. 沙夫

近年来，微芯片处理器、机器人技术和人工智能领域的技术创新，犹如在酝酿一场完美风暴，这场风暴将彻底改变工作的组织结构。特别是智能生产线、快递无人机和无人驾驶汽车的兴起，可能会在不久的将来让很多工作岗位失去存在的必要性。① 这种变化将产生的影响引发了人们的关注，人们担心科技会影响人的价值，担心工人的福利将会受到影响。与此同时，民主福利国家仍需要应对各个领域中的不平等现象，包括教育、性别和种族歧视、失业和工资停滞、贫困和贫富差距。技术进步和全球化也使这些不平等现象更加严重。尽管数字革命带来了信息与通信技术的空前发展，但发达国家的不平等问题还是很严重，发达国家与发展中国家的差距也越来越大（Pikkety，2014）。

伴随着这些发展变化，一个新的提议出现并成为学界和政界争论的焦点：为所有公民提供保障最低社会生活的基本收入。该提议主张为所有符合条件的个人提供一笔现金资助，用来满足其各种需求，这种资助不以地位、财富或工作为条件加以限制。在没有限制的情况下，个人可以自由选择如何最好地利用这笔资金，选择的方式包括减少工作时间、增加休闲时间、投资金融市场、创建小型企业、消费更多的商品等。建立最低社会生活保障也可以减少前文提到的不平等现象。例如，工作场所的自动化将在未来让很多工作岗位消失，因此提供基本收入可能是解决一系列相当复杂

---

① 里夫金（Rifkin，1995）较早提出了这一论点，斯莱德（Slade，2007）做了关于技术和淘汰的深刻经济史研究。《连线》杂志刊载的《人工智能与工作的未来》（2018）对技术发展进行了回顾。

的问题的有效方案。

在自动化时代，基本收入能代替工作吗？更具体地说，我们需要弄明白，如果有一天人工岗位彻底被技术所代替，那么基本收入能否为人们提供工作所带来的各种裨益？工作不仅能为个人提供收入，还可以满足个人自我实现、自尊和社会交往的需求。但是，我们依旧不能忽视工作给人们带来的负担，其中包括低工资、过度劳累和自主权的削弱。为全民提供现金资助可以补充工资收益，给人们尽可能多的自由选择权，帮助其实现目标。现金补助可以减少工作时间以保证个人的休闲，或扩大个人的职业选择范围，从而改善其生活。但这种现金补助是否可以代替工作带来的非金钱利益？这依旧是需要解决的问题。为了回答这个问题，我们将研究一些相互重叠的关键领域，比如工作的收益和负担、技术对工作和福利的影响、基本收入的益处和局限性。

本章第一部分的研究专注于工作的收益与负担，区分工作带来的经济收益和非金钱收益（包括自我实现、自尊和社会归属感等方面）。第二部分关注技术对工作的影响。尽管技术革新可以提高效率进而改善生活福利，但革新将带来劳动集约化，并最终消灭劳动。出于这个原因，工作自动化确实给工人的福利造成了巨大的损失，这些损失与自动化带来的益处孰轻孰重，需要认真权衡。第三部分从哲学的视角探讨基本收入为何比传统福利政策更有吸引力。原因之一，是全民现金补助可以避免福利国家久为诟病的问题，包括家长制作风和“搭便车”行为。基本收入计划可能是避免这些问题的明智方法，但是如果不调整造成这些问题的财产关系结构，基本收入能否减少不平等现象还有待商榷。最后一部分重点关注基本收入带来的好处是否可以弥补工作消失带来的损失。尽管现金补助可以成为工资收入的有益补充，或者可以弥补失业带来的损失，但现金补助本身不能替代工作所带来的非金钱收益。

工作的收益与负担

历史上关于工作的意义有两个反复出现的主题。第一个主题产生于宗教改革，其乐观地认为工作对个人有益。马克斯·韦伯（Max Weber）在对经典资本主义的研究中认为，“新教伦理”是赋予现代资本主义生命的“精神”，这种精神是由辛苦工作和延迟满足等因素组成的。他认为，使这种生产方式有别于过去的积累形式的原因是“资本主义对正规自由劳动的理性组织”。通过将“商业经营与家庭的分离”与“合理簿记”相结合，资本主义可以使个人在追求自身利益的同时为他人创造福利（Weber，1930）。第二个主题更古老，也更悲观，即认为工作是低等人的负担，甚至是对违反神律的人的惩罚。前一种观点出现在古希腊罗马思想中，认为思考所带来的最高利益与体力劳动相对立，并以此证明了建立在奴隶劳动基础上的城邦等级制度是正当的。后一种观点在《创世纪》、圣奥古斯丁（St. Augustine）的著作及犹太教与基督教的思想中都能发现踪迹。综上所述，工作既可以成为有益的推动力，也可以成为负担，这两种看法在我们对工作的理解中交替出现。①

我们首先来考虑工作的好处。在市场经济中，工作是一项需要消耗个人时间和劳动力的活动，个人可从中获得报酬。正因为如此，工作具有明显的好处。有了从工作中获得的报酬，个人就可以满足自己的需求和保持自己财务的稳定性，从而制订包括退休在内的未来规划。工作的价值是工具性的，因为工作只是达到其他目的的一种手段。金钱是一种普遍的手段，因为金钱可以用来购买商品或从事社会投资，个人可以通过提供金钱来行使自主权，可以选择如何更好地满足自己的需求和欲望。但正是出于这个原因，有人可能说工作本身并无价值。如果仅仅因为工作为个人提供了金钱，人们就认为工作具有工具性价值，那么只能说明金钱本身具有价值，而不是工作具有价值。这就产生了一个关于基本收入的问题：如果个人可以不依赖有偿工作而得到金钱，那么他们是否还会工作？在下文探讨基本收入的好处和基本收入是否可以代替工作时，笔者会再次论及这个问题。

---

① 关于古希腊思想中这些主题的研究，参见梅肯斯·伍德（Meiksens Wood，1997）和墨菲（Murphy，1993）的论述。圣奥古斯丁关于工作作为惩罚的思想在基德韦尔（Kidwell，2013）的著作中有描述。

工作还有其他非工具性的好处，包括有助于个人自我实现、获得自尊和社会归属感。在自我实现方面，工作起到了什么作用？乔恩·埃尔斯特（Jon Elster）将自我实现定义为“一个人能力的自我外化和自我调配”（Elster，1988：66）。他认为，自我实现不仅是工作最重要的价值，而且是其最边缘的价值。原因是，在市场经济中，生产是分散的，因此有很多工作机会供个人选择。这也导致“当代工业社会中大多数人的工作条件都不利于实现这一目标”（Elster，1988：66）。因此，虽然工作的确具有促进个人自我实现的潜力，但市场经济中的大多数工作都不需要太多的个人能力，这使得该潜力大打折扣。然而，埃尔斯特定义的自我实现与工作机会之间缺乏契合性，这表明埃尔斯特的标准可能设置得过高。①

在这种情况下，“力量”和“能力”意味着什么，它们如何帮助人们实现自我便成了值得讨论的话题。可以说，所有工作都涉及这些“能力”的使用，因为任何需要使用劳动力来生产商品或提供服务的活动都需要使用某些能力。可以肯定的是，诸如数学技能之类的能力更为复杂且要求深思熟虑，通常需要受到更多的教育。与简单和无须慎重思考的技能相比，这些能力能获得更多的报酬。但是，从“能力调配”视角看，这些技能之间的区别不是二元的，只是程度上的差异。当谈及工作中使用的技能时，我们必须承认所谓“复杂”和“简单”的概念是有延续性的，其差别是程度上的。因此，尽管能力有强弱之分，但是从事任何制造或服务活动都需要能力。如此看来，埃尔斯特关于在工作中自我实现的价值边缘化的说法是错误的，因为能够实现自我的工作机会太少。埃尔斯特所谓的构成自我的能力是一种完美主义假设。他设想了一个理想的“自我”，即能力强大、潜力无限的“自我”，在从事某些不需要太多知识和能力的工作时，这些能力就被浪费了。对能力的分级表明这样一种观点，即每个人都应该努力在高技能工作中发挥自己的最大潜力。但是因为在市场经济中只有少数人可以做到这一点，所以这个标准注定是无法达到的。因此，工作所带

---

① 在其概念上，自我实现论是马克思异化劳动论的另一个版本。马克思称，人类的“物种存在”（gattungswesen）是社会劳动，而在资本主义制度下，社会劳动所采取的形式使个人与这种本质发生疏离（Marx，1844：58－68；Brudney，1998）。

来的自我实现价值应该与完美主义者所说的能力分级无关。我们应该肯定工作有助于自我实现的说法，尽管这种自我实现程度有限，但仍然至关重要，因为无论从事何种制造或服务活动，个人都实现了其能力的外化，而与何种能力无关。

工作的另一个好处是可以使人们获得自尊。罗尔斯（1999：386）称，自尊包括“一个人对自身价值的感知”和“一个人对自己能够实现目标的能力的信心”。如果我们将这些要素结合在一起，工作应该给予个人一种价值感和实现自己目标的信心。从表面上看，工作确实会通过报酬进行价值衡量。从劳动力市场的角度来看，个人通过付出时间和劳动力而获取报酬，这就等于给每个人定了价。但这并不是罗尔斯所言价值的基础。我们必须小心谨慎，不能仅仅根据收入的多少来暗示某些人比其他人更有价值。从道德的角度来看，每个人的生活都有平等的价值，因此工作收入的货币值不能成为工作本身价值的判断标准。相反，工作必须培养一种关乎其他东西的价值感，而不仅仅是关乎金钱。① 工作至少还以另外两种方式来培养人们的价值感。第一，个人可以在制造某种东西或完成某项任务的过程中获得满足感。利用自己的时间和技能来满足他人的需要，这件事本身就是一件能给人以满足感的事。第二，工作能满足个人的自尊需要，因为工作是一种涉及与他人合作的社会活动。这是获得价值感的重要来源，因为我们与他人的所有互动都基于对彼此的认可。人们相互依赖，以实现自我满足，也就是说自我满足来自他人对自己的行为或兴趣的价值认可。对工人和失业的研究表明，工作的确会让人感到自己对他人是有用的，这在一定程度上能够满足个人的自尊需要。② 不仅如此，工作还包含其他形式的社交互动，如友谊、茶水间的闲聊、团队的合作，甚至是对团体的归属感，这些都可以在各种团体组织内出现，都能提升个人的价值感。

关于自尊的另一方面，个人实现目标的“信心”又是如何产生的？工

---

① 并不是说没有工作的人就一定没有自尊，但正如对失业后果的研究所表明的那样，在大多数情况下，没有工作会伤及自尊。

② 乌希特勒（Uchitelle，2006）提到了失业及其对失业者心理和生理的危害。

作以各种方式帮助个人建立信心。首先，个人利用自己的能力实现其目标或组织共同目标对建立信心至关重要。通过完成任务，个人肯定了自己的能力。在这一方面，个人的才能、技能和所受教育都得以凸显。即使是无须审慎思考的低技能工作，也需要个人选择适当的手段来完成。研究表明，针对低技能工作的在职培训确实可以建立个人的信心，开发人力资本。奉献精神、时间管理能力、责任感及其他素质培养不仅对工作有益，而且对个人以后的发展不无裨益。[①] 其次，个人在工作中也可以通过社交互动来建立信心，这对肯定个人的表现至关重要。由于这是社会合作的一种形式，因此自信程度取决于雇主、同事、委托方和客户的反馈。这就是现代工作场所的组织离不开考核与评估程序的原因——确保个人完成工作任务，并提高任务的完成度。总之，个人在与他人的互动过程中运用自己的能力，从中获得价值感，建立信心，进而获得自尊。

工作的价值还在于它可以增强个人的社会归属感。这对个人和集体都有好处。大多数工作需要个人参与团队项目，在这种情况下，个人将以团队成员的身份投入其中，共同助力项目的完成。如果这样的投入是自愿的，那么在前面所述的所有意义上，工作对个人都是有益的。因为他们通过调动自己的能力来提供商品或服务，所以工作促进了他们的自我实现；同时，因为他们获得了价值感并建立了实现目标的信心，所以工作又促进了自尊的获得。

当然，劳动力市场上存在竞争，个人与他人竞争职位和晋升机会。但是，我们并不能说工作就意味着竞争。健康的竞争环境能够促使人们取得卓越的成就，或者促使人们在自己所拥有的才智和技能方面精益求精。这对那些依赖自己这些才能的人也是有益的。此外，工作中的相互依存现象表明，工作也对集体利益有好处。当然，要想个人和集体都获益，需要参与团体项目才行。但是从集体的角度看，工作还能促进各种形式的相互认可，如担保、信任和同情。这些对社会生活的稳定和再生产至关重要，它

① Mark R. Warren, J. Philip Thompson and Susan Saegert, "The Role of Social Capital in Combatting Poverty," in *Social Capital and Poor Communities* (New York: Russell Sage Foundation, 2001).

们使个人在团体中所做的工作具有目的性和意义。

除了作为个人满足需求、实现目标的手段之外，工作还有其他价值。对于这一观点，有一种严正的反对意见。有的哲学家拒绝承认工作本身就是一件好事，因为这假定了一种实质主义的工作观，相当于一种家长制作风，即打着“为你好”的旗号为所有人做决定。安德鲁·莱文（Andrew Levine）提出了一个新颖的观点为不工作的权利进行辩护。在《无所事事的公平》一文中，他主张自由主义的国家中立性原则，认为好的观念必须允许个人追求自己认为好的事物，而不是给出孰高孰低的价值评判（Levine，2001）。基于这一观点，有人认为不工作是好的，有人认为工作是好的，这两种观念应该是同等重要的。按照这种中立性的论点来理解的话，民主国家应该为个人提供基本收入，以便个人有条件去追求自己的目标，即使这些目标在他人看来毫无意义。事实上，价值观的中立支持人们享受闲暇的权利，反对家长制的所谓工作对大家都好、每个人都应该通过工作养活自己的观点。这意味着人们可以认为工作对他们没有好处，并且把“在草坪上数一数草”或冲浪当作一种生活方式（Rawls，1999：432）。因此，除非个人确定工作对他们有好处，否则工作本身没有价值。

对以上观点可以这样回应，即前文所述工作的种种好处，从逻辑上看与那种自以为对大家都好的家长制观点并不相关。关于自我实现的问题，如前所述，工作所需的“能力”并不一定是深思熟虑的。那种实现一个强大的自我需要精心策划和高超技能的观点是一种完美主义观点，而我们完全可以不这样做。无论是接受高等教育以获得复杂技能，还是挖沟排下水管道，每个人都在工作中付出劳动、施展能力。脑力劳动比体力劳动更有助于实现自我的看法是错误的，因为它忽略了一点，即所有劳动都是个人能力的外化，都是为了实现某个目标。这种逻辑也适用于自尊和社会归属感两个方面。从事所谓下层工作的人同样有资格从出色的工作表现中获得价值感和信心。工作本身并不能带来自尊，在工作中展现出色的“能力”才值得尊重。如前所述，工作所赋予人们的大部分价值取决于两个方面：一是工作本身是否完成得足够好，二是他人是否予以认可。诚然，工作之所以能够增强人们的自尊和社会归属感，是因为工作的价值取决于社交互动。如果没有相互认可作为社交互动的结构基础，所谓自尊和社会归属感这样的价值观就毫无意义。对个人而言，工作只有工具性价值这种说法是不成立的，因为价值的确定依赖于主体与他人的关系。因此，工作的非金钱价值并不要求就究竟什么是对个人有利的这一问题做出家长式判断，因为对个人来说，进行社交互动是一件好事，而且社交互动可以丰富他们的生活意义。尽管工作场所不是也不应该是社交互动的唯一场所，但是对大多数人来说，正是工作为日常的社交互动提供了场所。

那工作上的负担呢？这些负担包括工具主义、剥削和强制、自主性的削弱。工作的工具性价值在于为个人提供了用来满足需求和实现目标的收入。这是工作的外部因素，是雇主需要准备的东西。出于同样的原因，如果工作的收入不足以支撑个人满足需求、实现目标，那么工作就会成为个人的负担。这种变化表明，工作的工具性价值只有在收入能够满足个人的基本生活需要，并且允许个人追求自己的生活时，才能得以显现。如果工作不能为个人提供足够的收入来做这些事情，那么工作很容易成为个人的负担，对那些需要多做几份兼职才能维持生计的人来说，尤其如此。的确，对贫困劳动者来说，经济不稳定的代价是巨大的，会导致健康和经济指标的下降（Singer and Ryff，2001）。鉴于工作的这种工具性价值是一把双刃剑，有最低工资政策总比没有好。然而，如果要实现工作的工具利益最大化，足以保障基本生活的工资政策或许是最佳方式（Pollin and Luce，2000）。

工作的另一种负担是剥削和强制问题。这涉及雇主和雇员之间协议条件的自愿性。从道德的观点来看，当一个行为人将另一个行为人作为一种手段来利用时，就会发生剥削；当涉及使用武力或威胁来说服一个行为人去做某事时，就会发生强制。19 世纪，布鲁诺·鲍尔（Bruno Bauer）和马克思推广普及了资本主义剥削工人的批判性理论（Breckman，1999）。马克思的剥削理论是，由于生产资料所有者和无产阶级之间不平等的财产关系，前者能够利用后者来创造利润，因为他们所支付的工资远远少于由无产阶级创造的产品的交换价值（Marx，1844：324 – 25）。一些哲学家研究了关于劳动强制性的问题，试图确定提供就业机会是否算作强制性劳动。诺齐克（1974）认为，当一个人试图通过威胁诱使另一个人采取行动时，就会发生强制。强制与其他提议的区别在于对后果的说明，即如果接受者不按要求改变其行动方式，就要承担不良后果。根据这种说法，劳动力市场上的就业机会不是强制性的，因为它没有附带任何威胁因素。如果一个人不喜欢这个工作机会，他可以考虑其他工作。但是，其他哲学家认为，尽管没有明确的威胁，但工资待遇仍然可以具有强制性。大卫·齐默尔曼（David Zimmerman，1981：145）称，工作条约在以下条件下具有强制性：（1）在提出工作条约时，从技术和经济方面考虑，都存在可行的替代方案，而且与当前方案相比，工人更喜欢替代方案；（2）资本家阻止工人选择任何一种可行的替代方案。按照这种观点，由于在资本主义财产关系下，雇主拥有物质和非物质资源，他们可以限制替代方案，使工人无法获得更好的条件，因此工人在这种情况下接受的工作条约依然具有强制性。

我们不能仅通过评价大量文献中的相关论述来解决这些问题。需要强调的是，尽管工作是一种自愿性选择，但是与之相关的“社会不自由”问题也不容忽视（Ezorksy，2007：9）。暂且不谈剥削和强制之间的实质性区别，工作显然会对自由造成一些限制。毕竟在没有继承权或其他收入来源的情况下，大多数人必须在劳动力市场上找到（并保住）一份有偿工作。这样做可以实现经济独立和自给自足，也就是实现我们所谓的自由生活。没有工作，人们就不得不依靠家人、朋友或国家等来满足其需求，这种依赖性生活与自由生活相反。关于资本主义是否具有剥削性，或者在没有威胁的情况下提供工作机会是否具有强制性的问题是狭义的，只关注这类问题容易使人们忽略对其工作和生活产生广泛影响的社会与政治关系大背景。在一定程度上，个人显然可以自由地从不同的工作机会中进行选择（前提是工作岗位比求职者多）。正如前文指出的那样，这是一组替代方案，其结构与结果倾向于排除另外一种理性选择，那就是“不工作”。因此，工人在某种意义上也是不自由的。他们不能考虑“不工作”这一选项，因为这种选择的后果要么使他们陷入困顿，要么使他们必须依赖他人。这些危害已通过对失业者的研究得到了证实。这些研究表明，不少失业者出现了严重的健康问题，如自我怀疑、抑郁、性欲丧失，甚至自杀（Uchitelle，2006）。

最后，工作成为个人的负担还因为它会削弱个人的自主权。对市场经济中的几乎所有工人而言，工作的结构和组织都是反民主的。我们可以通过比较、总结民主国家和公司的相似性的“平行案例”来阐明这个问题。

> 当一个规范管理的共同体把为大家谋求利益定为目标，这个共同体中相互合作的个人都将有权参与组织规则的制定。如果大家都有决策能力，规则的制定就应该遵从少数服从多数的原则。无论政治组织还是经济组织，都属于这种共同体。因此，在这两个领域中，公民都享有民主权利。（Arneson，1993：139）

由于大多数公司的组织结构都是纵向的，因此决策的制定都集中在管理层，员工对与其利益相关的决策无权参与。支持这种等级制度形式的理由之一是强调经济效率，因为市场变化需要快速的反应机制和解读市场变化的专业知识。当然，这种工作形式的代价也很明显，比如这种集权决策缺乏透明度，会削弱员工的自主权和责任心。效率是否可以作为这种妥协的充分理由，抑或是否存在一种替代性方案既能实现民主价值又能保证经济效率，都超出了我们目前关注的范围。[①] 虽然我们不能在这里解决这些问题，但是这并不影响我们对反民主的管理制度会使工作成为负担这种说法的探讨。

关于“平行案例”的论点，笔者有一些见解。民主国家是通过制定关于自治和保护其财产权的规定来确保个人自由的。相比之下，市场根据供求原理确定商品和服务的价格，并允许生产者和消费者相应地追求自己的目的。在前者中，公民身份保障了公民的平等参与权，与此同时，公民身份也受到选举权、被选举权及言论与结社自由等权利的保护。在后者中，公民没有平等参与的保证，因为公民进入市场的主要目的是找工作，但并

① 麦弗逊（McPherson，1983）、鲍尔斯和金帝斯（Bowles and Gintis，1993）、施韦卡特（Schweickart，2002）、沙夫（Schaff，2012）和安德森（Anderson，2017）对纵向工作组织的成本和收益进行了评估。

无权利确保就业。[①] 然而，人们认为拥有和维持工作对自由生活至关重要，因为没有工作，人们将无法满足自己的需求，必须依靠他人。在某种程度上，如果工作是根据民主价值观来组织的，那么似乎提供更多工作机会可以提高这些福利。但是，如果工作完全建立在盈利和效率的基础上，并为反民主的结果服务，如限制工人寻求更好的选择，那么它显然会挫败人们的自我实现、自尊和社会融入。

技术、自动化和淘汰

哲学家很早就对技术与劳动的关系进行了思考。柏拉图和亚里士多德都认为，“实践行为”和“手工艺”在获取知识、美德和至善境界方面起着重要作用。在 20 世纪，马丁 · 海德格尔（Martin Heidegger）和赫伯特 · 马尔库塞（Herbert Marcuse）主张，现代技术将世界客观化，损害了人类的繁荣。后者的看法更为悲观，他认为对于经历第一次和第二次世界大战并幸存下来的人来说，这种损害更甚。在考虑技术对工作的影响之前，我们应该停下来思考一个更基本的问题——如何看待技术本身？

对于这一问题的论述，有两种相互竞争的理论，即工具主义和实质主义。政府、技术官僚和政策制定者广泛认同工具主义的观点，即技术具有中立性，因为它只是实现外界目标的一种手段。作为一种手段，技术本身没有价值，因为只有使用技术的那些行为主体才有价值。而第二种观点主张技术“构成了一种新的文化体系，这种文化体系将整个社会作为控制对象进行重组”（Feenberg，2002：6）。这样来看，手段和目的深深交织在一起，因此手段不可避免地体现了影响和塑造目的的价值。技术本身是否具有价值中立性并不是我们关注的重点。如果技术是中立的，那么其对工作的影响将取决于使用技术的行为主体的价值；如果技术不是中立的，那么其对工作的影响将由技术在设计和实现中体现的价值所决定。介绍这些理论的目的在于，它们提供了不同的概念来源，以评价技术对工作的影响。

---

① 关于将工作权作为公平就业条件的论证，参见沙夫（2017）的文章。

这既关乎技术的工具效能，又关乎技术对使用技术的行为主体产生的巨大反作用。

那么，技术如何影响工作呢？当技术应用于生产方法时，其对工作有重大影响，因为技术可以更有效地利用资源并提高劳动生产率。亚当·斯密将这一观点作为其经济发展理论的基础。

> 由于劳动分工，同样数量的人能够从事的工作量得以大大增加，原因有三点：第一，工人熟练度提高；第二，从一项工作换到另一项工作损失的时间得到节约；第三，大量机器的发明和运用让劳动力得到节约，并使单个工人可以完成以前需要很多人才能完成的工作。（Smith，1776：11）

引进机器、创新生产技术，有助于减少体力劳动、冗余劳动和危险劳动。减少劳动力需求可以为工人节省时间，而且可以通过不让工人接触有害工作来确保他们的健康。在这一方面，技术也促进了工人的专业化。而创新为劳动分工创造了新的工作岗位。伴随专业化的发展，以技术、培训和教育为主要形式的社会资本获得了新的发展机会。这种社会资本的发展进一步刺激了创新和专业化，从而完成发展和财富之间的动态循环，而这种循环理应产生“水涨船高”的普遍效应。① 此外，技术还可以增加休闲机会。由于技术创造了更多的财富，因此它能改善人们对工作收入的利用。例如，由于必要劳动时间减少，个人有更多的时间去享受不需要他们使用劳动力的活动。

但是，技术对工作的影响并不总是最佳的。笔者在前文已指出，工作的工具性价值可以说在收益和负担两个方面都有体现。尽管工作为个人提供了收入，但是如果收入不足以满足个人的需求和生活，那么它将成为一种负担。技术在这方面是相似的。虽然其可以改善工作的收益，但它也可能加重工作负担。一个如同“第二十二条军规”一般相互矛盾的例子是，技术同时具备两种倾向性，即提高生产力和延长劳动时间。经济学家朱丽叶·朔尔（Juliet Schor）在《过度劳累的美国人》中，对这个问题进行了如下阐述：

> 生产力是用来衡量每小时工作所产生的商品和服务的。当生产率提

---

① 这句话经常被误认为是亚当·斯密所说的，但实际上它是新英格兰理事会（一个地区商会）使用的口号，约翰·F. 肯尼迪（John F. Kennedy）总统在 1963 年的一次讲话中首次使用了这一口号。

> 高时，工人可以用更短的时间生产出相同的产品，或者保持原有的工作时间而提高产量。每当生产率提高时，我们可能会有更多的空闲时间或更多的钱。这就是生产力红利。(Schor, 1991: 2)

朔尔发现了美国经济从1948年到1991年的明显发展趋势。在这段时间里，创新一直在稳步推进并且生产率也在不断提高。现在，我们用不到一半的时间就可以达到1948年的生产水平。但是，生产力红利并没有减少人们的工作时间或增加人们的休闲时间。美国人现在的工作时间比过去任何时候都要长，工作量比过去任何时候都要多。我们可以用工具主义来解释这种权衡：技术并不会增加工作时间，因为它具有价值中立性。为了确定加班的原因，我们不得不进一步研究使用该技术的行为主体的行动。工人无法通过享受更多的闲暇时间来兑换这种红利，可能是由于行为主体的价值，而不是技术本身的价值。从经济学家的角度来看，这一结果仅仅表明工人自己更喜欢高收入而不是更多休闲时间。但是，一个更有可能的解释似乎是，劳动法的法律效力不够强大，工人的工会参与度降低，限制了工人选择休闲时间的可能性。

要理解控制技术和塑造行为主体的驱动力，就要认识到现代资本主义的结构是由生产资料私有制、雇佣劳动和技术扩张构成的。正如韦伯所说，其显著特征是“合理组织劳动力”。这种合理性非常重要，因为劳动力价格是由市场供求原则决定的。因此，资本主义的产权关系结构将工人作为利润计算的变量，从而导致了工人的异化。根据马克思的观点，工人既不拥有他们所使用的资源，也不拥有他们生产出的商品，其结果是与自己和他人疏远了（Marx，1844：63－64）。在这种情况下，劳动生产率得到提高，而休闲的可能性被限制。马克思也注意到了生产力和休闲之间的交换关系，他明确地指出技术有利于前者而非后者，因为后者体现了不平等的财产关系并强调了效率和剥削。

> 如果说机器是提高劳动生产率的最有力手段，即可缩短生产某商品所需的单位时间，那么作为一种*资本储备*[①]，机器也可以成为延长工作

---

① 斜体为本章作者标记。

时间的最有效手段，因为机器突破了行业原本所受到的自然条件的限制。一方面，机器创造了新的条件，允许资本自由地控制这种趋势；另一方面，机器创造了新的激励机制，激发了一种对他人劳动永不满足的欲望。(Marx，1867：526)

由于技术的设计和实施是为了提高生产率，因此劳动就成为这一技术过程中不可或缺的一部分。“技术产生的驱动力是试图将来自人的阻力降至最低，这种阻力是顽固而有弹性的自然屏障”（Marx，1867：527）。在这个等式中，劳动力是一种商品，它受制于提高生产力和增加利润的驱动力。其影响可以用来解释生产力和休闲之间的交换结果。对工人来说，休闲不能成为一种可行的选择，因为整个体制受工具理性的驱动。因此，工作条件的形成是米歇尔·福柯（Michel Foucault，1975）所谓的规训的结果，这里的规训指越来越严苛的监督和规范。现代社会的规训手段包括没有预先通知的药检、任务监控和职业发展激励（而非鼓励休闲）。

假设技术是价值观的代表，而价值观决定了技术使用者的结局这种实质主义的观点是正确的，在现代资本主义模式下，这些价值观物化了环境与居民，使环境与居民受到日益工具化的控制模式的支配。法兰克福学派的成员沿着这些思路发展并捍卫了一种“批判理论”。他们认为，现代技术将人类视为生产者和消费者，而不是社会成员，以一种工具主义价值观取代了实质主义价值观。① 在这种情况下，注重效率和利润的技术规则取代了社会关系，而社会关系则是主体间实质价值得以存在的条件。技术带来的好处广受吹捧，但考虑到这些好处不过是加强控制的手段，技术在价值观方面的影响与其带来的好处并非相互独立的。马尔库塞（1964：12）称，这些好处其实是一种几乎不加掩饰的反补贴效应，它们对“单维社会”的意识形态进行维护和复制。体力劳动的减少和享乐体验的增加使得自主性被简化为重复的工作与消费。尽管技术改善了资源的有效分配，并增加了“福利”（根据这些价值定义的），但该过程会大幅减少人们实现自我、获得自尊和融入社会的机会，这对人们产生了负面影响。在短期

① 这是哈贝马斯（Habermas，1985）所持观点的基础，即“生活世界”作为理性主体的交往行为和主体间关系的基础，被工具和技术支配的“系统”所遮蔽。

内，技术的必要性牺牲了这些价值，因为现代资本主义总是以“创造性破坏”的假设来推销自己，即宣称在这一过程中会产生新的、更好的工作机会。然而，事实上可能并非总是如此（Uchitelle，2006）。

由于技术革新会对工人的福利产生直接和重大的影响，因此，这些影响应与未来任何潜在的收益放在一起加以权衡。然而，反民主的工作组织却降低了工人的参与度，使他们在创新和淘汰方面无法决定自己的命运。在劳动的技术密集化方面，一个看似无害的例子就是我们在日常生活中使用的数字通信。智能手机和平板电脑的问世，以及人们对这些无缝交互模式的依赖，使工作生产超出了正常工作时间。总的来说，由于这些设备的效率很高，人们已经接受了它们的“侵略”，因此新的常态是人们随时随地都可以展开工作。这究竟是好处还是负担，似乎是一个关乎个人喜好的问题。但真正的问题是，工人们在如何使用这种技术方面是否有实质性的发言权？事实上，我们如此迅速地将数字通信设备融入我们的文化中，而没有进行太多的个人反思或公开辩论，这一点就很能说明问题。

最后，劳动密集化是在技术统治人类的下一个也是最后一个阶段之前出现的。现阶段以更高效的手段增加产量，而工业对环境的破坏则被重新定义为人类的“进步”。不仅自然资源被视为原材料，服务于这种由理性形式所支配的目的，而且工人也被视为原材料，他们被用来创造商品和服务，确保商品机器的永续运转，直到被计算机、算法和自动化系统等更高效的机器所取代。在工业化的最初阶段，黑格尔（Hegel，1821：198）就预见到了这样的结果，即“生产的抽象化使工作变得越来越机械，因此人类最终只能靠边站，被机器取代”。技术的最终结果是淘汰——用机器取代工人。虽然这引起了人们对工人如何满足其福利的特别关注，但这一过程并不会以机器取代工人而草草结束。接下来可能发生的事情不仅是工作被淘汰，而且是工人自身被淘汰，这既是反乌托邦科幻小说的主题，也是大众娱乐的主题。在一种可以追溯到实质主义的悲观主义叙事中，“机器的崛起”是终极游戏。在这个游戏中，人类要么被追杀和淘汰，要么被培养成为机器提供动力的电池。也许这些场景仅仅出于想象中，但问题的严肃性毋庸置疑：当技术水平达到真正可以缩短工作时间甚至消除工作时，人类将何去何从？被机器取代的工人会怎样？工人福利如何得到保障？

基本收入与不平等

在这一部分，笔者将探讨基本收入的好处，并说明为什么在解决不平等问题上，它是一个有吸引力的替代方案。从概念上讲，基本收入简单易懂。所有符合条件的个人，不论其工作经历、收入和地位如何，都将获得一笔现金补助。所有受益人都将得到相同数额的补助金，而且可以自由地使用这笔补助金，所以这笔补助金是惠及全民且无限制条件的。[①] 此外，基本收入经常被认为是确保最低社会保障的可行政策，以避免传统福利政策的一些问题。基于这个原因，以全民补助金的形式提供这一最低社会保障的想法在民主福利国家越来越受欢迎。[②] 全民基本收入无论对左倾还是右倾的理论家和决策者来说都很有吸引力，原因如下：一方面，自由主义者认为，提供基本收入有助于取消家长制福利政策，增强消费者的购买力，最终促进经济增长；另一方面，平等主义者声称基本收入政策将解决不平等的问题，确保所有人都享有最低限度的社会福利，而不依据个人贡献和地位。由于家庭手工业的发展和宣传，基本收入政策在传统经济领域的影响力不断扩大，欧盟及其他地区的政党也对基本收入政策表示支持。[③] 因此，从芬兰到加利福尼亚州的贝克斯菲尔德，全世界有几十个州和地方政府已经建立了试点项目来测试基本收入政策的可行性。

与传统福利政策相比，基本收入政策有两大好处。第一，它促进了消费的自由化，允许人们选择如何处理他们应得的份额。这样做避免了传统

---

① 这里没有讨论的一个问题是谁有资格获得基本收入。大多数理论家和政策制定者都认为公民身份是获得这一福利的适当类别，但市场经济中存在的移民工人和非法移民者，无论他们是否有贡献，都会使这个问题复杂化。关于这个问题的综述，参见贝和佩德森（Bay and Pedersen，2006）的文献。

② 基本收入有历史渊源。罗尔斯在这方面提到了所谓的负所得税，这是20世纪70年代“伟大社会”计划之后政策讨论的热门话题。在理想情况下，这项政策将包括通过负所得税系统地转移资源，逐步向最不富裕的人支付更高的补偿（Rawls，1999：243）。

③ 例子包括基本收入地球网络（BIEN）、美国基本收入保障网络（USBIG）和加拿大基本收入网络等。

福利政策的家长制作风，因为传统福利政策往往要求贫困人群将个人生活状况展示出来以证明自己需要帮助，这是一种侵犯隐私的国家程序。基本收入政策避免了这种资格审查，因为无论是否贫困，所有人都可以得到基本收入，没有资格审查，也不管如何花费，这显然对自由意志主义者和自由主义者都具有吸引力——他们反对家长制作风，支持个人自由。第二，基本收入政策还可以促进社会平等。基本收入为基于社会合作而进行的资源平等分配提供补贴，而不是根据收入多少进行分配。基于收入的分配方式要求富人交更多的税，以便将资源重新分配给穷人。基本收入则为所有公民提供一笔现金补助，而不考虑其贡献如何，从而避免了对福利国家的一种常见的异议，即“搭便车”者不用交税就可以从这些政策中获益。这种反对的声音凸显了“嫉妒经济”和“仇恨政治”，形成反对税收和福利救助的氛围，并在当前关于移民和治理问题的讨论中重提“替罪羊”的说法，这种现象令人感到不安。①

基于这些原因，范·帕里斯认为，基本收入的存在可以调和民主福利国家中相互冲突的自由和平等这两种价值观。他的“人人享有真正自由”的理论是基于自由意志主义信念的，也就是说通过为所有人提供最低限度的社会福利，将市场的功效用以提高平等的自由价值，这样就可以避免前文所提到的反对意见。根据范·帕里斯的观点，“人人享有真正自由”的原则将消极自由的形式与实现积极自由的资源有机结合起来。消极自由指能够做自己喜欢的事（前提是既不受他人强制，也不伤害他人），是一种形式上的自由。而要真正实现积极自由，则需要拥有通用资源。因此，他主张给予所有公民平等的资源份额与保障公民的安全和自主权是一致的（Van Parijs，1995：33）。事实上，这种自由意志主义的做法避免了“取富济贫”的向下再分配问题，维持了平等主义对平等的重视，因为所有受益人都可以使用这些资源来达到自己的目的。以下例子都有助于改善不平等问题：购买疾病或失业保险、向慈善机构捐款、改善消费习惯，以及减少工作来获得更多的休闲时间。这样，基本收入的一个显著的吸引力就在于其操作起来灵活多变，现金补助金的使用方式多种多样，其中许多方式将促进经

① 虽然这种现象在历史上并不少见，但它以误导和宣传的形式死灰复燃。

济增长。而从长远来看，经济增长反过来又会促进补助金数额的增加。

根据范·帕里斯的建议，基本收入原则上可以减少当前社会对工作的强烈依赖。他认为，基本收入可以取代作为获得最低社会保障基本条件的工作。然而，这种取代导致的一个问题是，这并不完全符合资本主义的规范原则，即奖励应该是贡献的产物。因此，基本收入与社会保险计划的不同之处在于，基本收入的受益人无须做出贡献也能受益（Van Parijs，1995：34）。虽然范·帕里斯强调基本收入与自由和平等价值观的相容性，但这一政策的理想实际上并不符合互惠与回报的原则。一个相关的反对意见是，随着补助金数额的增加，有些人将选择完全不工作。

> 无论是因为工作的内在吸引力，还是因为其提供的培训或经验，接受一份低收入工作的真正自由度，都会随着无条件收入水平的提高而明显增加。（Van Parijs，1995：37）

作为收入补充的补助金越多，个人就越有可能选择不做全职工作，甚至干脆不工作，成为靠他人的生产性贡献生活的“寄生虫”。

这种担心关注的是基本收入对工作的影响会削弱其在协调自由和平等价值观方面的效率与效果。现金补助在弱化工作必要性、推动劳动力自由化的同时，也可能导致经济失能。大量的补助金会刺激工人离职，从而减少生产性贡献。生产性贡献的减少又会导致可分配的总资源减少，最终导致补助金的减少。这一问题的形成与资本主义另一个固有弊端有关，即盛衰周期及其与失业率的关系。当经济繁荣、失业率低时，补助金数额高，个体可能将工作时间缩短、休闲时间延长。当经济衰退、失业率高时，个体虽然可能更依赖于补助金来弥补其失去的工作收入，但是补助金数额会降低。在这种情况下，将补助金保持在衰退前水平所需的成本会增加，政治压力也随之增大，而如何保证这笔资金的供给则含糊不清。

基本收入政策的成功实施还面临一些技术难题，如补助金如何发放，是一次性发放全年数额还是分期等额发放。两种发放方式从经济效率上考虑或许各有利弊，分期等额发放会对受益人的选择产生家长制影响，而这种影响是应当尽量避免的（Van Parijs，1995：46－47）。基本收入补助金的“全民”特点面临的另一个问题便是受益人的可行能力与缺陷问题。考虑到道德因素，以补助金的形式向所有人平等地提供资源并不能达成平等主义关于平等分配其增加的净收益的目的。正如阿玛蒂亚·森（Amartya Sen，1992）所说，功能性活动门槛越低的个体，在将其功能转化为可行能力时所需的资源就越多。而肢体残疾的个体想要达到和正常人一样的可行能力水平，也需要大量资源。就这方面而言，基本收入补助金的“全民性”需要进一步改进才能解决“差异”的复杂性问题，这是考虑平等问题时的一个重要标准。[①] 这些问题可能会让人对基本收入在伦理和经济方面的吸引力提出疑问，本章对此不做深入探讨。关于基本收入政策，还需要更严肃的思考和更深层次的研究。

基本收入在自动化时代的局限性

至此，我们已经确定，工作的工具性价值和非金钱收益充其量只是一种混合的情况。在周期性的市场条件下，这些收益往往因为工人无法控制的不确定因素而变成负担。工作带来的收入如果足以满足个人的需求和实现个人的目标，它就是一件好事；如果不能，或者没有工作可做，它就变成了严重的负担。这些因素也影响着工作所能带来的自我实现、自尊和社会归属感等好处，从而导致剥削的、强制的及削弱自主权的工作出现。如果再加上技术的影响，这些负担就会加重。可以肯定的是，科学和技术的进步对我们的生活产生了重大影响（如减少了伤害、疾病，降低了死亡率），并且完善了我们对宇宙和我们在宇宙中所处位置的理解。然而，科技带来的好处并不一定能改善每个人的工作条件。工具理性的支配导致了劳动的集约化，并且在许多情况下加重了劳动的负担。

如果在前文描述的情况中加上基本收入，会发生什么呢？乍一看，确保所有公民享有最低限度的社会福利似乎是一套优秀的方案，可以解决民主福利国家面临的严重问题。有了补助金，工人可以贴补收入，提高购买力，或者减少工作时间，把更多的时间用来休闲。此外，补助金还有可能抵消失业造成的伤害，并消除一些与失业和福利援助有关的污名。虽然基

① 关于这方面的差异和平等的讨论，参见安德森（1999）的文章。

本收入可以在这些方面增加工作的经济效益，但它本身并不能取代自我实现、自尊和社会归属感。按照范·帕里斯“人人享有真正的自由”的理论，人们可能会提出反对意见，声称为个人提供这些资源并不一定是帮助个人实现其目标的最佳方式。基本收入保证了灵活的扶助形式，从这方面考虑，基本收入可以支持各种价值观。然而，在完全放弃工作带来的非金钱收益之前，我们有必要考虑一下基本收入的局限性。

第一，基本收入似乎对减少不平等现象的作用不大。虽然它增加了受益者的收入，而且听起来像是一项好政策，特别是对为生活而挣扎的低收入者来说更是如此，但这并不能减少不平等现象。它在这方面作用不大的一个原因是，补助金是等额发放给每个人的，因此它对收入分配的影响实际上为零。财富的集中化和日益扩大的收入差距，是值得我们思考的重大问题。例如，美国最富有的三个人所拥有的财富超过全美国工薪阶层（也就是63%的美国家庭，即1.6亿名工人）拥有财富总额的50%（Kirsch，2018）。这些数字令人震惊，表明需要采取更多的措施来解决典型的财富分配不均问题。基本收入政策试图避开与再分配政策相关的问题，但正是由于这一点，它并不能很好地遏制不平等程度的加深。当然，实行最低限度的社会福利政策可能会增加最不富裕阶层的福利，但不平等现象似乎仍将保持相对不变，这一点令人担忧。

第二，基本收入的提供可以增加个人收入，以满足个人需要，支持他们的人生规划。实际上，这些收入更有可能被人们投入消费，造成负面的社会、环境影响。从社会角度来看，消费水平的提高意味着社会不平等的加剧。朔尔（2000：5-6）提到了一个来自政策制定者的观点——“给更多的人更多的工资”可以解决不平等问题。她对这种观点持异议，因为资源的重新分配和经济增长的目标通常会忽视消费，但消费是不容忽视的。朔尔（1991：6）认为，更多收入会加剧并复制阶级和社会的不平等，从而使收入分配不均问题更加严重。这种现象出现的原因被她称为新消费主义。新消费主义促成了一种生活方式，这种生活方式包括花费超出自己收入的钱，购买象征社会地位的奢侈品。在这种潮流的影响下，给消费者更多现金会导致更严重的不平等问题。因为个人拥有了可以随心支配钱款的自由，所以基本收入可能会在不经意间加剧资源分配的不平等。因为大多数人并不是理智的消费者，所以给他们更多不受限制的收入会使不平等问题更为严重。

第三，基本收入政策会削弱个人的集体归属感。没有工作，人们就没有与他人一起为了共同目标而努力的价值感，基本收入会使个人失去社交联系的主要场所。从社交方面考虑，可能还有其他场所可以替代人们失去的工作场所，但这些场所能否给人们带来非金钱收益，能否建立一个具有共同目标的集体都尚不清楚。其中一个原因是，这些好处依赖于和他人构建的社会关系，而失去工作则会削弱一个人在这种关系中的地位。失业后，个人感觉更加孤立，从日常活动中得到的乐趣更少（Uchitelle，2006）。虽然工作并不是个人获取社会关系、完成高效率活动、获得价值感或与他人为共同目标一起努力的唯一途径，但是对大多数人来说，工作是获得这些好处的重要方式。如果机器取代工人，实现行业自动化，与工作相关的社会联系的消失一定会降低工人的集体归属感。其他社会关系是否可以取代工作关系，这个适应过程需要多长时间等问题，都需要进行实证研究。

第四，基本收入补助金会增加个人的收入、刺激消费，这令人对环境问题感到担忧，因为福利政策是以经济增长为基础的。科学家们重点关注的是，20 世纪以燃烧化石燃料为基础的工业化的快速发展，已经将地球推向了大规模、不适宜居住的气候变化的临界点。未来的气候将明显变暖，天气更加恶劣，自然资源减少，而人口数量显著增加，需要更多的资源来满足人们的福利需求。朔尔认为，如果不取消导致这些问题的潜在消费模式，就不可能有共同的解决方案。

> 在全球收入差距如此之大，世界资源使用的差异如此巨大，以及我们很有可能已经在透支地球生态承载力的情况下，世界上最富裕国家的人们的需求还在不断增加，这从伦理的角度是说不通的。（Schor，2000：7）

在这种情况下，基本收入政策会导致问题恶化，由于向个人提供资金增强了其即时购买力，致使消费超出地球生态极限。基本收入也许可以通过鼓励工人减少工作时间、花费更多时间去休息并采取可持续的消费方式来解决这些问题。但是在自动化时代，许多工人很可能会被机器取代，商品和服务也有了更高效的产出，他们将如何支配这些时间和金钱就变得更难预测。朔尔的研究就是有力的证据，做兼职工作或者失业会使人们拥有大量空闲时间，而人们会通过消费更多商品和服务来消磨这些时间。这一结果无论对地球而言，还是对我们的子孙后代而言，都是无法承受的。

这一系列问题目前仍然悬而未决。至少，目前关于基本收入和最低社会保障的必要性的辩论对问题的解决起到了促进作用。将工作的好处和负担、自动化对未来工作的影响，以及在这种情况下实施基本收入政策的可行性问题放在一起考虑，我们就可以清楚地看到，民主福利国家需要制定新策略来解决其特有的难题。

参考文献

Anderson, E. 1999. "What Is the Point of Equality?" *Ethics* 109(2): 287–337.

Anderson, E. 2017. *Private Government: How Employers Rule Our Lives (and Why We Don't Talk About It)*. Princeton: Princeton University Press.

Arneson, R. 1993. "Democratic Rights at the National and Workplace Level." In The Idea of Democracy. Cambridge: Cambridge University Press.

Bay, A. and Pedersen, A. 2006. "The Limits of Social Solidarity: Basic Income, Immigration and the Legitimacy of the Universal Welfare State." *Acta Sociologica* 49(4): 419–436.

Bowles, S. and Gintis, H. 1993. "A Political and Economic Case for the Democratic Enterprise." *Economics and Philosophy* 9: 75–100.

Breckman, W. 1999. *Marx, The Young Hegelians, and the Origins of Radical Social Theory*. Cambridge: Cambridge University Press.

Brudney, D. 1998. *Marx's Attempt to Leave Philosophy*. Cambridge, MA: Harvard University Press.

Crawford, M. 2009. *Shopclass as Soul-Craft: An Inquiry Into the Value of Work*. New York: Penguin Books.

Elster, J. 1988. "Is There (or Should There Be) a Right to Work?" In *Democracy and the Welfare State*. Princeton: Princeton University Press.

Ezorksy, G. 2007. *Freedom in the Workplace?* Ithaca, NY: Cornell University Press.

Feenberg, A. 2002. *Transforming Technology: A Critical Theory Revisited*. Oxford: Oxford University Press.

Foucault, M. 1975. *Discipline and Punish: The Birth of the Prison*. New York: Vintage.

Habermas, J. 1985. *The Theory of Communicative Action, Vol. 2: Lifeworld and System*. Boston: Beacon Press.

Hegel, G.W.F. 1821. *Elements of the Philosophy of Right*. Cambridge: Cambridge University Press.

Kidwell, J. 2013. "Labour in St. Augustine." In *Oxford Guide to the Historical Reception of Augustine*, 779–784. Oxford: Oxford University Press.

Kirsch, N. 2018. "The 3 Richest Americans Hold More Wealth Than Bottom 50% of the Country, Study Finds." *Forbes Magazine*. www.forbes.com/sites/noahkirsch/2017/11/09/the-3-richest-americans-hold-more-wealth-than-bottom-50-of-country-study-finds/#2997688c3cf8.

Levine, A. 2001. "Fairness to Idleness: Is There a Right Not to Work?" In *Philosophy and the Problems of Work*. Lanham, MD: Rowman and Littlefield.

Marcuse, H. 1964. *One-Dimensional Man: Studies in the Ideology of Advanced Industrial Society*. Boston: Beacon Press.

Marx, K. 1844. "The Economic and Philosophical Manuscripts." In *Selected Writings*. Indianapolis: Hackett Publishing.

Marx, K. 1867. *Capital*, Vol. I. New York: Penguin Press.

McPherson, M. 1983. "Efficiency and Liberty in the Productive Enterprise: Recent Work in the Economics of Work Organization." *Philosophy and Public Affairs* 12(4): 354–368.

Murphy, J.B. 1993. *The Moral Economy of Labor: Aristotelian Themes in Economic Theory*. New Haven: Yale University Press.

Nozick, R. 1974. *Anarchy, State, and Utopia*. New York: Basic Books.

Pikkety, T. 2014. *Capital in the Twenty-First Century*. Cambridge, MA: Harvard University Press.

Pollin, R. and Luce, S. 2000. *The Living Wage: Building a Fair Economy*. New York: New Press.

Rawls, J. 1999. *A Theory of Justice* (Rev ed.). Cambridge, MA: Harvard University Press.

Rifkin, J. 1995. *The End of Work: The Decline of the Global Labor Force and the Dawn of the Post-Market Era*. New York: Putnam Publishing.

Schaff, K. 2012. "Democratic Rights in the Workplace." *Inquiry* 55(4): 386–404.

Schaff, K. 2017. "A Right to Work and Fair Conditions of Employment." In *Fair Work: Ethics, Social Policy, Globalization*. London: Rowman and Littlefield.

Schor, J. 1991. *The Overworked American: The Unexpected Decline of Leisure*. New York: Basic Books.

Schor, J. 2000. "The New Politics of Consumption." In *Do Americans Shop Too Much?* Boston: Beacon Press.

Schweickart, D. 2002. *After Capitalism*. Lanham, MD: Rowman and Littlefield.

Sen, A. 1992. *Inequality Reexamined*. Cambridge, MA: Harvard University Press.

Singer, B. and Ryff, C. 2001. "The Influence of Inequality on Health Outcomes." In *New Horizons in Health: An Integrative Approach*. Washington, DC: National Academies Press.

Slade, G. 2007. *Made to Break: Technology and Obsolescence in America*. Cambridge, MA: Harvard University Press.

Smith, A. 1776. *An Inquiry Into the Nature and Causes of the Wealth of Nations*. Chicago: University of Chicago Press.

Uchitelle, L. 2006. *The Disposable American: Layoffs and Their Consequences*. New York: Alfred Knopf Publishing.

Van Parijs, P. 1995. *Real Freedom for All: What (if Anything) Can Justify Capitalism*. Oxford: Oxford University Press.

Warren, M., Thompson, J., and Saegert, S. 2001. "The Role of Social Capital in Combatting Poverty." In *Social Capital and Poor Communities*. New York: Russell Sage Foundation.

Weber, M. 1930. *The Protestant Ethic and the Spirit of Capitalism*. New York: Routledge.

Wertheimer, A. 1987. *Coercion*. Princeton: Princeton University Press.

Wertheimer, A. 1996. *Exploitation*. Princeton: Princeton University Press.

Wired. 2018. *A.I. and the Future of Work*. www.wired.com/wiredinsider/2018/04/ai-future-work/.

Wood, E.M. 1997. *Peasant-Citizen and Slave: The Foundations of Athe- nian Democracy*. New York: Verso.

Zimmerman, D. 1981. "Coercive Wage Offers." *Philosophy and Public Affairs* 10(2): 122–145.

第七章　为后工作时代正名：退出策略与游戏式生活

约翰·达纳赫

引　言

日语中有一个词语叫作 hikkomori，大致可以翻译为“退居一隅、自我封闭”。该词现用来形容日本近 50 万青年人的生活状况（Teo and Gaw, 2010; Teo, 2010; Jozuka, 2016）。他们隐居于现代城市中，与社会生活脱节，借此摆脱社会压力。借助现代科技带来的便利，他们得以蜗居在上网设备齐全、温度舒适的家里，靠着食物和娱乐度日。一些评论家表示，蛰居综合征源于日本高强度的教育与工作文化（Teo, 2010）。这种文化要求严苛，导致一些年轻人无力应对，于是便退居到自己编织的茧房之中。还有一些人认为，蛰居综合征这一现象并非日本所独有，它在其他国家也有报道（Ovejero et al., 2014）。但无论如何，蛰居综合征定然是现代生活的独有现象。20 世纪 70 年代以前，这一现象没有出现过，而在这之后便持续增多（Teo, 2010）。

笔者并非心理学家或精神病专家，因此并不具备理解或诊断蛰居综合征的专业知识。笔者对蛰居综合征的了解皆源于资料。尽管如此，笔者还是将蛰居综合征作为本章论证的出发点，原因有两点：第一，笔者认为，蛰居综合征可能是现代生活中潜在疾病引起的病症之一。这种疾病与我们的工作文化及其带来的心理健康负担尤其相关。而在沉重的心理负担之下，部分人群不堪重负，身心崩溃（Frayne, 2015）。此外，如笔者在别处所述（Danaher, 2017, 2018），这种负担只会随着自动化程度的提高而增加。第二，也是更具争议性的一点，笔者认为，蛰居可作为这一潜在疾病的治疗方法。这一观点多少有些自相矛盾，但笔者并非轻视被许多人视作严重心理健康问题的蛰居综合征，而是想说明，作为人类在后工作时代实现幸福的途径，远离经济生活的压力而进行蛰居的想法应当受到重视。因此，笔者将为蛰居行为进行辩护。

本章余下部分将会就笔者提出的两个论点进行详细阐述。这样一来，本章与本书其他章节的侧重点便不相同：其他章节集中于如何解决技术性失业带来的收入损失问题，本章则重点讨论失业所带来的意义和目的层面的损失。无论是好是坏，许多人都是从自身所从事的工作中获得意义和自我价值的。当工作被剥夺或者变得越来越不稳定时，他们从中获取的意义也会受到威胁。从理论上讲，要解决收入损失问题很简单，尽管实际操作起来可能并不简单。但要解决意义和目的层面的损失问题，却比解决收入损失问题更具挑战性。这也使很多人为工作存在的必要性辩护，尤其是有尊严的工作。在高强度的工作文化之下，人们很难看到意义和目的，而凸显意义和目的正是本章试图达成的目标。本章的论点如下：第一，我们当前的工作形式具有结构性弊端，而工作自动化应受到欢迎，因此，我们应该迎接一个真正的后工作经济体；第二，通过退出“现实世界”，我们能够满足自身对意义和目的的需求，从而实现幸福生活。

本章的论证过程分为三个部分：第一部分，陈述工作存在结构性弊端这一论点；第二部分，用三个论据来证明退出策略是可取的；第三部分，对本提议的典型批评意见做出回应。

工作并不可取，自动化将大受欢迎

笔者的第一个论点为工作并不可取，而自动化将大受欢迎。关于这一点，笔者在此前已有论述（Danaher，2017，2018），这里将对先前的论述略做调整，简要总结。该论点的前提为工作存在弊端，任何加速工作消亡的事物都应受到欢迎。此外，该论点指出自动化可加速工作消亡，由此得出自动化为可取之道的结论。不过本章的目的并不是论证自动化可加速工作消亡这一前提。这一前提具有一定的争议性，要对其进行充分说明需要大量时间和篇幅。此前，笔者和其他学者已在其他文章中以更长的篇幅说明过这点（Brynjolfsson and McAfee，2014；Ford，2015；Avent，2016；Frey and Osborne，2017；Danaher，2017，2019）。在本章中，笔者希望读者认可自动化会加速工作的消亡这种说法，哪怕只是为了论证方便考虑。本章的目的是希望读者着重思考笔者提出的价值论前提，即工作是否真的存在弊端？它的消亡是否应该受到欢迎？

为了论证方便起见，笔者将“工作”狭义地定义为一种经济就业类型，即为获得（或希望获得）经济报酬而从事的活动和技能（Danaher，2017），并认为工作不可取的观点并不新颖。许多知名的反工作理论家认为，工作既使普通工人受苦，也使他们受困（Black，1986；Gorz，1989；Frayne，2015；Anderson，2017；Graeber，2018）。

关于工作不可取这一论点存在的问题，最常见的说法便是它与很多人的生活经验相矛盾。虽然许多人因工作而感到受苦受困，这一点是毫无疑问的（Graeber，2018），但也有很多人将自己的工作看作满足感和自我成就感的主要来源。就这一层面的生活体验来说，坚持工作不可取的论点就没有那么大的说服力了。也可以说，这些乐于工作的人是一种“错误意识”的受害者。尽管他们可能认为自己的工作很有意义，也令人满意，但他们有这样的想法并不正确。因为他们已将支持工作的意识形态吸收、内化，从而习惯并适应了他们所从事的工作最可怕的那一面。虽然这种观点或许有些道理，但笔者并不否认乐于工作的人实际体验到的快乐。笔者提出两个相互联系的观点：第一，尽管某些工作确实不错，有些人对自己的工作也十分满意，但他们的工作存在于一个制度结构内。这种结构十分糟糕，并且正在不断恶化（笔者称之为结构性弊端理论）。第二，不用工作的生活方式更为可取，也就是说，没有经济雇佣需求的生活能够给人们带来更多的自我价值感和意义（笔者称之为机会成本理论）。下面将对以上两个观点做简要论述。

首先来论述工作具有结构性弊端这一观点。该观点建立在这样一种基础观念之上，即现代社会的工作都是在一系列制度性结构（如商品和服务市场、合同和就业法规范、社会福利和权利法规范等）内进行的，而这一结构正在不断恶化。在先前的一篇文章中（Danaher，2018），笔者认为工作的结构性弊端具有集体行动困境的特征。就个人角度而言，从事一份工作既合理也有益。但人人都工作带来的最终结果，就是就业均衡模式对大多数工作者来说是糟糕的（而且正变得越来越糟糕）。这一均衡模式的弊端来自多个方面：第一，现代雇佣方式越来越束缚个人的自由，让工作者屈服于各种专制的支配操控之中（Anderson，2017）。第二，工作所得收入越来越不平等，与工作回报相关的分配越来越不公平（Piketty，2014；Atkinson，2015），雇佣的本质正变得越来越碎片化和不稳定（Standing，2011；Weil，2014）。第三，现代工作越来越多地侵占我们的时间和精神家园（Frayne，2015）。这一切导致我们当前所做的大部分工作都是为了保住自己的工作机会，提高自身生产力。这种做法如此普遍，以至于我们无法想象一个无须工作的世界会是怎样一番景象。更重要的是，工作的消极结构性特征因技术而变得更加明显。技术使更高程度的监督和相互连通成为可能，从而让工作进一步侵占人们的思想，束缚人们的自由。技术的这些特征也使工作越来越琐碎，越来越不稳定。第四，自动化技术的发展往往对少数具备高级技能的工作者有利，大部分工作者往往会成为自动化技术的牺牲品。

现在来论述机会成本理论。该理论认为，如果我们能生存在一个没有工作需求和工作压力的世界，那么我们也许能通过某种途径实现幸福，而这种途径目前并不可行。读者如果持有工作自动化可能会带来益处这种看法，那么前文的说法基本正确；读者如果不相信无须工作的生活更好，那么对工作结构性弊端理论的一个自然反应可能是试图减缓自动化技术的发展，并试图从内部对工作进行改革。但读者如果相信不工作比工作更好，就会接受自动化技术的颠覆性潜力。那么我们有何依据相信这一点呢？伯特兰·罗素（1935）曾提出一个著名观点，即不工作比工作更好，因为不工作的生活方式让人们有机会深度开发智力。事实上，罗素甚至认为，历史上所有文明的进步都是由有闲阶级（leisure class）一手促成的，而社会的目标应该是人人都成为有闲阶级的一员。罗素认为，无工作的生活是否有价值取决于这种生活是否对社会做出了贡献，是否提高了生产力。他的观点多少带有一些贵族精英主义的意味，但这种衡量标准与我们当前的标准并无太大差别，他只不过是将衡量成功的标准由经济贡献和生产力换成了社会贡献和生产力。一个更简单的论据是，如果没有经济压力，也无须工作，人们就可以自由地做他们最想做的事，去追求他们心目中的美好生活。而这一观点也让我们进一步摒弃“工作伦理”范式。当然，以上观点成立的前提是人们从工作压力中解脱出来后，不会挨饿受穷。因此无论在何种情况下，有关基本收入或类似福利分配计划的提案对后工作时代来说都是必不可少的。如果人们不会挨饿受穷，并且都能公平地享受自动化生产带来的丰富物质，那么我们有理由相信，他们可以自由地追求自己心目中恰当的意义和目的。

不过这一论点很快遇到了新的问题。我们希望人人都能摆脱工作的束缚，去追求心目中的理想生活，这一想法的前提是自动化的影响是可控的，而这种想法十分天真。准确来说，这种想法假设人们能够从自己不喜欢的工作形式中解脱出来，去自由追求任何自己喜欢的其他事物。之所以说这种想法十分天真，是因为要轻易掌控不同工作模式的自动化带来的影响并不现实，而且自动化技术的进步很有可能产生更大范围的影响，尤其是在这些技术进步足以加速大部分工作消亡的情况下。在一个技术性失业十分严重的世界，自动化技术除了使人类摆脱令其不快的工作形式之外，也让人类脱离了与高水平的意义和满足感相关的活动，如科学发现，或是旨在减轻他人痛苦的道德或慈善工作（Danaher, 2017）。更重要的是，即使在上述对更高价值的追求方面机器不能彻底取代人类，但它们也可以起到协助作用，这种协助可能令人类在这些领域取得的成就贬值。机器让工作变得太过轻松自如，反而割裂了人类活动同其所指向的目的之间的联系。到那时，人们虽然依旧能够从其所从事的工作中感到生活充实而有意义，但是这种感受会被大大削弱。我们最终会面临这样一个悖论：我们需要自动化技术来实现一个真正的后工作时代，但自动化反过来可能会破坏我们在工作之外对快乐的追求。那么这一悖论如何解决呢？

在先前的研究中，笔者提出可以采取技术融合的方法来解决这一悖论

（Danaher，2017）。换言之，我们与其跟机器相互竞争，不如同它们携手并进，学习机器的长处。我们可以优先发展那些能够增强人类能力的技术，而不是部分取代或是完全取代人类能力的技术。这样我们就能继续追求那些赋予我们意义和幸福感的事物（如探索新的真理以造福人类等），而且不用牺牲技术带来的好处。

然而，技术融合的方法仍存在一些重大问题。一方面，用技术融合的策略来应对工作自动化和后工作时代，整体而言较为保守。这种策略的吸引人之处在于，它能够维持目前人们获取意义和满足感的途径。但讽刺的是，如果技术融合策略真的成功了，那么我们可能会被拉回到当前的世界，重返当前的工作模式，而这是我们应当极力避免的。另一方面，技术融合策略具有高度的不确定性和不可预测性。我们也许不能及时开发出必需的技术来消除自动化带给工作的负面影响，我们甚至可能根本不具备开发出这种技术的能力。因此，采取技术融合策略相当于一种博弈，既毫无把握，又十分保守。

这让我们不禁思考，是否有这样一种策略，既能够让我们以更彻底的方式从当前的世界中脱离出来，同时又更切实可行呢？问题的答案就是退出策略。下面将就这一策略展开论证。

退出策略

笔者首先需要就退出策略的意义进行说明。根据笔者的理解，退出策略就是从当前世界构成的需求中解脱出来，进入一个更为悠闲的、游戏式的世界之中。这个观点并不新颖。著名的无政府主义者和反工作作家鲍勃·布莱克（Bob Black，1986）很久以前就主张，人们应该废除工作，过上一种游戏式的生活。伯纳德·休茨（Bernard Suits）在其哲学对话《蚱蜢：游戏、生命与乌托邦》（*The Grasshopper: Games, Life and Utopia*）一书中提出，一个完美的技术式乌托邦（所有生产、活动都已实现自动化）将是一个除了游戏什么都不做的世界。笔者的目标是提供一个更有说服力的案例来支持退出策略。

要做到这点，笔者必须先说明游戏式生活得以成立的一些最基础的条件，以进一步明晰退出策略的概念。一个最基础的条件是，追求游戏式生活的个体必须从由客观的生产活动构成的世界中撤离。这些生产活动包括经济生产、科学和智力发现，以及减少分配不公，缓解人类的痛苦，等等。虽然这些对人类的幸福而言十分重要，但目前的假设是以后这些活动都可以由机器来完成（比起发明它们的人类，机器完成的质量更好，效率更高，而且不会感到疲倦）。这样人们就能全身心地维系亲情、友情（这些都是人生的重心）。更重要的是，人们能够去追求游戏式人生。

那么，什么是游戏式人生呢？休茨（2005）对游戏的定义被广泛引用，他认为，游戏是指企图达成一个特定状态（前游戏目标）所做的一系列活动，而这些活动以一种低效的、受规则约束的方式（构成性规则）进行，并且玩家自愿接受规则约束导致的低效率（游戏态度）。简而言之，休茨认为玩游戏就是自愿去克服非必要的障碍。就游戏的定义而言，休茨的观点相当不错。但就当前的目的而言，笔者认为还需增加一个条件以适当区分游戏式活动和非游戏式活动，那就是“微小意义”。也就是说，一个游戏的关键特征是它并不服务于更高层次的目的或意义（这点也是众所周知的）。在游戏有明确的输赢界定的情况下，赢得游戏并不一定会让世界变得更好，也不能提高自己的经济地位，或是对人类知识的总和做出贡献，但赢得游戏可以展现某种审美品德，可以发展个人或集体品格，还可以使玩家感到快乐或满足，仅此而已。如果游戏确实达成了某种额外的更高层次的目的，那么这纯属偶然，或者是由于它在社会秩序中扮演了某种角色。简而言之，游戏旨在让人享受参与游戏的过程，而不是为了达到什么结果。

坚持“微小意义”这一条件能够使我们避免两个重大错误观念，这两个观念产生于对游戏和后工作时代的思考。第一，坚持“微小意义”能使我们避免尤瓦尔·诺亚·赫拉利（Yuval Noah Harari）所犯的错误，即假定我们所做的一切都是一场游戏。赫拉利对后工作时代人类获取的幸福感和意义感兴趣。有些人担心在后工作时代，人们只会玩没有终极意义的高级虚拟现实游戏而无所事事。对这些人，赫拉利是嗤之以鼻的（Harari，

2017），因为他认为我们已经处于这种游戏世界中了。例如，赫拉利认为消费主义是一种虚拟现实游戏，人们不断积累分数以获得社会地位。这种将当前的社会实践活动重构为游戏的做法令人愉快。对于同笔者一样对宗教和现代资本主义持深刻怀疑态度的人来说，这种说法相当有吸引力。但对那些实际生活在这些信仰体系中的人来说，这种说法显然是粗暴无礼的。他们并不认为自己所做的事是琐碎的、虚拟的或类似游戏的，而是十分真切、十分重要的事。坚持“微小意义”这一条件可以有效避免将游戏的概念无限延展，与这些严肃追求混为一谈。

第二，坚持“微小意义”可以避免另一个错误观念，即假设我们目前所做的大部分工作都是精心设计的（偶尔折磨人的）游戏。读过大卫·格雷伯（David Graeber，2018）对现代雇佣方式批判观点的人可能会犯这个错误。[①] 格雷伯毫不客气地指出，现代服务和知识经济中的多数工作都是无用的——它们并不服务于更高层次的目的或需求，从事这些工作的人也意识到了这点，但却选择视而不见。笔者并不否认格雷伯提出的大部分工作都是无用的这一看法，但笔者认为，由此推断目前的工作都是精心设计的游戏是错误的。事实并非如此。虽然构成任何一个特定工作中的任务可能是琐碎和无意义的，但拥有一份工作却不是这样的，它对经济和社会来说都是必要的。一个人若是丢了工作，就很有可能会因陷入贫困而无法生存，还会被视作社会底层。这就意味着工作远没有游戏这么简单。要想让工作成为一种游戏，就必须切断无用工作和工具性经济收益之间的联系。因此，坚持“微小意义”可以避免将当前的工作形式与游戏混淆。

然而，琐碎性条件的重要性不应被误解。说游戏或游戏式活动琐碎并不意味着它们不真实或不重要。游戏中所发生的一切都可能十分真切。在游戏过程中，玩家们能发展实在的技能和本领，建立真诚的友谊和联盟，还能体验真切的痛苦、欢乐、失望等情绪。这些好处都很重要，只是游戏本身并不服务于更高层次的目的。

这里需要特别说明的是，笔者所支持的退出策略是主张我们应该从当前世界的需求（那些以工具性活动和经济收益为核心的需求）模式中退

---

① 笔者并不是说格雷伯本人犯了这一错误。

出，进而转向一个基本上是游戏式活动的世界（有充足的时间来经营社交生活、家庭和友谊）。对人们在后工作时代将会或应该开展的游戏式活动类型，笔者并未做出规定。因为一旦这样做，就破坏了逃离当前工作世界的一个好处，那就是个人能够自由地追求目标。笔者只对游戏式活动的抽象特性做出界定并加以解释。

但即便读者关注这些抽象特性，他们也会有一些疑问。一个游戏式的世界究竟为什么会令人心生向往？如果人类知道自己所做的事情最终都是平凡琐碎的，那么他们如何实现幸福？针对这些疑问，笔者提供了三个论据。

论据一：内在品德和手工艺价值。

第一个论据就是游戏式生活为人们提供了一个平台，人们可以在其中培养“匠人”（craftsperson）[①] 思维，从而实现与各种活动相关联的内在品德。该论据由以下四点组成（其中前三点为前提、第四点为结论，这并不是对论据正式有效的陈述）：

（1）匠人式生活维系着人类的繁荣与幸福。

（2）匠人式生活因经济压力和工具性压力而遭到扭曲。换言之，在一个没有这些压力的世界里，匠人式生活才能得到最好的维持。

（3）游戏式世界能够让人们免受上述压力，并让匠人式生活得到维持。

（4）匠人式生活在游戏式世界里能得到最好的维持。

下面来详细阐述上述论据的三个前提。第一个前提十分关键，因为它明确了匠人式生活维系着人类的繁荣与幸福。这并不是什么新奇或古怪的理想，而是深深扎根于人类社会和思想之中的理想（Sennett，2008）。匠人的一生都致力于熟练掌握某些动作模式。以象棋大师为例，他们能够预测对手可能会做出的下一步动作，并战略性地规划和执行招数，而且他们花了数年时间来学习开局和收尾的顺序及它们所带来的后果。再看看家具制造工艺师，他们一生都致力于木料的熟练使用和艺术创作。这些大师往

---

① “匠人”对应的英文单词是 craftsman，笔者为了性别中立，将其拼写为 craftsperson。

往被认为代表了人类技术表现和情感表达的顶峰。他们对所做之事专心致志、全身心投入，并从中获得巨大的满足感和自我价值感。有时手工艺活主要是体力劳动，并致力于工艺品的产出（如一件家具）；有时则更多的是脑力劳动，并需要熟练的技艺（如国际象棋大师的获胜招式）。但即便手工艺活以产出为导向，它们也从未真正关注与这些产出相关的工具性收益。正如理查德·桑内特（Richard Sennett，2008：20）在他的一本关于手工艺价值的书中所说，手工艺者的劳动纯粹是自我满足的劳动，他们所做之事都是出于热爱，而不是因为这件事会给自己带来更大成功或更多金钱。这种全身心的投入正是人类实现幸福的一种重要表现。

除了直觉上的和历史层面的吸引力之外，匠人式生活可以维持人类幸福的理念也有一些额外的哲学支持。阿拉斯代尔·麦金太尔（Alasdair MacIntyre，1981）关于美好生活的著名论述指出，美好生活并不能被抽象地定义或确定，它并不是指诚实、勇敢或美德这些品质，而是通过某种活动被理解或感受到的东西。换言之，真切的美好品质只能在特定的活动领域中得以实现。你可以是一名勇敢的战士，或是一名勇敢的足球运动员，但你不可能脱离特定领域只是简单拥有勇敢的品质，这一点不言而喻。麦金太尔的观点更为激进的一面，是以认真和专注的方式展开的任何活动，都能为实现某些品德和做某些善事提供平台。当然也有一些例外。一个完全不道德的活动就不符合以上定义，因为它带来的后果会腐蚀它的内在品德。例如，一个虐待他人的人并不拥有美好的生活，即便他为人诚实。此外，若要真正成就美好生活，特定的活动领域还必须在更广泛的文化传统中有一些共鸣，否则个人可能会质疑它在生活中所起的作用。但我们不必为这两点局限担忧，因为在充满游戏式活动的世界中，匠人式生活很容易满足这两点要求。游戏式活动的“微小意义”确保它们不为邪恶或邪恶的目的服务。就其更广泛的后果而言，它们在道德上是中立的。正如前文所述，匠人的理想具有深刻的文化和历史意义。

现在来看第二个前提。为什么认为匠人式生活因经济压力和工具性压力而遭到扭曲？道理很简单。手工艺品的品质，取决于匠人对制作过程的娴熟和投入。如果在制作过程中还必须服务于某种工具性目的，那么这个目的可能会分散或破坏娴熟的制作过程。桑内特（2008：28）认为，资本主义的利益动机常常迫使匠人为平庸的大规模生产而牺牲手工艺的技巧性和艺术性。无论工具性压力的本质如何，一个匠人如果受其约束，那么他不得不面临就工艺本身做出妥协的风险。他可能因为相关的工具性目的不得不与他人竞争，并被这种竞争（及其经济需求或个人需要）而不是手工艺本身所吸引。

这就引出了第三个前提。支撑这一前提的论据在前文已论述得较为清楚了。游戏本身为娴熟的技艺表演提供了平台。正如前文所定义和体现的，游戏式世界已消除工作带来的工具性压力。在游戏规定的范围内，工具性压力再也不能扭曲匠人对工艺的追求。当然，其他具有破坏力的工具性压力也会存在，如获取社会地位或他人承认的压力。但这些压力无论如何都会出现，要完全消除它们基本不可能。不过消除主要的经济工具性压力仍然值得人们为之努力，其仍然能够为实现工艺的价值带来更多的可能。虽然匠人式生活并不完美，但它会是一种更好的生活方式。

更重要的一点是，游戏能否真正让匠人式生活得以开展？答案是肯定的。笔者给出了两点依据。第一，许多目前被我们视为手工艺的活动，以及其他能够维持手工艺价值的活动，在后工作时代将继续保持下去。第二，根据休茨对游戏的定义，许多传统的手工艺现在都可被看作游戏。因为现在很少有人需要铁匠来手工打造一把剑，也很少有人需要木匠来手工打造一张桌子，这些事情都可由更快速、更高效的机器来完成。因此手工艺活动在现代世界中就类似于游戏，而阻碍手工艺活动真正成为游戏的唯一因素是许多人仍然追求从中获取经济回报。笔者希望在后工作时代，经济回报不再成为人们的需要。除此之外，我们应该清楚的是，游戏本身就是一个平台，让娴熟、精湛的手工艺表演既得到鼓励，也得到回报。

总而言之，匠人式生活能够维持人类的繁荣与幸福，而且在游戏式的后工作时代，这种生活实现的可能性更大。

论据二：阿伦特的活动价值等级论。

第二个论据从汉娜·阿伦特（Hannah Arendt）的《人的境况》（*The*

Human Condition）一书中借鉴了一些观点。在该书中，阿伦特对人类活动展开了概念上的复杂叙述。她认为人类活动有三种基本形式，即劳动、工作和行动。这些活动形式中的每一种都与人类生存的一个或多个基本条件相关（或者说人类生存取决于这些活动形式）。劳动是为了紧迫地、周而复始地维持人类的生命。通过劳动，人们得以解决温饱问题，规避生存的威胁，以及繁衍子嗣。通过工作，人类构建出一个社会环境，建立了一个由人工制品和符号构成的稳定持久的世界，从而与自然世界区别开来。行动带来了社交乐趣和自发性。换言之，行动就是在他人在场或者他人与你配合的情况下，做出新颖而有创意的事情。

阿伦特将这三种活动形式按照价值等级进行排列。她认为劳动是最基层、最低级的活动形式，因为它与生命的生物现实紧密地联系在一起，是最不具人类特色的。行动最能彰显人性，因此也是最高级的活动形式。它催生了真正的创造力和新颖性（阿伦特称之为"诞生性"）。工作介于劳动和行动之间。根据阿伦特的价值等级，我们可以自然而然地推断出，一个行动（某种程度上也是工作）得到优先考虑并得以蓬勃发展的社会，要胜过一个劳动占主导地位的社会。阿伦特的一个核心主张是技术的现代化将人类所有的活动都降级为劳动，从而对人类幸福产生了负面影响。阿伦特尤其批判自动化技术。她认为，所谓的节约劳动力的设备提高了劳动在人类生活中的重要性。我们工作就是为了生产机器，再让机器来维持我们生命的生物系统。换言之，我们工作的目的就是劳动。因此，劳动已成为人类活动中最重要和最有价值的活动形式。行动几乎已被遗忘，而工作则沦为劳动的奴仆。正如阿伦特（1958：121）所说，现在存在一种无情的现实，即"全球工具化，一切事物都无限贬值，将每个目的都转化为手段的过程越来越没有意义"。

笔者在这里提出的论点是，通过拥抱自动化的颠覆性潜力，并采取退出策略进入游戏式世界，我们可以重新获得更高层次的活动形式（更纯粹的工作形式和行动的自发性），并让这些活动形式脱离阿伦特所憎恶的残酷的工具化。再次说明，这部分论证是建立在游戏式世界的特征之上的。游戏式世界没有当前世界所构成的工具性工作压力，而且行动在这个世界中被视为最重要的。游戏式世界还允许自发性的存在，个人既可以在现有游戏中发明新的“招式”，也可以创造新的游戏。它还允许正当的社交和政治参与，并通过以下两种方式得以实现：一是游戏需要观众在场，并需要公共空间开展行动；二是它将人们从工作的枷锁中解放出来，让人们能够将更多的时间投入政治领域的行动中（这有点类似于古希腊和罗马时期的有闲阶级）。

当然，这一论据的说服力很大程度上来源于阿伦特的概念框架。读者如果拒绝接受该框架及其所建立的等级结构，那么可能不会被打动。这也是笔者没有就这一点过多论述的原因。尽管如此，笔者认为阿伦特对残酷的工具化的担忧是合理的，而且有必要发展一种生存形式将人们从这种工具化中解放出来。这也提供了一个很好的依据让人们接受退出策略。如果我们所做的每一件事都必须服务于一些短暂的、看似迫切的需求，如薪水、职位晋升、学位或资格证书等，那么我们永远无法真正对自己的生活感到满意。对于每件事情，我们都是孜孜不倦地追求、完成，然后又很快遗忘（Landau, 2017）。而更具游戏性的生活能让我们沉浸在当下的快乐中，促使我们通过行为本身培养内在品德。这才是一种正当的、令人向往的幸福方式。

论据三：为闲散正名。

闲散并非恶习，而是一种美德。在后工作时代，尤其是人人都在庆祝脱离工具性压力时，人们常会担心自己对重获的自由无所作为，担心自己变得懒散、迟钝、自私，不关心未来，还担心自己只会专注于瞬间的快乐，失去方向和目标。正如伏尔泰在《老实人》（*Candide*）中所说：“工作能使人免于三大祸——无聊、恶习和贫穷。”如果你不必为生计而工作，你就不会拥有获得真正幸福所需的自律和专注力。

这种对闲散的恐惧已伴随我们许久。正如布莱恩·奥康纳（Brian O’Connor, 2018）在其关于这一主题的延伸哲学文章中所指出的，许多著名的启蒙思想家，包括康德，都对闲散的想法进行了批评。康德甚至认为，我们有责任不浪费自己的才能，而且要让自己成为一个真正自主、全面发展的个体。我们必须努力工作，充分发挥自己的潜能，绝不能让自己成为冷漠之人（O'Connor，2018：37）。几位当代自主理论家也论述了这一主题，如理查德·阿尼森（Richard Arneson）和克里斯汀·柯斯嘉德（Christine Korsgaard）等（O'Connor，2018：177），他们都支持奥康纳所说的“强化性自主”。这一观点坚持长期目标、短期目标和其他工具性压力存在的必要性，因为它们能将人们从原始的、前理性的、纯粹本能的生存方式中解脱出来，它们不想让人们退回到前理性的生活模式。而如果我们采取退出策略，就会面临这样的风险。事实上，笔者怀疑这也是人们对蛰居生活感到最担心的一点。他们看到的蛰居族是一些不思进取、没有野心的人，这些人太过轻松、便捷地得到了自己想要的东西。他们很快将这种生活方式界定为病态的，从而不会为之喝彩。

有些人担心后工作时代人们会变得无所事事。对这样的顾虑最好的回应就是证明他们是错的。人们从工作的枷锁中解脱出来后，并不会屈服于懒惰的诱惑。相反，他们往往会以极大的热情去做自己真正喜欢的事。罗素也为闲散做出过辩护。他认为闲散将使人们投身于创造伟大的文明艺术品，就像过去的有闲阶级一直所做的那样。罗素的论点在自动化泛滥的世界是否仍然成立，目前没人能确切地知道（我们还不能进行确切的实验）。但迄今为止，全世界所有关于基本收入计划的实验都表明，获得非偶然收入的人都不是无所事事之人（Widerquist，2005；Van Parijs and Vanderborght，2017：138－144），他们致力于提升自己、改善家庭经济状况。我们所假设和希望的是，他们在后工作时代也会如此。

我们还可以从另一个角度看待闲散。正如奥康纳在其文章中所说，闲散不一定是恶习。相反，从正确的角度来看，闲散可能正是我们实现真正自由、自主生活所必需的（O'Connor，2018：179－186）。奥康纳从三个方面论述了这一观点，每一方面都十分适用于后工作时代。首先，他认为，大多数关于什么是自由、自主的人的描述都坚持真实性。也就是说，一个人过着自己选择的生活，而不是符合他人期望和要求的生活。一个闲散蛰居的世界比我们当前生活的世界更有利于实现这一点。在一个因经济需求而必须工作的世界里，我们不可能做到完全真实（就算可以做到，在很大程度上也是因为运气)，因为我们必须顺应来自市场、客户、雇主、家人等各方面的需求。我们如果不必因为经济需求而工作，就能生活得更真实。其次，奥康纳认为，大多数关于自主的描述都坚持独立性这一条件，即个人不受他人的操纵、胁迫或教唆。这也再次说明，一个闲散蛰居和充满游戏式活动的世界比我们目前生活的世界更有利于实现这一点。市场经济的要求及其相关的工作伦理意味着，我们很容易被操纵，从而出于对金钱、地位或就业机会的需要去做事。这些操纵的力量在闲散的世界里就不复存在。在这个世界里，我们可以自由地出于自己所希望的理由，而不是别人强加给我们的理由来采取行动。最后，尽管有些人担心闲散没有自己的伦理观念（闲散没有对美好生活的定义)，但事实并非如此。闲散的生活清晰地传达了美好生活的理念，因为它将自由放在第一位，不再受控于来自外界的压力，并且强调活动的非工具性。再次说明，在后工作时代，尤其是在重过程轻结果的游戏世界，这些优势将会进一步发扬光大。

总而言之，我们既然如此重视自由和自主，就应该努力创造一种崇尚闲散而不是劳作的生存方式。退出策略正迎合了上述目标。

结语：回应批评和顾虑

下面笔者将针对前文论点引发的批评和顾虑做出回应。简而言之，该论点分为两部分。第一，笔者认为工作具有结构性弊端，而工作的自动化应当受到欢迎。笔者发现，自动化应受到欢迎的论点存在一个悖论：我们需要自动化来加速工作的消亡，但这样一来，自动化很可能会以其他方式影响人类的幸福与繁荣。第二，笔者认为，通过退出当前建构的世界，我们可以解决上述自动化应当受到欢迎的悖论，实现一种真正令人向往的人类幸福与繁荣的生活方式。对于后工作时代，我们不该感到恐惧和悲叹，而应心生向往，加速实现它。笔者清楚，该论点可能让人难以接受。针对这一点最明显的批评就是，它所设想的美好生活愿景有些贫乏。即使退出策略真的满足了我们对意义和目标的某些需求，它也不能满足我们的所有需求。让机器来追求典型客观目标（如探求知识、减轻人类痛苦等），是否必然会损害人类的生存意义？我们更愿意亲自投身于对这些理想的追求。

笔者将从三个方面来回应上述批评。第一，退出策略是不是一种实现幸福的贫乏形式尚不清楚。人类的利益是多元化的，不同的生存方式帮助我们实现不同的利益。我们很难把这些生存方式明确划分为“更好”或“更坏”的等级，追求一种客观的利益往往会以其他利益（如朋友和家人）为代价。此外，基于一些具有可信度的理论，除了玩游戏和追求琐事之外什么都不做的生存方式确实是人类最大的希望。这也是休茨为“游戏的乌托邦”（Suits，2005）所做的著名论断。他认为，如果我们生活在一个闲散的、只需玩乐的世界里，那一定是因为我们已经掌握了世界需要的所有高端技术，人类生活中基本的痛苦和贫乏已被消除。在所有可能的世界中，这难道不是我们所希望拥有的最好的一个吗？第二，即便一个人类追求琐事、机器追求客观利益的世界中有一些不如意之处，但讽刺的是，我们可能有道德义务去选择这样的世界，而不是其他形式的世界。当机器能够以更快速、更有效的方式实现这些利益，而人类实际上可能干扰或阻碍这些利益的实现时，情况就是如此。目前已有一些证据表明我们可能面临这种选择。人们围绕自动驾驶汽车优缺点的争论就是一个例证。自动驾驶汽车的优点往往都是从人类安全利益的角度出发的。如果我们假设这些优点都成立，那么当一个人明知自己驾驶会对其同胞造成更大的危险却还坚持这样做时，是否符合道德呢？显然不符合。同样的逻辑也适用于许多其他的活动领域，因此出于道德考虑，我们应该选择退出当前的世界而不是继续参与。第三，笔者认为，任何坚持退出策略会导致“次等”品德的看法，都是因为怀疑这种生存方式的好处有些超现实或不真实。例如，有人可能会争辩说，游戏中的成功并不是真正的成功，因为它并不涉及真正的利害关系。通过前文所述，笔者希望读者可以清楚地看出，这是对游戏世界中的生活有所误解。这样一个世界里所发生的事情并非超现实或不真实，我们培养的技能和品德都是真实存在的，只不过这些技能应用的领域并无终极的伟大意义。如果我们认同麦金太尔的观点，那么游戏式生活就能满足我们对技能和品德的所有期望：它们只有与某个特定的活动领域相联系才会有意义；只有嵌入这样一个领域中时，它们才会变得真实。

有人可能会提出另一种批评，即我们所设想的后工作时代容易让人变得孤立、自私、自恋和享乐。如果人们不必为了谋生而工作，不必为改善他人生活而努力，那么人们就失去了向外的、面向他人的生活领域，转而向内，以自我为中心。这是人们对日本蛰居族感到担忧的一个原因。蛰居族被看作一群内向的人，他们失去与外界的联系，失去与人互动、对他人负责的意愿。

针对这种批评，笔者将从两方面来回应。第一，笔者虽然确实把蛰居族作为本章论述的起点，但并非赞同蛰居族的生活方式。笔者支持脱离生活压力是为了实现幸福与繁荣的社会和家庭生活，这一点与蛰居族略有不同。事实上，笔者认为正是工作及其无休止的要求，迫使我们远离向外的、面向他人的生活领域。从工作世界中退出，能让我们以更大的活力参与互动。第二，尽管做了这样的区分，笔者还是认为只有在一个充满工具性压力的世界里，人们才更有理由对孤立、自私感到担忧和愤慨。如果个体必须工作以求生存和发展，并确保他人的生存和发展，那么任何想要退出工作世界的想法都将显得过于自私和自恋。因为你将依赖他人生活，再也不能为集体经济福利做出贡献。在一个没有这些工具性压力的世界里，从工作中抽身会变成一个合理的选择，而不会显得那么自私和自恋。

这就引出了另一个潜在的批评，那便是有人认为笔者过分夸大了游戏式世界和我们当前世界之间的差异。笔者提出的主张是游戏式世界能将工具性压力带来的扭曲效应从人类活动中消除。但这种想法是否过于天真呢？即便我们成功消除了经济压力或是追求客观道德的压力，其他工具性压力也很可能会介入，并且取代上述两种压力。例如，人们会想要名望和社会地位，并且可能利用游戏来达到这些目的。这些新的工具性目的同样可能破坏退出策略的价值。

针对这种批评，笔者将从两方面来回应。第一，正如前文所述，当涉及消除工具性压力时，我们不能因苛求完美而阻碍了对更美好的世界的追求。在当前世界中，我们的活动被各种各样的工具性压力所扭曲，包括对金钱的需求及对名誉和社会地位的渴求。消除这些主要的工具性压力，我们就能获得一种更好的、更少被扭曲的生存方式。在这种方式中，手工艺、行动和闲散的品德将拥有更大的发挥空间。就这点而言，笔者认为我们千万不能低估工作压力对目前生活造成的负面影响。消除工具性压力将会是一项重大改进。第二，尽管工具性压力不可能消失，我们还是有理由相信，渴求名望或社会地位等工具性压力在后工作时代的影响将会减弱。一方面，对经济安全和成功的渴望会进一步增强人们对名望和社会地位的渴望。在一个因自动化而变得富裕的世界里，这种强化作用将会减弱。另一方面，已经有充分的证据表明，对名望和社会地位的渴望不大可能扭曲或破坏人们玩游戏的信念。业余运动员、业余爱好者和游戏玩家组成的联盟就是很好的证明。他们几乎每周都聚在一起，是因为自己热爱所做之事，而不是为了名声或荣耀。这至少表明，大多数人可以在玩游戏中获得成功，而不必担心这些游戏可能会带有其他工具性目的。

还有人批评退出策略不切实际。需要强调的一点是，笔者最初提出退出策略是因为它比笔者在早期研究中所支持的技术融合策略更实际，也更激进。技术融合策略可能有助于保留我们当前所珍视的大部分事物，但它具有技术上的不确定性，而且可能难以实现。从表面上看，退出策略更为可控。但这一观点也许不完全正确，也许要想真正拥抱游戏式生活，我们必须经历一场重大的文化革命，而这场革命就像融合技术策略所面临的技术障碍一样不切实际、充满不确定性。

笔者认为，批评退出策略不切实际的言论有些牵强。不过，笔者还是从两方面给出了回应。第一，如果退出策略确实需要一场重大的文化革命，那么这场革命可能是技术变革及其对资本主义机制的影响强加给我们的。如果自动化的发展会导致过剩人口（资本主义生产工作不需要的人）显著增加，那么我们必须提出一些对过剩人口来说可实现的、有意义的美好生活理念（而且需要说明的是，这并不是一个“事不关己”的问题，笔者将自己也纳入了过剩人口的潜在行列）。第二，笔者认为前文所述应该已清楚地表明，退出和追求游戏乐趣的策略并非完全与人类社会格格不入。它有着悠久的文化和哲学根系。只不过现代资本主义制度结构阻碍了我们去充分实现它。当这些制度结构开始瓦解时，后工作时代就会来临。进入后工作时代并不需要一场重大的文化革命，只需要重新安排文化的优先次序。

参考文献

Anderson, E. 2017. *Private Government: How Employers Rule Our Lives (And Why We Don't Talk About It)*. Princeton: Princeton University Press.

Arendt, H. 1998. *The Human Condition*. Chicago: University of Chicago Press—originally published in 1958.

Atkinson, A. 2015. *Inequality: What Is to Be Done?* Cambridge, MA: Harvard University Press.

Avent, R. 2016. *The Wealth of Humans: Work, Power and Status in the 21st Century*. New York: St Martin's Press.

Black, B. 1986. *The Abolition of Work and Other Essays*. Port Townshend, Washington: Loompanics Unlimited.

Brynjolfsson, E. and McAfee, A. 2014. *The Second Machine Age*. New York: W.W. Norton and Co.

Danaher, J. 2017. "Will Life Be Worth Living in a World Without Work? Technological Unemployment and the Meaning of Life." *Science and Engineering Ethics* 23(1): 44–64.

Danaher, J. 2018. "The Case Against Work." *The Philosophers' Magazine* 81: 90–94.

Danaher, J. 2019. *Automation and Utopia: Human Flourishing in a World Without Work*. Cambridge, MA: Harvard University Press.

Dreyfus, H. and Dorrance Kelly, S. 2011. *All Things Shining: Reading the Western Classics to Find Meaning in a Secular Age*. New York: Free Press.

Eberstadt, N. 2016. *Men Without Work*. West Conshohoken, PA: Templeton Press.

Ford, M. 2015. *The Rise of the Robots: Technology and the Threat of Mass Unemployment*. New York: Basic Books.

Frey, C.B. and Osborne, M.A. 2017. "The Future of Employment: How Susceptible Are Jobs to Automation?" *Technological Forecasting and Social Change* 114: 254–280.

Frayne, D. 2015. *The Refusal of Work*. London: ZED Books.

Gorz, A. 1989. *Critique of Economic Reason*. London: Verso.

Graeber, D. 2018. *Bullshit Jobs*. New York: Simon and Schuster.

Harari, Y.N. 2017. "The Meaning of Life in a World Without Work." *The Guardian*, 8 May 2017.

Hurka, T. 2006. "Games and the Good." *Proceedings of the Aristotelian Society* 106(1): 217–235.

Jozuka, E. 2016. "Why Won't 541,000 Young Japanese Leave the House?" *CNN*, 12 September 2016. https://edition.cnn.com/2016/09/11/asia/japanese-millennials-hikikomori-social-recluse/index.html.
Landau, I. 2017. *Finding Meaning in an Imperfect World*. Oxford: Oxford University Press.
MacIntyre, A. 1981. *After Virtue: An Essay in Moral Theory*. South Bend: University of Notre Dame Press.
McNamee, M. 2008. *Sports, Virtues and Vices: Morality Plays*. London: Routledge.
Ovejero, S., Caro-Cañizares, I., de León-Martínez, V., and Baca-Garcia, E. 2014. "Prolonged Social Withdrawal Disorder: A Hikikomori Case in Spain." *International Journal of Social Psychiatry* 60(6): 562–565.
O'Connor, B. 2018. *Idleness: A Philosophical Essay*. Princeton: Princeton University Press
Piketty, T. 2014. *Capital in the 21st Century*. Cambridge, MA: Harvard University Press.
Russell, B. 1935. *In Praise of Idleness and Other Essays*. London: Routledge.
Sennett, R. 2008. *The Craftsman*. London: Penguin.
Standing, G. 2011. *The Precariat: The New Dangerous Class*. London: Bloomsbury.
Standing, G. 2016. *The Corruption of Capitalism: Why Rentiers Thrive and Work Does Not Pay*. London: Biteback Publishing.
Suits, B. 2005. *The Grasshopper: Games, Life and Utopia*. Calgary: Broadview Press—originally published in 1978.
Teo, A.R. 2010. "A New Form of Social Withdrawal in Japan: A Review of Hikikomori." *International Journal of Social Psychiatry* 56(2): 178–185.
Teo, A.R. and Gaw, A. 2010. "Hikikomori, a Japanese Culture-Bound Syndrome of Social Withdrawal? A Proposal for DSM-V." *Journal of Nervous and Mental Disorders* 198(6): 444–449.
Van Parijs, P. and Vanderborght, Y. 2017. *Basic Income: A Radical Proposal for a Free Society and a Sane Economy*. Cambridge, MA: Harvard University Press.
Weil, A. 2014. *The Fissured Workplace: How Work Became So Bad for So Many and What Can Be Done About It*. Cambridge, MA: Harvard University Press.
Widerquist, K. 2005. "A Failure to Communicate: What (If Anything) Can We Learn From the Negative Income Tax Experiments?" *Journal of Socio-Economics* 34(1): 49–81.

第八章 全民基本收入及工作的好处

安德烈亚·韦尔特曼

全民基本收入的支持者认为，每个成年公民除了工作收入和其他收入之外，还应该无条件获得一笔收入。当然，公民可以自行选择是否接受这笔收入。① 无条件获得全民基本收入这个想法很大胆，其暗含的道德前提是所有人的生命本身都是有价值的。任何想要过上舒适生活的人都需要一笔收入，这才是生活的主要方式。足够维持生计是全民基本收入的理想境界，但刚开始的时候，支持者一般赞同小额发放，以减轻哪怕是发达国家也无法避免的压迫和贫困。值得注意的是，给所有公民或永久居民发放全民基本收入并不意味着消除私有财产、取缔劳动力市场、改变收入或不平等现状，只不

---

① 支持基本收入的学术政治理论家包括范·帕里斯、杨尼克·范德波特（Yannick Vanderborght）、乔尔·罗杰斯（Joel Rogers）、乔书亚·科恩（Joshua Cohen）、安妮·阿尔斯托特（Anne Alstott）、布莱恩·巴里、罗纳德·多尔（Ronald Dore）、罗伯特·E. 古丁（Robert E. Goodin）、盖伊·斯坦丁（Guy Standing）、马克·沃克（Malk Walk）、佩特曼、埃里克·奥林·赖特（Eric Olin Wright）、凯西·威克斯（Kathi Weeks）、简·富兰克林（Jane Franklin）、特鲁迪·戈维尔（Trudy Govier）、安德烈·戈尔兹（Andre Gorz）。参见：*Basic Income: A Radical Proposal for a Free Society and a Sane Economy*（Cambridge, MA: Harward University Press, 2017）; *What（If Anything）Can Justify Capitalism?*（New York: Oxford University Press, 2003）; "A Basic Income for All," in *What's Wrong with a Free Lunch?*（Boston: Beacon Press, 2001）; *Basic Income: A Guide for the Open-mind*（New Haven: Yale University Press, 2017）; *Free Money for All*（Hampshire, England: Palgrave Macmillan, 2016）; "Democratizing Citizenship: Some Advantages of a Basic Income," in *Redesigning Distribution*（London: Verso, 2006）; "Basic Income, Stakeholder Grants and Class Analysis," *Politics and Society* 32, no. 1（2004）: 79－87; *The Problem with Work: Feminism, Marxism, Anitwork Politics, and Postwork Imaginaries*（Durham: Duke University Press, 2011）; "Real Freedom and Basic Income," *The Journal of Political Philosophy* 4, no. 3（1996）: 242－276; "The Attractions of Basic Income," in *Equality*（London: Institute for Public Policy Research, 1997）; "The Right to Eat and the Duty to Work," *Philosophy of the Social Sciences* 5, no. 2（1975）: 125－143; *Paths To Paradise: On the Liberation From Work*（Boston: South End Press, 1985）.

过这种方式能让正在找工作的人不至于陷入绝望。笔者和其他支持者一道，在本章为全民基本收入这一提议发声。笔者一直从事和哲学有关的工作，尤为关注这一提议与工作、生活的联系。同时，笔者也将针对两大质疑做出回应，即全民基本收入削弱人们的工作动力，以及这一提议和工作的社会责任相矛盾。接下来，笔者先简要回顾全民基本收入这一提议的诸多优点，然后阐述工作中许多悬而未决的问题，如果每个人无须工作就能享有一份收入，那些对社会运转来说不可或缺却条件恶劣的工作又有谁愿意去做呢？

全民基本收入的优点

支持全民基本收入的主要依据是它有公平和自由的准则。人们争论的焦点不是让每个人都公平地获得同等的收入，而是力求保障每个人都有足够的收入以维持生计。当然，人们也可以通过工作、投资、创业等方式提高收入水平。[①] 当今社会经济极端不平等，推行全民基本收入可以缓和这一困境，但其目的并非削高补低。全民基本收入的两大支持者分别是范·帕里斯和范德波特。他们认为，全民基本收入提供的经济保障能让公民获得真正的自由。[②] 基本收入为人们指明了实现人生目标的方式。支持者们认为不仅仅是富人，所有人都应该享受到真正的自由。此外，政府[③]要定期给公民发钱而不是食品券、住房津贴。在支持者们看来，这一点很重要，因为钱能使公民更加自由，而食品券等物品本身就限制了他们的购买力。

这一论证有赖于积极自由的概念，即有能力从事自己想做的事，而不

① 值得注意的是，人们本身不讨厌不平等，但所有人的起点都应该相同，这是法兰克福在《论不平等》一文中的主要论点。法兰克福并不主张全民基本收入，但是他所表达的原则是基本收入的论据。他称这条原则为“充足原则”，即“每个人都有足够的收入，这从道德上来说很重要。如果每个人都有足够的收入，那么他们就无须过度担心贫富差距的问题了”。参见：Frankfurt, *On Inequality*（Princeton：Princeton University Press, 2015）, p. 7.

② Philippe Van Parijs and Yannick Vanderborght, *Basic income: A Radical Proposal for a Free Society and a Sane Economy*（Cambridge, MA：Harward University Press, 2017）.

③ 范·帕里斯认为，政治共同体应该发放全民基本收入。他认为的全民基本收入是面向全民的，由政治共同体向个人发放且没有任何资产调查或工作要求的一种收入，并不适用于基本收入一词的所有用法。国际慈善组织曾组织了一场运动，旨在通过直接给钱的方式，改善非洲农民极端贫困的生活环境。这个例子里的基本收入不同于基本收入的普遍模式，即由政府通过税收的方式为其公民提供基本收入。

仅仅是不受他人干预或限制。如果有人缺少追求人生目标的物质条件，如果有人长期饱受饥饿或无家可归，如果有人薪资微薄却无可奈何，就可以参照这个概念，支持者可能会认为这些人没有真正享受到积极的自由。罗伯特·索洛（Robert Solow）在《免费的午餐有问题吗?》（*What's Wrong with a Free Lunch?*）一书的前言中，通过传达全民基本收入的主要目标，体会到了这种积极自由的感觉："人们不仅从理论上来说应该有权选择适合自己的生活方式，而且本来就应该拥有把这一权利变成现实的经济条件。"① 从本质上来看，全民基本收入为人们获得自由提供了物质条件。这一想法表明，自由的价值取决于人们手中可以正式运用自由的资源，而其中最主要的资源是收入。②

值得注意的是，马丁·路德·金曾在1967年出版的《我们从这里走向何方：混乱还是社区?》（*Where Do We Go From Here: Chaos or Community?*）中主张以公平和自由为理由拥护保障性收入。他认为，提高教育水平、增加工作机会等间接手段都无法最终实现消除贫困的目的。他还表示："消除贫困，最简单的方式就是采用当今颇具热度的保障性收入，同时这也是最有效的方法。"③ 保障性收入能改善穷人的生活，激励人们从事推动人类文明进步的工作。与此同时，它还能帮助美国克服一种倾向，即"把我们的财富塞给饱食终日的中上层阶级，直到他们作呕"。④ 在他看来，保障性收入能促进公平公正，维护个人尊严。

> 如果能自己决定人生大事，能确定自己的收入明确且稳定，能找到办法提升自己，那么每个人心中都会充满自豪感。⑤

支持者强调，基本收入不仅可以在一定程度上解决贫穷和饥饿问题

---

① Robert Solow, "Foreword," in *What's Wrong with a Free Lunch?* ed. Joel Rogers, Joshua Cohen, and Philippe Van Parijs (Boston: Beacon Press, 2001). 索洛是麻省理工学院的经济学荣休教授，1987年获得诺贝尔经济学奖。

② 范·帕里斯在论证时引用了索洛关于"自由价值"的论述。参见：Philippe Van Parijs, "A Basic Income for All," in *Waht's Wrong with a Free Lunch?* ed. Joel Rogers, Joshua Cohen, and Philippe Van Parijs (Boston: Beacon Press, 2001), p. 14.

③ Martin Luther King Jr., *Where Do We Go From Here: Chaos or Community?* (Boston: Beacon Press, 2010), p. 171.

④ King, *Where Do We Go From Here*, p. 174.

⑤ King, *Where Do We Go From Here*, p. 173.

（这些问题哪怕是富裕国家也无法避免），而且能够缓解由贫困导致的一系列问题，如疾病、剥削、暴力、缺少教育机会。基本收入还能增强民主，赋予弱小公民议价权利。例如，在协商就业条件时，基本收入能为公民提供有力保障，有了这份有力保障，公民就可以拒绝那些因绝望而从事的工作。对失业、未充分就业或就业不稳定的人来说，基本收入可以作为一份有益的支撑。对正在从事或有意接受某项工作时间较短、工资较低的工作的人来说，如果这份工作有足够的吸引力（如提供培训机会），或者允许员工发挥自主性，那么基本收入也可以是一种补助。基本收入还有助于增强女性的自主权，如可以让其摆脱受虐待的处境，远离专横的丈夫。范·帕里斯写道：

> 全民基本收入不仅可以用来对付横行霸道的老板，还可以用来对付专横跋扈的丈夫和作威作福的官员。当弱势群体碰到婚姻破裂、行政裁量权被滥用时，还有一个微薄但可靠的后盾。①

此外，基本收入也能让人们放下有偿工作，去体验五彩缤纷的生活；实现选择自由（无论是做全职看护，还是接受全日制成人教育）；发扬关于自由公民的文化，传递关于人的固有价值的观念；把人们从围绕政府福利制度展开的无尽争论、社会歧视、官僚干预中解脱出来。事实上，论证全民基本收入可行性的一种方法，是提倡用更简单高效的全民基本收入代替行政成本高、干预性强的福利制度。前者没有资产调查，官僚机构也不会强制要求受益人在有工作能力的情况下必须工作或接受培训。不论接济对象是贫穷还是富有，是懒惰还是勤劳，全民基本收入都一视同仁。

工作问题

随着全民基本收入的提出，有一个问题就不可避免地出现了：工作怎么办？原本工作是人们生存的手段，但如果不需要工作就能生存，那么人们会舍弃工作寻求安逸的生活吗？一开始，这个问题的答案不一。后来，有人率

---

① Philippe Van Parijs, “A Basic Income for All,” in *What's Wrong with a Free Lunch?* ed. Joel Rogers, Joshua Cohen, and Philippe Van Parijs (Boston: Beacon Press, 2001), p. 20.

先开展实证研究，表明答案是否定的。在过去几十年里，有关工作伦理的研究结果一直表明大多数人即便中了彩票，不需要为了钱而工作，也会继续工作。[①] 事实上，那些相当富有、享受着其他人无法想象的经济自由的人，也确实选择了工作。[②] 有些愤世嫉俗的人可能会说富人工作是为了留住或获得更多财富，而普通人工作只是为了给调查者一个社会认可度较高的答案。事实上，关于工作的伦理价值早已根深蒂固，因为大家都能认识到工作带给自己和社会的好处。生产性就业是个人富裕、社会繁荣的基础，心理健康的人能在活动（包括许多工作岗位）中找到乐趣。此外，很多人的基本渴求就是为世界做出贡献，通过工作使自己有所成就。而工作也确实能让人受到尊重、感到自豪，而且工作是运用自身技能实现自我价值的主要方式。

还有人担心很多人会选择悠闲的生活，尽管这种担心目前毫无根据，但是我们也不能理所当然地将导致人们无所事事作为反对全民基本收入的理由。一些思想家认为，悠然自得是人类美好生活的完美体现。基于这种思路，他们对能使更多人幸福生活的全民基本收入青睐有加。例如，罗素曾在其经典作品《闲散颂》（*Praise of Idleness*）中表达了对未来世界的期盼：在那个未来世界里，在现代科技的帮助下，人们每天只需要工作四小时就能生活得更加悠闲、幸福。[③] 同样，不久之后，科技高度发达可能导

---

① Nancy Morse and Robert Weiss, "The Function and Meaning of Work," *American Sociological Review 20*, no. 2 (1995): 191 - 198; AIR Gini and T. Sullivan, "Work: The Process and The Person," *Journal of Business Ethics* 6 (1987): 649 - 655; Scott Highhouse, Michael J. Zickar and Maya Yankelevich, "Would You Work If You Won the Lottery? Tracking Changes in the American Work Ethic," *Journal of Applied Pschology* 95, no. 2 (2010): 349 - 357.

② 理论家罗素 · 缪尔黑德（Rusell Muirhead）在其著作中写道："比起逃离工作世界，富人更容易在找到好工作的过程中发现自身优点，且超过 90% 的富人可以通过继续工作盈利 250 万美元，所以富人似乎不会停下工作的步伐。" 参见：Rusell Mourihead, *Just Work* (Cambriage, MA: Harward University Press, 2004), pp. 48 - 49.

③ Bertrand Russell, *Praise of Idleness* (New York: Routledge, 2004). 需要明确的是，懒惰不同于闲散。前者暗含无所事事的意思，而且从很大程度上来说，是一种罪行或苦难。相反，生活闲散的隐含意义是可能会参加许多非工作性质的活动或是过着优越的生活，但致力于参与更高级的活动（亚里士多德认为），如对永恒真理的思考。在《闲散颂》一书中，罗素间接引用了亚里士多德关于闲散的定义。他写道："充满智慧地享受闲散生活是文明和教育的产物，能让人对知识充满好奇。" 他还强调，如果一天只工作四小时，人们就可以享受自己的闲散生活。无论如何，重点在于不管是打算过闲散生活还是参加活动（如冥想、阅读、做园艺、打网球、上网），只要能获得更多工作自由，人们都会欣然接受全民基本收入这一提议。

致工作短缺，所以现在也有思想家把全民基本收入看作这一问题的答案。例如，马丁·福德（Martin Ford）在《机器人的兴起》（*Rise of the Robots*）一书中，预言：信息科技、人工智能、机器自动化的发展会大大降低工作需求，哪怕是在经济领域，也会造成始料未及、不可预估的影响。① 他支持全民基本收入，而全民基本收入也回答了这个不可避免的问题，即在没有工作的情况下，人们怎么赚钱？这是一个存在主义问题，我们确实需要面对。当我们从以工作为中心的生活中解脱出来以后，我们该干什么？全民基本收入让人们无须工作就能生存，这本该是利好，而不是忧患。

暂不考虑悠闲生活的支持者，另一种担心涉及这一政策对人们工作和生活的影响。因为只要我们稍做思考，就能发现社会运转依赖于人类劳动，并且这种依赖可能不会改变。科技进步能为我们减负，但是机器无法完全代替人类，社会还是需要人类劳动。我们可以想象一下那些富有创造力的人设想的科技最为发达的社会，即便在这里，社会运转也需要不计其数的工人，包括指挥官、行政人员、工程师、信息科技员、科学家、恒星制图员、战术指挥官、通信专家、勘探队、舵手、酒保、音乐家、医生、律师、理发师等。同样，在已知世界中，许多服务和商品都需要无数的人来提供。即便新科技成果不断涌现，很多人还是希望能跟人打交道，而不是只跟电脑打交道。

再举个例子，关怀（包括沟通、肢体接触、共情、给予需要的人帮助）是人类工作的基本形式，它满足了人们因生命的脆弱性和依赖性而产生的需求。试想一下，一些老幼病残人员只能依靠他人维系生命，如果把照顾他们的任务交给完全自动化的机构，那么这样的社会是不现实的。正如一位学者所说："这是把人丢给了机器。"② 即便从事护理和其他许多职业的专业人士会使用各种新科技来帮助其工作，但人的存在、判断和关怀

---

① Martin Ford, *Rise of Robots: Technology and The Threat of a Jobless Future* (New York: Basic Books, 2015).

② Diemut Brace Bubeck, "Justice and the Labor of Care," in *The Subject of Care: Feminist Perspectives on Dependency*, ed. Eva Feder Kittay and Ellen K. Kittay (Lanham: Rowman and Littlefield, 2002), p. 162.

在这些职业中都是不可代替的。

阿伦特在《人的境况》（*The Human Condition*）一书中也发表了类似的见解，即劳动和工作是人类生存的基本条件。在阿伦特看来，我们在做任何其他事情之前，都必须先满足自己的基本需求，因为生活就意味着劳动，如清洁、烹饪。她还认为劳动不同于工作，因为后者不仅包括那些维持生活的劳动，还包括掌握世界上经久不衰的技艺，打造承载历史的物件，如建筑、家具、工艺品。工具和科技能够减轻劳动和工作的强度，但是不能消除劳动和工作。"即便厨房里有一百个小工具，地下室里有五个机器人"①，它们也没办法取代人类劳动，因为必须有人运转它们。此外，这些工具和机器人并不总能节省时间，也不能完成所有的苦差事。

工作是生活中不可或缺的一部分，笔者认为，我们在回答"工作怎么办"这一问题时，不应诉诸愉快的闲适生活很有吸引力，或预测科技将消除人类生活中的大多数工作，也不能否定工作伦理、工作欲望。相反，对全民基本收入的最好辩护是证明其完全符合工作利益和工作伦理。因此，笔者将在本章余下的部分努力证明：即使有了基本收入，有了真正的自由，人们也有充分的理由工作，因为工作是美好生活的核心。此外，从目前来看，社会运作仍然依赖人类劳动，朴素的工作伦理反映出一个不变的道德真理，即我们应该为我们的社会贡献我们的时间和才干，但这一道德真理并不意味着国家（或提供基本收入的部门）应该强制人们工作。工作这项义务，跟我们要诚实、忠诚、博爱一样，是国家监督的薄弱环节，而且国家对工作的定义具有不合理的排他性。基于这些原因，相较于政府以资产调查为前提的福利制度，无条件发放的基本收入代表了更完善的良好秩序。

全民基本收入和工作动力

全民基本收入的支持者确实面临一个问题，即如果人们享有的收入能

① Hannah Arendt, *The Human Condition* (Chicago: University of Chicago Press, 1958), p. 122.

使其过上体面的生活，那么社会该如何激励人们工作？其实答案很简单：丰厚的工作福利。首先，我们有理由期待外在薪酬激励会促使很多人工作。前文提到过全民基本收入的支持者既不要求收入或财富平等，也不要求取缔人们出售有偿劳动的劳动力市场。全民基本收入只是一个起点，即赋予人们选择自由。为了增加收入，人们可以选择工作。此外，和现在一样，出于各种原因，有些人的收入会比其他人高。由于很多人的目标不仅是满足基本生活，还包括拥有诸多便利设施以享受生活；或者由于优质生活的成本增长迅速，很多人选择为了薪酬而工作。全民基本收入并不会改变“为了金钱而工作”这一基本事实，而是改变了“不工作就挨饿”这样一个基本前提。全民基本收入还会改变多种形式的劳动剥削，改变将人当成廉价、可消耗资源的现状。其次，大部分工作都有其内在价值，能吸引人们为社会做贡献，所以呼吁薪资激励时，我们不应该忘记这些福利。[①] 工作不仅仅是赚钱的手段，还能锻炼技能、赢得尊重、实现目标。工作还是自豪感的源泉，可以使人获得同龄人的认可和尊重。坚定的工作伦理观能反映出许多美德，如乐于奉献、自律可靠、团结协作、勤奋努力。工作可以为我们的精力提供一个令人满意的消耗渠道，体现自我价值；出色地完成工作还能让人获得成就感。在工作中，我们能锻炼各种技能，如某个特定的工作技能、解决问题的能力、社交能力、决策能力，这些能力都能帮助我们在工作和生活中成长。工作的优点数不胜数，但是由于笔者已经在《有意义的工作》（*Meaningful Work*）一书中确立了有意义的工作在美好生活里的中心地位，现在请允许笔者讨论下一个紧迫的问题：缺乏内在激励的工作怎么办？如果全民基本收入赋予了人们真正的自由，那么这会不会导致没有人选择条件恶劣的工作呢？毕竟现在人们之所以从事这类工作，仅仅是因为他们要生存，别无选择。

让我们停下来想一想，在基本收入这一计划下，激励人们去从事某种不受欢迎的工作，这个问题本身就发人深省。它暴露了社会秩序中人们一般不愿意去思考的问题，即虽然工作是大多数人生活的核心，但是人们在工作方面没有自由。这种他律性很容易被忽略，首要原因是自由往往是指

---

① Andrea Veltman, *Meaningful Work* (New York: Oxford University Press, 2016).

我们工作和生活中所享有的自由。从本质上来说，我们是自己选择工作的，很多受到良好教育的年轻人会慢慢在自己所选的工作中实现梦想，甚至很多人也能在工作中学习新的技能或换工作，最起码换工作环境或岗位。但是工作的他律性除了指现在大多数人都必须工作，否则就没办法生存之外，还指很多人都花了大量的时间和精力在那些极度辛苦、本身就没有选择价值的工作上。迈克尔·沃尔兹（Michael Walzer）将辛苦的工作定义为残酷且难以忍受的工作，这种工作如同寒冬，如同监狱，只要有一点点选择余地，人们都不会选择这种工作。[①] 但社会生产和分配系统中不乏辛苦的工作，而且就算科技进步，也没办法像之前设想的那样把辛苦、危险、肮脏的工作从人类生活中消除掉。

有些人可能会以笔者在前文中所述的观点来反驳缺乏工作自由的怨言。正如笔者之前所言，人类没有办法使劳动和工作从其生活中消失，因为劳动和工作是生活本身所固有的负担，而技术并不能彻底消除这些负担。人类，甚至是动物，为了满足需要，为了生存，都必须劳动，因为没有什么东西可以奇迹般地凭空出现。如果说工作欲望来自生活条件，一些政治哲学家可能会把工作和自由的关系问题视为一个范畴错误，即自由并不存在于人与自然的关系中，而是存在于人与人之间的关系中。[②] 对此，笔者做出回应，即工作是人类生活中不可或缺的一部分，社会的确需要做出与工作相关的道德和政治选择，包括生产什么产品，产量多少，如何组织协调生产，如何分配生产收益从而使部分成员获益，等等。推行全民基本收入也会使人们在工作方面有了更多的选择，因为人们可能拒绝其不愿意从事的工作，包括充斥当前社会的那些毫无必要的工作。

---

① Michael Walzer, *Spheres of Justice: A defense of Pluralism and Equality* (Oxford: Basil Blackwell, 1983), p. 165.

② 自由意志主义的政治哲学家对自由的意义进行了诸多思考，他们倾向于认为自由是人与人之间的关系，而非人与自然之间的关系。例如，约翰·霍斯贝尔（John Hospers）认为，一个人的自由和权利只包括宽容他人。“不侵犯他人的生命、自由、财产权虽然无法保证幸免于洪水、地震等自然灾害，但能免受他人侵犯。权利终究与人际关系相关，而非大自然。”参见：Hospers, “What Libertarianism Is,” in *Social and Philosophy: Classic and Contemporary Readings*, ed. Andrea Veltman (Toronto: Oxford University Press, 2008), p. 324.

涵盖工作领域的他律性也很容易被忽略，因为正如伊丽莎白·安德森所说的，工作场所中关于权力关系的讨论出人意料地少之又少，甚至那些关心自由的思想家也是如此。安德森在独裁和日常工作场所之间做了一个惊人的类比：一般来说，在日常工作场所，几乎每个人都会被监视，还必须服从上级的命令。上级的命令可能比较武断，可能随时改变。但是对于级别较低的人，他们的身体动作、话语交流以及其他细小方面可能在一天的大部分时间里都受到了管控。[①] 例如，公司禁用毒品，会进行例行药检或随机药测，但是上级对那些被其呼来喝去的下属并不负责。毫无疑问，他们还要例行监督下属，甚至声称自己有权掌控下属的下班时间。如果有人质疑上述例子的真实性，认为当代公司不至于如此糟糕的话，建议看一下安德森在其论文开头列举的几个真实案例：沃尔玛公司的员工彼此之间不能闲聊，否则有可能被以怠工罪名起诉；苹果公司的员工每天无偿牺牲私人时间等待上级来检查个人物品；泰森公司的员工在工作时不允许使用卫生间，结果，“有些员工尿裤子了，还受到上级的冷嘲热讽”。[②] 那些质疑工作环境的压迫性现实的人，应该去看一些曝光日常工作条件的个人经验记录和新闻报道。例如，克里斯蒂安·富克斯（Christian Fuchs）的《数字劳动和卡尔·马克思》（*Digital Labor and Karl Marx*）、罗宾·内格尔（Robin Nagel）的《清洁工的日常》（*Picking Up*）、芭芭拉·埃伦赖希（Barbara Ehrenreich）的《挣扎在贫困线上》（*Nickel and Dimed*）、露丝·卡文迪什（Ruth Cavendish）的《流水线女工》（*Women on the Line*）。

全民基本收入最大的优势是赋予工人或找工作的人目前所没有的议价能力，从而带来工作世界的革命。这样的话，如果员工对雇主说“我不干了”，他起码还有一份收入可以依靠。如前文所述，那些收入足以满足基本需要的人仍有充分的理由工作，而且他们可以拥有真正的工作自由，既可以选择辞职换工作，也可以干脆选择退出劳动力市场。而大多数雇主则不敢再随意为难员工，也不能乘人之危，给那些别无选择的人微薄的工

---

① Elizabeth Anderson, *Private Government: How Employers Rule Our Lives (And Why We Don't Talk About It)* (Princeton: Princeton University Press, 2017), p. 37.

② Anderson, *Private Government*, p. xix.

资，让他们去做不喜欢的工作，或者故意压榨员工。要雇用新人、留住人才，雇主得提供有吸引力的工作条件。例如，提供理想的薪资、增加晋升和提升技能的机会、改善用工条件、优化工作环境等，总之就是“淘汰那些环境差、侮辱人格、没有前景的工作”。[①] 从大学到工厂，各种社会经济机构也不会再把某些层次的人当作工薪奴隶，原本由薪资低廉的工人生产的商品可能会消失或明显减少，至少这在提供基本收入的社会能够实现。

笔者承认，赋予劳动者真正的自由是影响深远且难以想象的。但是各位读者请细想一下，一直以来，世界上许多国家的工作环境都取得了明显的道德进步。以前，很多人深陷在极具压迫性的工作环境中，上述这些曾经都是难以想象的。现在，公平、合理的招聘程序，零歧视、零骚扰的工作环境，薪资平等，以及在工作中不受威胁、虐待和侮辱，已经成为人们普遍追求的理想状态。历史学家桑福德·雅各比（Sanford Jacoby）表示，大约一个世纪前，上述任何一种理想状态都不存在。当时，美国的商品生产模式主要是工厂驱动系统，即为了提高工作效率，让工人勤奋工作，工头进行严格监督，工头还会对工人拳打脚踢、恶语相向、恐吓威胁。在这一系统中，工人的工作仍是朝不保夕、收入微薄、受到不公待遇和种族歧视的，而且工人经常需要通过裙带关系、巴结、贿赂才能得到工作机会。[②] 和19世纪末的工人相比，现在有些人的工作环境已经犹如在乌托邦社会般优越了，那时候的工人简直无法想象会发生现在这种变化。从广义的历史角度来看，我们不应该想当然地以为工作本就是如此，或者把“脏乱差”的工作环境当作一种必然。在过去几个世纪里，人类在工作场所中取得的道德进步突出了人类超越和重塑固有工作结构的能力，这种进步应该使我们变得更加开放。那些扼杀人类发展、伤害人类自尊的工作场所将会得到进一步的改造，让我们一起期待未来的无限可能。

---

① Philippe Van Parijs, "Basic Income: A Simple and Powerful Idea for the Twenty-First Centuary," *Politics and Society* 32, no. 1 (2004): 7-39.

② Sanford Jacoby, "The Way It Was: Factory Labor Before 1915," in *Employing Bureaucracy: Managers, Unions, and the Transformation of Work in the 20th Century*, revised ed. (New York: Columbia University Press, 2004).

全民基本收入和工作义务

下一个问题是推行全民基本收入后，工作所面临的问题。凯西·威克斯是一位女权主义者，同时也是全民基本收入的支持者。她提出：那些反对基本收入的主要论点不在于从成本上分析是否可行，而在于工作是一种社会互惠的道德理想，是一种社会责任。① 在反对者看来，提倡基本收入就是违背了工作伦理，因为工作是一种美德，每个人都在自己能力允许的范围内为社会做出贡献、分担社会责任，这样才有理由从社会合作中获得好处。安德森就是持这一观点的代表。她反对全民基本收入是因为它代表了一种没有责任的自由。

> 全民基本收入推崇没有责任的自由，这不利于实现社会义务这一理想，而社会义务是福利国家的基石。全民基本收入不仅鼓励一部分有能力的人——主要是年轻、健康、未婚的成年人——抛下工作追求享乐，同时还抑制了一些人的生产积极性、纳税积极性，因为这些人会因支持他人享乐而心生怨恨。②

她们认为工作不仅仅是社会义务，还是赚钱谋生的手段：允许很多人闲散度日，而其他人却要为整个社会的延续和发展所累，在各行各业辛苦地工作，这似乎是错误的。

从多角度来看，工作是一种社会义务，人们通过工作赚取生活费，这一想法的支持度较高。基督教使徒书信《帖撒罗尼迦后书》中记载了这样一条训诫："不愿工作者，则勿食。"这条被广为引用的训诫似乎并不完全符合基督教的施舍精神，不过这里暂且不讨论。在 20 世纪，罗尔斯注意到自己不做贡献却从他人的协作劳动中获益这种根本性的不公平问题，如用国家的钱过着悠闲的生活。③ 罗尔斯的观点掀起了一股批评浪潮，即反

---

① Kathi Weeks, *The Problem with Work: Feminism, Marxism, Anitwork Politics, and Postwork Imaginaries* (Durham: Duke University Press, 2011), p. 146.

② Elizabeth Anderson, "Optional Freedoms," in *What's Wrong with a Free Lunch?* ed. Joel Rogers, Joshua Cohen, and Philippe Van Parijs (Boston: Beacon Press, 2001), p. 72.

③ John Rawls, *A Theory of Justice* (Cambridge, MA: Harvard University Press, 1971), p. 112.

对“搭便车”的马里布冲浪者现象，现在很多政治哲学文献称之为马里布冲浪者问题。后来，罗尔斯在一篇论文的脚注中写道：“那些整天在马里布冲浪、闲散度日的人必须自食其力，他们没有资格享受公共资金。”① 从原则上讲，有的公民本可以为公共利益做出贡献，但不承担这种贡献的义务，这种可能性可能会招致工人的怨恨，造成勤奋的人被懒惰的人剥削。这样的话，全民基本收入这一提议会显得不公平，因此无法成功。② 当然，很多人气恼的是不工作的人可以榨取他人的劳动成果，这一点值得注意，因为目前的经济体制放任悠闲的富人坐享其成，获得大量社会成果，而且无须做出相应回报。公众对“领取福利救济的母亲”心存不满，但对帕丽斯·希尔顿（Paris Hilton）却没有不满。

工作真的是社会义务吗？赞同该观点之前，我们不妨先了解一下长期以来围绕工作伦理产生的社会主义怀疑论。罗素和莫里斯等建议人们对那些赞美工作的华丽辞藻持怀疑态度，因为这样的赞美满足富人的利益，导致经济体制不公。罗素写道：特拉西马库斯（Thrasymachus）认为，辛苦工作即美德，这类工作的福音都出自富人及其马屁精之口，这么做是为了让工人阶层相信工作是他们的义务，好让他人一直悠闲度日。③ 在罗素看来，工作是一种美德这种观点确实有害无益。它阻碍了人们进入这样一个世界的步伐，即在那个世界里，科技的发展减少了每个人的工作量，而且每个人都学识丰富、轻松快乐。莫里斯在《有效工作与无效劳动》中提道：

> 很多富人会用一些花言巧语鼓励工人。“一切劳动都是美好的”这种观点为那些靠剥削他人劳动生活的人提供了便利，而且俨然已经成了一种现代道德信条。但是笔者建议那些被剥削的人不要轻信这种说辞，而要更加深入地看待这个问题。④

莫里斯认为，大自然并未让我们生计无忧，我们需要通过工作来养活

① John Rawls, “The Priority of Right and Ideas of the Good,” in *Collected Papers*, ed. Samuel Freeman (Cambridge, MA: Harvard University Press, 2000), p. 455.

② John Elster, *Solomonic Judgments* (Cambridge: Cambridge University Press, 1989), p. 215.

③ Bertrand Russell, *Praise of Idleness* (NewYork: Routledge, 2004), p. 9.

④ William Morris, “Useful Work Versus Useless Toil,” in *William Morris on Art and Socialism*, ed. Norman Kelvin (Mineola: Dover Publications, 1999), p. 128.

自己，如果条件不错，工作也能使我们愉悦。但是没完没了地工作，生产一些无用的东西，就不是一件乐事，而是一种诅咒，是富人为了自己的利益，巧言令色地把无用且无尽的辛苦工作强加在工人阶级身上。①

值得注意的是，乔比将长久以来对工作伦理展开的社会主义批判向前推进了一步。他认为，工作欲望可以被视为一种适应性偏好，在未来，如果文化、经济走向后工作时代，立法者可以质疑这种偏好。② 乔比指出，工作欲望和其他适应性偏好一样，都是在不公平的条件下形成的，在这种条件下，人们可能会讨厌更加悠闲的生活。即便在今天，工人们也经常需要面对以下问题：劳动报酬不合理；工作延伸到生活的方方面面，甚至影响个人生活，造成经济损失；在有些工作场所，雇主自以为有权控制雇员，因而严重侵犯雇员的自由。③乔比建议，在后工作时代，立法者的着眼点不是制定政策以满足人们的工作欲望，而是“让人们适应一个工作已经被边缘化的社会。”④把改变人们对教育的普遍看法作为工作培训的一部分，还有调低退休年龄，多赞扬、少批评那些选择自我探索而不是工作的青少年，这些措施都可以从文化上改变人们对工作根深蒂固的态度。⑤

有些人对工作伦理的担忧并非没有道理。我们完全应该怀疑那种为富人利益服务的伦理，根深蒂固的社会行为可能会使人们的工作欲望变得畸形。那些接受了这种文化常规的人会觉得自己每周至少应该工作 40 小时，以免变成懒惰的“寄生虫”。当未来社会对工作的需求减少时，他们那种特殊的工作欲望就有待考证。按照现在的标准来说，每周 40 小时的工作制实际上并不是一个普遍的既定标准，不是构建工作与生活所需的合理的阿基米德支点，而是一个历史性的偶然现象，是 20 世纪初工人运动的结果。⑥ 现在，我们有理由接受工作时间更短的社会规范，尤其是在科技进

---

① William Morris, “Useful Work Versus Useless Toil,” in *William Morris on Art and Socialism*, ed. Norman Kelvin (Mineola: Dover Publications, 1999), pp. 128 – 130.

②③④⑤ Michael Cholbi, “The Desire for Work as an Adaptive Preference,” *Autonomy* 4 (July 2018): 2 – 17.

⑥ Benjamin Kline Hunnicutt, *Work Without End* (Philadelphia: Temple University Press, 1988); Benjamin Kline Hunnicutt, *Free Time: The Forgotten American Dream* (Philadelphia: Temple University Press, 2013). 亨尼克特（Hunnicutt）追溯了美国史上为缩短工时开展的工人运动，还把这些运动和为人类社会取得更大进步的愿景联系起来。

步似乎正引导人们朝着减少工作需求的方向前进时。很多思想家都赞成缩短工作时间，因为如果缩短工作时间，人们就会迎来更加悠闲的生活，有更多时间陪伴家人、参加社会活动，提高工作时间内的工作效率，改善失业问题（通过将好工作带来的有限益处发扬光大），缓解工作疲劳，还能“重新学习生活的艺术”。① 笔者是赞同这种观点的，而且还想做以下补充：不能夸大工作的好处，不是工作越多就越幸福。相反，工作时间最少化能让人们享受到其他各种益处，这也是人类繁荣与发展的关键所在。在秩序良好的社会，如果没有突发事件，每天只工作几小时或每周只工作几天，也许就能满足社会及个人对工作的需求。

然而，工作仍然是社会运转不可或缺的一部分，所以工作是社会义务这一观点也似乎是有道理的。笔者认为，工作是一种偶然且有限的道德义务，跟其他诸多道德义务一样有多种履行方式。它首先取决于社会对从事各个岗位的人的真实需求，而且很显然，这种需求随着历史发展减少或增加。如果一个社会需要人（而不是机器）生产日常用品、提供日常服务，那么我们确实有理由相信，所有从其他人的协作成果中获益且自身有能力工作的人都有义务为社会运转和繁荣做贡献。有些人偷食他人劳动成果，即便自己有能力工作且有工作机会，也不工作。他们表示：事实上，“别人应该为我牺牲他们的时间和精力，但是我不必为他们这么做”②。这样的观点在道德上似乎并不占理，因为工作义务（以工作能力为前提）起源于互惠这一道德原则，以及人们在道德上对不劳而获的厌恶。

认可工作是一种社会义务，并不代表工作带有政治强迫性，认识到这一点很重要。并不是所有的社会义务都应由国家强制实施，有些社会义务被定义为道德义务而非政治义务。相较于用法律强制实施“胡萝卜加大棒”的手段，个人自尊、道德评判、社会舆论等手段更适用于激励、规范

① Edward P. Thompson, "Time, Work-discipline and Industrial Capitalism," in *Customs in Common*, ed. E. P. Thompson (London: Merlin, 1991), p. 401. 关于缩短工作时间原因的讨论，参见：Hunnicutt, *Work Without End*; Weeks, *The Problem with Work*; Stanley Aronowitz, et al., "The Post-work Manifesto," in *Post-work: The Wages of Cybernation*, ed. Stanley Aronowitz and Jonathan Cutler (New York: Routledge, 1998).

② Trudy Govier, "The Right to Eat and the Duty to Work," *Philosophy of the Social Sciences* 5, no. 2 (June 1975): 125 - 143.

这些义务的履行。米尔在《论自由》（*On Liberty*）的第一章对这一点做了详细阐述，并区分了政治控制与社会舆论的力量。他认为，尽管这两种权力形式都有被专横实施的可能，但它们在自由社会都有规范行为的合理地位。① 在一个重视个人自由的社会里，诚实、忠诚、慷慨等义务通常不是由国家强制实施的。尽管这些品质会影响社会结构，受到社会道德的批判冲击，但是它们终归与个人良知、品行相关。让国家承担工作的道德责任这一做法实在欠妥，而且代价高昂，会导致官僚系统臃肿，侵犯个人自由，与基本收入所倡导的理念——个人自由——背道而驰。但这似乎就是工作福利制和所有福利系统的基本理念。

此外，如果由国家来确保身体健全的人履行其工作义务的话，那么国家要给工作下一个定义。而工作的普遍政治定义是有偿劳动，这显然无法囊括人们牺牲时间、发挥才能、奉献社会的各种活动。工作的概念实际上不适合做彻底的分析，而仅仅因为这一点，那些试图强制人们工作的国家官僚机构注定会暴露出严重的道德缺陷。把有偿劳动视为工作的定义过于狭隘（或有性别歧视之嫌），我们理应拒绝这种定义。很多应该被视为“工作”的劳动是无偿的，如照顾老弱病残，做家务（包括打扫房间、修缮房屋等），无偿在家族企业工作，参加无收入的活动（包括做志愿者、做手工等），因顾客不满意而拒绝支付酬劳的佣金制工作，自给农业，甚至还有学生做的作业。工作远不止有偿劳动，而国家对工作的定义局限于有偿劳动，并且试图把它变成一种道德义务来强制实施。全民基本收入的支持者试图从国家手中夺走这一权利，他们这么做是无可厚非的。

与目前的工作标准，即朝九晚五、每周工作五天的工作制相比，减少工作量更有利于社会繁荣，认识到这一点相当重要。事实上，通过回顾工作的历史，笔者惊奇地发现，有许多一周工作时长远远少于 40 小时的范例，这与当代西方社会科技进步为人们带来了前所未有的悠闲时光这种普

① John Stuart Mill, *On Liberty*（Cambridge：Cambridge University Press, 2011）, p. 9. 米尔写道：对人们来说，生存的意义在于强行限制他人行为，所以法律一开始必须强制推行一些行为规范，而那些不适用法律的对象则要用舆论加以规范。

遍看法是不一致的。① 因此很显然，过劳的问题可能在各个国家普遍存在。当今美国就是如此②，所以笔者建议摒弃一天辛勤工作数小时、一周工作数天的想法，而在工作量方面采取比较温和的态度。笔者前文提到，尽管工作对人类有益，但并不代表工作越多，人类就越幸福。关于工作的温和的社会责任观应该使工作与幸福生活的其他构成要素保持平衡，也应该考虑到包括无偿劳动在内的那些广义上的工作。

挥之不去的坏工作问题

本章最后一部分回到工作的他律性问题上：在已知的世界中，大量的工作都是人们迫于无奈才去完成的，而在工人拥有极大自由的新时代，可能就不会这样了。有了基本收入满足生存需求，谁还会去屠宰场当流水线工人，做这种辛苦的工作？谁还会做诸如数据输入、服装制造这种无聊的工作？谁还会待在工厂辛苦研发最新科技或工具？谁又还会在客服中心、快餐店或其他公共场所应付生气的顾客、解决别人制造的麻烦等让人不快的工作？如果答案是基本没人愿意，那么可以想象，社会将走向衰败，因此全民基本收入这一政策不可行。如果答案是政治意义上的局外人或外来移民将从事这种工作，全民基本收入支持者所面临的不公正问题会进一步凸显。虽然他们不属于发放基本收入的政治社会，但他们也是人，剥削他们是错误的行为。如果答案是随着正确的道德观念的建立及科技的进步，这些辛苦的工作会慢慢减少，那么基本收入支持者们的想法似乎是乌托邦式的，因为在可预见的未来，各种形式的坏工作依然会顽固而广泛地存在于社会生产和消费行为中。

有人指出环卫工作也是一大忧患。如果每个人都享有一份基本收入，那谁会当门卫、城市清洁工人、虫鼠防控专家，或去清理路上被撞死的动

① Julie B. Schor, *The Overworked American: The Unexpected Decline of Leisure* (New York: Basic Books, 1991); Al Gini, *My Job My Self: Work and the Creation of the Modern Individual* (New York and London: Routledge, 2000), pp. 75 - 77.

② Julie B. Schor, *The Overworked American: The Unexpected Decline of Leisure* (New York: Basic Books, 1991).

物的尸体？其实这样的提法是错误的，因为在笔者看来，清洁工作不仅具有社会必要性，而且是人们自由选择的结果。例如，笔者的父亲已经退休，养老金就是其基本收入，但是他仍继续兼职做门卫，他这样做既是为了多一份收入，也是为了获得那份还有用武之地的满足感。门卫工作和其他清洁工作都是让人骄傲的工作，因为这些工作对社会运转起到十分重要的作用，因此也有其意义所在。笔者甚至认为，清洁工作比大学里副系主任的工作更加重要，因为教和学这些基本工作即便没有副系主任也能继续，但是如果城市没有清洁工人，就无以为继。此外，并不是每个人都选择通过运用令人印象深刻的技能和知识为社会做贡献，也有人会选择没有技术含量的常规工作，以增强自豪感、满足感及增加收入。尽管如此，之前提到的问题仍然没有解决。许多工作都是社会不可缺少的，但是这些工作具有他律性，会带来压迫。进步的理论家可能会支持消除那些条件恶劣且可消除的工作，如屠宰场流水线工人这类繁重工作，这类十分辛苦的工作之所以存在，是因为很多人（马克思称之为工人后备军）在工作方面十分缺乏自由。但是在这种不公平现象存续期间，从事坏工作的是那些弱势群体和易受剥削群体，他们也因此受苦受难。

坏工作问题揭示了令人不快的真相和道德困境，公平地说，对基本收入的支持者来说，坏工作问题远非基本收入可以解决的。对每个社会来说，这个问题都是难以解决的。坏工作多种多样，可能也没有唯一解决方案。这个问题本身还揭露了人类社会生活一直以来的黑暗面，即我们舒适、快乐的生活是建立在工人辛苦劳作的基础上的，而我们通常忽视了他们的苦难，如在全球出口加工区、“血汗工厂”工作的痛苦。[①] 这些工作形式损害工人的健康，因为工作环境中弥漫着有毒气体，重复性工作令人身心麻木，工人被困在工作台上，长时间不能站起来自由活动，而工资却极其微薄。但是消费者往往忽略其所消费产品的黑暗面，正如罗素·缪尔黑德在《只是工作》（*Just Work*）一书中所写的那样：“对我们所依赖的坏工作视而不见，对做这些工作的工人避而远之。”[②] 意识到从事坏

---

① Robert Ross, *Slaves to Fashion* (Ann Arbor: University of Michigan Press, 2004).

② Russell Muirhead, *Just Work* (Cambridge, MA: Harvard University Press, 2004), p. 173.

工作的工人们的苦难，这是第一步，而且这一步很重要，有利于预想和实施一系列措施。这些措施首先可以包括工作场所的技术进步，也正是这一点促使一些人提出全民基本收入计划。

机器能将坏工作从人类生活中消除掉这一点虽然有待商榷，但如果机器人在工厂、实验室及其他服务行业继续取代人类的话，技术进步确实能把人类从各种辛苦、乏味的工作中解脱出来。现在不少人担心机器从愿意工作的人手中夺走有偿劳动的后果：公司对机器人节约成本的关注，其实际作用就是剥夺人们赖以生存的方式。这种担心可以理解。人们该做什么？虽然从目前的情况来看还不太明确，但从长远来看，我们可以从以下几个方面来回答这一问题：进入一个公正的社会，推行全民基本收入，给予人们更多自我提升的机会，并且从道德角度接受这一观点，即把使人疲惫的工作交给非人类（机器）这一做法是恰当的。有趣的是，如果说资本家用机器大幅代替人力的直接目的是提高利润的话，那么全民基本收入要想使这种代替广受欢迎就必须摒弃一个在马克思看来植根于资本主义的前提，即工人“之所以能够生存，是因为统治者有利益需求”①。全民基本收入的伦理前提却恰恰相反：工人不仅是提高生产力或增加企业盈利的手段，其自身的利益也是这些活动的目的所在。讽刺的是，资本家的这一行为实现了一些早期的社会主义梦想，即那些令人气馁的单调乏味的工作由机器来做。正如奥斯卡·王尔德（Oscar Wilde）在《社会主义制度下人的灵魂》中所希望的那样：

> 所有不属于智力范畴的劳动，所有单调乏味的劳动，以及所有环境恶劣、与可怕东西打交道的劳动，都应该由机器去完成。机器应该为我们下煤井、打扫卫生、清洁街道、在雨雪天送信，充当蒸汽机的司炉，做所有沉闷或折磨人的工作。②

除了使用机器进行自动化工作以外，我们还可以通过道德认知来减少

① Karl Marx, *The Communist Manifesto in Karl Marx: Selected Writings*, 2nd ed. (Oxford: Oxford University Press, 2000), p. 257.

② Oscar Wilde, "The Soul of Man Under Socialism," in *The Collected Works of Oscar Wilde*, Vol. 8, ed. Robert Ross (London: Routledge, 1993), p. 298.

坏工作的数量，这种道德认知促使我们认识到以下几点：（1）我们的做法对工人的影响；（2）自己动手清理垃圾，而不是让别人清理；（3）除特殊情况外，减少购物量。在讨论他律性工作时，约翰·怀特（John White）支持这一基本观点："为了个人福祉，减少令人不快的工作（那些机械的、令人疲惫的、危险且无聊的工作）的理由十分充分。"他还特别指出了消费主义的诱惑："我们消费社会的浪费行为背后，堆积的是一些完全不必要的他律性工作。"① 从这个观点来看，解决坏工作问题的方法显然包括拒绝过度消费行为以及支持这些过度消费行为的经济哲学，并接受诸如生活从简和"够用就好"之类的价值观。② 除了培养道德价值观念以及推动科技进步之外，受这一问题困扰的社会还可以采取以下方式来减轻坏工作的负担：共同分担或者采用轮换制度的形式，提供足够的专项补偿，认识到枯燥的工作在维持社会运转方面的价值，增加工作流动、技能培训的机会，以及限制工作日时长。即便这些措施无法保证所有人免受坏工作之苦，但总体看来，这些措施能让我们向工人自由和富裕的理想前进一大步。

简而言之，笔者相信，只要是公正的社会，都可以接纳全民基本收入，而且不会损害人们的工作积极性和通过工作奉献社会的风气。通过提供基本物质资源，全民基本收入可以赋予人们更多的自主权，人们可以选择是否工作、在哪里工作，以及在怎样的工作条件下工作。通过赋予工人更大的议价权，全民基本收入从根本上动摇了剥削的根基。从更宽泛的意义上来说，全民基本收入还可以改善人们的生活条件，尤其是对那些勉强糊口的人，以及那些生活在生产力发达的富裕国家却容易遭受贫穷和压迫影响的人来说。

---

① John White, "Education, Work and Well-being," *Journal of Philosophy of Education* 31, no. 2 (1997): 233 - 247, 242.

② "够用就好"的价值观（懂得满足）及未能充分优化的经济哲学参见：Michael Slote, *Beyond Optimizing* (Cambridge, MA: Harvard University Press, 1989); E. F. Schumacher, *Small Is Beautiful: Economics as If People Mattered* (New York: Harper and Row, 1973).

第九章　无条件基本收入与坏工作问题

弗劳克·施莫德

引　　言

有些人别无选择，只能从事坏工作，也就是王尔德所说的“丑陋、可怕、无趣的工作”，但是所有的社会都需要依赖这些人才能正常运转。许多坏工作对工人造成了严重的伤害。例如，2013 年孟加拉国拉纳大厦倒塌，揭示了人们为廉价服装付出的真正代价。而这只是冰山一角，许多形式的坏工作并未引起人们的注意。每年有数千名工人因为工作受伤或死亡。

然而纵观历史，大多数社会都忽视了某些坏工作对社会的价值。以古埃及为例，工人被逼构筑金字塔，可谓呕心沥血。然而成就和荣耀都属于法老，可以肯定的是，他们本人从未搬起过一块石头，只是号令工人开展实际工作。在《读史劳工之问》中，贝托尔特·布雷希特（Bertolt Brecht）暗示了这种有争议的荣誉归属：“底比斯七门何人建起？问青史，唯帝王之名。难道是帝王搬起了基石与墙砖？”此外，许多社会排斥、污名化从事坏工作的工人。虽然这种情况发生的严重程度各不相同，但是最严重的职业污名化案例导致普通公民不愿意“接触”工人。[①]

现在有种观点认为，只有当为社会做出重大贡献的人得到重视，而那些没有贡献的人也得到尊重时，社会才是公平公正的。但是即使我们赞成

---

① 以部落民为例，他们错在自己的祖先从事过肮脏或有污点的职业，如屠夫、行刑者、送葬者或制革工人。他们的后代直到今天依然背负着这个污名：他们受社会排挤，常常被宗教、寺庙拒之门外，生活在偏僻的社区，而且受到婚姻与就业歧视。此外，他们的劳动报酬和他们的社会声望一样低。

这种说法，真实情况也有待商榷。毕竟许多坏工作都是社会所必需的，也就是说，没有人做这些工作，社会将无法正常运转。试想一下：如果公交车司机、幼教、清洁工或建筑工人罢工，社会真的会陷入瘫痪。此外，坏工作分配很不公平，最危险、最肮脏的工作留给了穷人（全球意义上）、移民、囚犯、妇女、失学儿童等社会上条件最差的人。坏工作“分配给了底层人，而公民获得了自由”（Walzer，1983：165）。由此可见，往往是那些身处困境的弱势群体在从事坏工作。坏工作报酬低、社会声望低，而这只会加深原有的不平等。扪心自问：目前坏工作的分配是否公平？社会对它们的处理方式是否公平？如果不公平，那么仅凭市场能否实现公平分配？因为正如我们所看到的那样，这种论断适用于历史上大部分时间里坏工作的分配问题。

> 只要受贫穷和低自我价值感驱动的底层人民存在，市场就不能发挥其应有的作用。在这种情况下，即使没有人愿意做坏工作，最艰苦的工作依然报酬最低。（Walzer，1983：177）

职场变化莫测，技术进步正在（尽管缓慢地）改变工作本身的性质及工作环境。许多坏工作可能因自动化的发展而消失或得以改善，有些人甚至梦想（或害怕）没有工作的未来。虽然我们还有很长的路要走，但是无条件基本收入这种以前被当作乌托邦式的想法现在具备了实现的可能性。作为减贫的一种手段，基本收入的概念在世界范围内日益流行。基本收入发放可以采取部分基本收入或负所得税的形式，无论采取哪种形式，过去的基本收入试验都产生了积极的经济、社会和心理效应，如减贫、促进健康或让人们能更好地平衡工作与生活等（Raventós，2016）。然而引入基本收入不仅可以从根本上改变现行的社会保障制度，而且可能对劳动力市场产生更深远的影响。例如，夏尔·傅立叶（Charles Fourier）设想了一种基本收入模式，即重视无偿工作（如家务）和志愿服务。他和基本收入的现代倡导者一样，认为这将提高工人在劳动力市场中的地位。随着无条件基本收入的引入，人们最终将摆脱对有偿劳动的依赖，议价能力也会增强。此外，不管是否就业，每位公民都享有基本收入，失业“污点”也可能会减少。因此，基本收入意味着真正的退出选择（Standing，2011；

Widerquist, 2013)。如果确实如此，基本收入可能会“消除许多人现在寻求有偿工作的绝望状态”(Veltman, 2016: 95)。反过来，基本收入有可能在很大程度上改变坏工作的分配模式。本章要探讨的问题就是，如果基本收入确实有改变坏工作分配模式的潜力，那么这种改变的程度如何？

无条件基本收入会带来怎样的变化？假设引入无条件基本收入，工人可以选择退出，那么坏工作会受到什么影响？工人何时会选择退出？哪些工作糟糕到几乎无人愿意从事？假设这些工作是社会所必需的，又会怎么样？想想建筑工人危险的工作环境，但是这项工作对国家的基础设施建设乃至社会的正常运转都至关重要。有了基本收入，谁还会愿意或渴望从事坏工作呢？要讨论这些问题，我们需要对坏工作有较为全面的理解。首先，笔者将阐明工作的概念，并引入坏工作的二维阐释。其次，笔者将区分四种形式的坏工作，即工作满意度低、工作环境恶劣、工作设计差和本质上的坏工作。再次，笔者将详细说明基本收入作为劳动力市场退出选择的概念。最后，笔者将分析这些不同形式的坏工作如何受到影响。笔者认为，我们可以总结出三种趋势：(1) 人们在选择自身职业时有更多的自主权。(2) 当坏工作比“体面”工作的奖励更高时，两者的工作环境将会趋同。(3) 在极端坏工作造成永久和不可逆的损伤的情况下，不可能存在公平的补偿方案。这可能导致某项工作无人完成，而且如果这项工作是社会所必需的话，会严重影响社会的正常运转，除非社会同意公平分配坏工作。笔者这样做的目的有两点：第一，讨论引入无条件基本收入对坏工作产生的潜在影响及特定社会中的分配问题。此外，可能会出现社会所必需的坏工作无人完成的情况，这应该会引发一场关于社会成员间如何更加公平地分配坏工作的辩论。第二，引起人们对当下的坏工作问题及围绕它出现的不公平现象的关注。

坏工作的二维阐释

谈到工作，笔者指的是为了改变目前不尽如人意、不完美世界的状况而从事的体力或脑力活动。例如，我们生产服装抵御寒冷与高温，生产食物充饥，创造机会自娱自乐、消除烦恼。我们有意地通过工作将我们的世界和生活塑造成我们认为合适的样子（Füllsack，2009：8）。[①] 然而工作本质上具有两面性，即工作创造价值的同时也需要付出努力。这适用于所有工作，某些工作看起来格外艰苦，甚至可怕。问题是我们从哪个角度来定义坏工作呢？哲学上关于好工作的阐释很多，但是关于坏工作却鲜有论述。目前关于工作的哲学（和政治）的辩论围绕如何彻底改善工作环境展开，涉及工作的经济、社会和心理维度，如收入、工作环境和工作满意度。虽然目前仍有许多关于坏工作某一方面的论述，但是这些论述之间毫无关联。[②] 由此可见，目前既没有关于坏工作的综合阐述，也没有关于坏工作的一般性辩论。为了填补这片空白，笔者提出了坏工作的二维阐释，便于我们区分坏工作的主、客观标准。至少我们可以从两个角度评估工作：第一，我们可以观察工人，通过他们的需要、偏好或能力来评判工作，笔者称之为工作的主观维度。第二，我们可以考虑工作本身不同的特点，笔者称之为客观维度。客观维度可以分为三个子维度，即工作环境、工作设计和工作的本质。

主观上的坏工作

主观维度衡量的是工作满意度。如果员工发现在自己所从事的工作中很难找到或无法找到乐趣，那么这项工作即主观上的坏工作，这通常是因为员工与其工作不匹配。如果工作中涉及不适合员工的任务、工作对员工毫无吸引力，或者员工认为这项工作毫无意义甚至不道德，那么这项工作也是主观上的坏工作。例如，对运动不感兴趣的记者会因为负责报道体育新闻而不开心。同样，如果一位记者乐于揭开事实真相，从事深度调查性新闻报道，那么他很可能不喜欢低俗报刊的策略与方法。然而，一个狂热

---

① 工作不一定涉及收入，毕竟如果我们雇用厨师或保姆来替我们做家务，我们确实会认为他们是工人（Hall，1986：11）。因此，有些人虽然没有外出工作，而是留在家中打扫卫生、照看自己的孩子，但他们也是在工作（Clark，2017：62）。这样我们就可以区分这两种工作：一种是不一定有报酬的工作，另一种是与产生收入的活动类似的职业或工作（Kalleberg，2000：2）。

② 相关论述如下：危险的工作（Kalleberg，2008，2011；Standing，2011）、低质量的工作（Tangian，2007；Carré et al.，2012）、有害的工作（Walzer，1983）、形成性工作（Arnold，2012；Clark，2017）、肮脏的工作（Hughes，1962）、无意义的工作（Arneson，2009；Graeber，2013；Yeoman，2014；Bailey and Madden，2016；Veltman，2016）。

的足球迷可能很高兴有机会担任体育记者，就像职业目标清晰的人偏向在享有声望的低俗报刊的高薪岗位上任职，而不是在当地一家小报社工作。同样，如果工作不合适，员工的工作满意度可能会很低。工作不合适可能是因为这项工作与员工的能力（如耐力和体力较差的人从事体力劳动）、个人偏好（如想成为一名足球运动员却不得不做工匠）不匹配，或者与员工的个人信念和价值观相悖（如在屠宰场工作的素食主义者）（Rosso, Dekas, and Wrzesniewski, 2010：130；Michaelson et al., 2014：79）。

我们可以通过评估工作的意义、工作与道德信念的一致性、工作的合适程度，并综合考虑员工的个人偏好、能力、个人情况来确定工作满意度。[①] 一方面，主观上的坏工作影响员工的工作表现，进而降低总体效率（Fried and Ferris, 1987；van Dick, 2003；Geldenhuys, Laba, and Venter, 2014）。但更重要的是，有迹象表明，人们几乎都有参与有意义的事业的生存需求（Yeoman, 2014），这一需求非常重要，人们会积极主动地为自己正在从事的工作寻求意义（Bailey and Madden, 2016：58）。[②] 这并不奇怪，因为工作领域已经“遍及生活领域，成为意义与自我定义的主要来源”（Dutton, Roberts, and Bednar, 2010：265）。个体在所参与的工作活动或职业群体人际关系中赋予自身意义（Dutton, Roberts, and Bednar, 2010：266）。人们通常认为积极的工作身份对其保持自我价值非常重要（Hsieh, 2008；Dutton, Roberts, and Bednar, 2010）。另一方面，主观上的坏工作伤害了人们的自尊心，挑战了他们的身份（Dutton, Roberts, and Bednar, 2010；Labatut et al., 2016）。

评估工作时，工作的主观维度是重要参考点，但仅凭主观维度是有问题的，不仅是因为主观维度只揭露了员工对工作的态度，而且因为主观维

① 工作满意度在一定程度上受客观维度的参数值影响，因为负参数值可能也会影响工作满意度。因此，即使我的工作适合我，即使我认为它有意义，如果我不得不在剥削的工作环境下工作，或者如果工作对我的个人健康有害，我的工作满意度就会降低。然而，当客观维度的参数值能够影响工作满意度时，哪个参数是不满的来源且影响程度会有什么不同？（Kalleberg, 1977：126）

② 其他研究者也描述了类似的发现：“厨师用艺术家、商业人士或专业人士等修辞性叙述来描述自己的角色，并将自我定义融入价值之中。医院清洁工从他们与护士、医生和病人的互动中挑选并构建自我定义，以提升清洁工作的价值感和意义”（Dutton, Roberts, and Bednar, 2010：265）。

度未涉及工作的本质。因此，主观维度得出负参数值仅仅是因为有些人做出了错误的职业选择。例如，由于认知偏差，人们对待工作的态度可能相反：即使是客观上的坏工作，有些人也可能很满意。研究表明，人们积极主动寻求所从事工作的意义，几乎都是出于让时间过得有意义的生存需要（Bailey and Madden，2016）。此外，有些人对自己的工作感到满意，是因为他们认为这是对他们而言可接触到的最好的选择。“大学里的清洁工可能和雇主一样满意自己的工作，但是清洁工应该感到满意吗?”（Beadle and Knight，2012：436）就极端有害的工作而言，这个问题承载了更多的重量。毕竟“有些东西对我们有害，如不幸的婚姻，但是我们需要这些并从中感受到快乐”（Clark，2017：63）。尽管主观维度也发挥着重要的作用，但主观维度本身很少涉及工作的本质。然而客观上的坏工作总是隐藏着风险，如损害人们的心理健康或身体功能，伤害人们的自尊心或降低人们的幸福感。

客观上的坏工作

客观维度评估了工作的本质及其对工人的影响。我们可以将客观上的坏工作分为三个子范畴：恶劣的工作环境、不良的工作设计和本质上的坏工作。首先，笔者将讨论工作环境，即开展工作的环境，其通常由雇主决定。为了能够勾勒出一幅涉及不同工作环境的连贯图景，笔者关注以下三个方面：工作在多大程度上为人们提供了经济保障、工作与生活的平衡、社交机会。前文已经详细讨论过恶劣的工作环境对人们有严重的影响：从事危险工作的人易受到伤害、缺少安全感且较难实现人生目标（Kalleberg，2000；McGovern，Smeaton，and Hill，2004；Standing，2011）。一份几乎没有自由支配的时间、阻碍个人发展的工作，会严重影响人们的社交生活，容易使人们筋疲力尽或患上与压力有关的疾病。同样，单独工作严重限制了一个人建立社会关系的机会，特别是如果他几乎没有空闲时间或物质手段来从事其他社交活动。

其次，谈到工作设计，我们考虑的是工作安排。当人们的自我管理水平、社会声望低或工作的复杂程度与其能力水平不相匹配时，就会出现糟糕的工作设计。非自我导向的工作会严重影响人们的自主性，使其无法在工作之余过上自主的生活。原因有如下几点：第一，能自主生活的人，其个人能力并未得到充分发展或者工作削弱了这种能力。这类工作在“复杂的认知、个人能力的感知、有益于智力开发的休闲活动、自由民主思想、道德责任、对变化的接受度、自信、自尊和应对焦虑的能力”（Lane，1991：259）等方面都不能发挥作用。第二，“对有自主性的人来说，工作不体面显然相当于没有得到应有的尊重”（Roessler，2012：87）。他们会感到无能为力，“感觉自己就像一个物体一样任人摆布、受人操控或受到像技术这些非人类系统的控制”（Hall，1986：105）。此外，太复杂的工作可能对工人有过分的要求，工人可能会因为努力完成任务而筋疲力尽。最终，屡次失败后，工人甚至可能开始怀疑自己的能力。然而，这种工作的实例很少。事实上，复杂程度太低的工作似乎是更紧迫的问题，这可能就是为什么研究人员一直关注琐碎且重复的工作存在的问题。例如，生产线上的工人因从事的工作被简化为“琐碎又重复”的小任务，常常感觉自己“虽然拥有自我意识，却是机器的附属品”（Garson，2014：13）。人们通常会因为这些工人的工作社会声望低而贬低、污蔑、回避甚至孤立他们。低社会声望的工作对个人的生活和自我价值感有着极其严重的负面影响。此外，从事这些工作的人的未来前途和社会生活可能会受到影响。总之，糟糕的工作设计对人们的负面影响很大，包括影响心智、能力、个性、自我价值、社会生活和总体幸福感。

最后，笔者将讨论工作的本质，即工作本身所固有的特征，如工作目标或任务及其对人们的影响。笔者会将反感和伤害程度这样的本质特征考虑在内，如果得分高，就可以认定这项工作从本质上来说是糟糕的。我们可以先看一下令人反感的工作：这种工作几乎总是（可能将来也一直会）不受欢迎，因为这种工作需要人们完成一些任务，而绝大多数人认为这些任务“让人产生恶心的生理反应”（Hughes，1951：319）。当然，人们对处理某项任务的反感程度不同，这就是在某种程度上这一范畴与主观维度相重叠的原因。

> 几乎每个人类社会都会鄙视和回避与污垢、废物及垃圾有关的一系

列活动。虽然随着时间、地点的变化，确切的清单会有所不同，但是这一系列活动或多或少都是普遍存在的。（Walzer，1983：174）

然而，极其令人反感的工作可能并不意味着会给人们带来严重的身心伤害，不过由于它令人恶心、反胃、难以忍受，因此我们可以认定它是本质上的坏工作。本质上的坏工作的另一实例为有害工作。这种工作对工人、其他社会成员、其他生物或环境有不利的影响。例如，采矿是公认的坏工作，因为它非常辛苦、有毒有害、会严重损害工人的身心健康。除此之外，煤（或其他自然资源）的开采与使用对其他人也有害，如空气质量差会损害人类的身体健康。采矿（如今已是非必要的工作）也对环境产生威胁和危害。

尽管工作设计与工作的本质可能有所重叠，但两者必须分清界限，工作设计主要关注工作任务的安排。例如，机修工的工作本质上并不糟糕，因为它危害不大也不令人反感。然而，工作安排的方式，即烦琐且重复的方式，导致了恶劣的工作环境。本质上的坏工作意味着严重的身心不适、痛苦和伤害，这些都危及了人们的总体幸福感、身体功能等。因为这些都是某些工作的核心特征，并且与相关的任务密不可分，所以很难改善这样的工作。

坏工作的衡量

到目前为止，笔者认为坏工作体现在四个方面：工作满意度低、工作环境恶劣、工作设计差和/或本质上的坏工作。但是我们具体什么时候才能将某种工作归为坏工作呢？一般来说，如果这种工作在很长一段时间内的某个参数值都低于某一可接受的阈值，那么其就是坏工作。因此，如果某种工作大体上有趣且足够复杂，偶尔不得不做些毫无意义的任务，我们就不能认定它为坏工作，因为其复杂水平保持在某一阈值之上。但是如果大多数任务都非常无聊且烦琐，根本配不上工人的技能水平，我们就有理由认为这是坏工作。

但是，如何确定这个可接受的阈值呢？确定阈值的一种方法是参考法律保障的标准，如最低工资、最长工作时间和安全规则。然而法律规定并未涉及工作的方方面面，因此只能为某一范畴提供参考。例如，劳动法通常对工作复杂程度或工人自主决定工作日常的程度只字不提。此外，法律规定的"可接受的工作环境"通常不足以保证工人的健康。许多国家规定的最低工资通常不能提供给人们足够的生活资料以维持生活。关于可接受程度的更高的标准反而应该是社会共识（在某些情况下共识与普通法有所重叠）。因此，在许多实施最低工资制度的国家，科学家、工会成员和雇员一致认为目前的最低工资水平不足以提供体面的薪水，并建议提高最低工资水平。如果按照他们提出的高要求来考虑的话，可以提供经济保障的工作阈值将相应提高。[①]

基本收入：劳动力市场退出选择

坏工作本身不一定不公平，也就是说，它就像一个劣质的商品，没人愿意多买。因此，我们可以将坏工作当成社会义务，关注其分配是否公平。目前坏工作的分配极其不公平。通常情况下，特权少的人最有可能因为经济困难而从事坏工作。只要人们还需要依赖工作保证其最基本的需要，社会上最贫穷的人就依然是"'最下层阶级的后备军'，一旦他们有了选择，他们就会团结起来说'不'"（Walzer，1983：167）。无条件基本收入可以为人们提供选择，那时生存将不再依赖就业和生产[②]（Prochazka，2016）。然而无条件基本收入能否为人们提供真正的退出选择取决于人们的月收入多少。为了有一个真正的退出选择，无条件基本收入必须满足所有的基本需要。但是这笔收入并不能满足所有需要或奢侈需要。除了依赖

---

① 然而这也表明不存在通用的有效阈值。准确地说，阈值随时间、地点的变化而变化。仅凭 20 世纪的工作环境，我们就能看出可接受的阈值变化的速度。同样，可接受的工作标准和条件因社会而异。就连国际劳工组织也宣称："比如在发展中国家，人们不能指望每天都能获得与发达国家相同类型的社会保障。"（Somavia，2004）因此，瑞典和玻利维亚公民的可接受的阈值可能有所不同。即使阈值概念在某种程度上基于法律或科研所界定的客观测量标准，可接受的范围也是由其他（社会）因素决定的，如某个社会的经济发展前景、个人经济地位、个人对未来的期望等。

② 我们有理由怀疑无条件基本收入能否提供这样一个退出选择（Birnbaum and De Wispelaere，2016）。在本章中，笔者只是假定无条件基本收入能提供退出选择，因为要是无条件基本收入能提供这样一个退出选择，它就要提供一个预想中对坏工作有影响的思想实验框架。不管无条件基本收入是否引入、能否提供退出选择，我们都会考虑坏工作的问题及其公平分配的问题。

无条件基本收入提供的基本保障外，人们还可以通过工作赚取额外的工资。笔者认为大多数人会坚持工作，因为他们觉得工作很有必要，工作可以提升（或维持）他们的社会地位或保持原有的生活方式，或者只是因为他们热爱自己的工作。

引入无条件基本收入会带来什么变化呢？坏工作及其分配会受到怎样的影响呢？笔者将讨论无条件基本收入引入后可能形成的三种趋势：（1）人们在选择自己的职业与发展方向时有更多的自主权；（2）工作环境的趋同；（3）某些坏工作的劳动力短缺。

更多关于职业选择与发展方向的自主权

引入基本收入仅仅会直接影响到工作的一个领域，即经济领域。因为没有基本收入，大多数人不得不为了生存、养家糊口而工作。在这种情况下，人们“无力防备雇主在小事上滥用职权，也无法与其随意解雇员工的权力抗争”（Pettit，2007：5）。引入某些法律限制或成立工会只是在一定程度上保护了员工的权益，因为雇主仍旧占据上风。例如，由于经济下行或失业率上升，人们不得不为足够的收入保障担忧，对潜在的收入来源“挑三拣四”是种奢侈，许多人都担负不起，而且无论工作的本质如何，竞争都将非常激烈。

引入基本收入可能会彻底改变这种状况，因为人们不再需要像以前那样担心失业。在这种情况下，人们将更加自主地决定自己的职业选择和发展方向。一方面，人们可能会在职业生涯的开始就备受鼓励去选择自己想做的工作（如为无政府组织工作或成为一名艺术家），而不是受目前或未来经济地位的影响而被迫选择“容易成功的”职业（如担任企业顾问，或者只是为了以后能够有学上而参军）。另一方面，已经找到工作的人，可能打算寻找更满意的新工作以改善现状。然而，人们是否愿意从事这份工作在很大程度上取决于其对这份工作是否满意。一般而言，引入无条件基本收入后，人们往往会重新考虑自己的职业选择，但是人们仍然很难放弃工作及随之而来的一切（同事、收入、社会声望等）。但工作环境越差、工作满意度越低，人们越可能辞职寻找更适合的工作。因此，引入无条件基本收入可以为人们创造时间和机会，使其考虑哪种工作符合自己的需要与偏好。如果这些因素发生变化，人们也可以重新考虑自己的选择，改变自己的职业。工作与人们的整体一致性及由此带来的工作满意度将会大幅提高。

在选择合适的职业、决定自身职业发展方向方面，个人将会有更大的决定权和影响力。一般而言，一个人事业的进步往往与其工作时间有关。在拥有一份全职工作的情况下，加班加点、随叫随到往往是通往事业成功之路的必要条件。更糟糕的是，仅仅保住这份工作就需要员工无报酬地加班。无条件基本收入可以消除员工的大部分经济压力，降低雇主的控制权。人们无须为减少工作时间而忧心，从而有更多的时间陪伴朋友与家人、培养兴趣爱好等。因此，很多人不会选择在工作时长上与他人竞争，而是在某种程度上选择退出激烈的工作时长竞争，这样就能更好地平衡工作与生活。

工作环境的趋同

尽管无条件基本收入的引入有望增加人们在职业生涯的选择和发展方面的发言权，但是发展也可能会发生意外的转向，这种转向可能不受欢迎。例如，响应某种号召而从事某项工作的人，容易受到剥削。已经有人愿意牺牲经济收入或声望去从事他们认为的有意义的重要工作（Bunderson and Thompson, 2009）。如果人们不再依赖体面的收入，这种趋势可能会变得更“糟”。正如之前所讨论的那样，当人们认识到无条件基本收入可以满足基本的需求时，可能就不会出于经济收入考虑追求事业，转而从事低薪但有意义或快乐的工作。更多的人可能也愿意投身于无偿工作，如花更多的时间待在家里、做家务或照看孩子。长期和全职的工作可能会减少。由于经济收入增加，有些人甚至可能偏向于从事灵活性更高的工作。例如，更喜欢在优步工作，自由决定工作安排，而不是在固定的出租车公司打工，受限于那里关于工人权利和工作时间的规定。人们能够更好地平衡工作与生活，能够在培养爱好、参加社交活动、建立工作之外的社会关系方面投入更多时间。事实上，许多工作的环境可能会因此而变差。①

---

① 评估工作环境时，工作环境是否的确变差或者提供经济保障是否不再重要，这很难提前决定。

这似乎与两个普遍持有的关于引入无条件基本收入对劳动力市场的影响的假设相矛盾：一是无条件基本收入将会导致雇主与员工间权力关系的巨大转换，而且有利于员工；二是员工可以要求更高的工资、更好的工作环境或者两者兼有。员工的议价能力确实有可能增强，因为劳动力市场退出选择实际上意味着减少雇主对员工的控制。拥有退出选择将会明显提升员工的议价能力。但是古勒维奇（Gourevitch，2016）指出，如果无条件基本收入取代了员工自发形成的集体组织，从长远来看这可能会削弱员工的地位。

笔者认为两个假设都对，只是适用于不同形式的工作。因此，员工的议价能力很有可能会被削弱，尤其是从事体面工作的工人，因为经济保障不再那么重要，而且人们更愿意牺牲某些经济或社会效益换取有意义的工作。如果人们不管工作条件如何，仍然愿意从事这些有意义的工作，那么员工的议价能力会更弱，这在员工的自组织能力减弱时尤为明显。同时，工作环境甚至会比以前更"差"。然而对大多数甚至所有的坏工作来说，情况恰恰相反。如前所述，可以假定，工作环境越差，人们就越有可能辞职或不从事有偿工作。这可能会导致工作质量与报酬的逆转。弗里德曼（Friedman）说过：

> 如果无论雷德·亚戴尔（Red Adair）是否扑灭难以控制的油井火灾，他的收入都不会变，那他为什么要执行这次危险的任务呢？他可能是因为觉得刺激才这样做的。但是这项工作会成为他的主要活动吗？如果无论你努力工作与否，你的收入都不会变，那么你为什么要努力工作呢？（Friedman，1980：23）

因此，在无条件基本收入足够高的社会里，市场最终可能会将工作报酬与工作质量和本质挂钩，帮助从事坏工作的人更好地"权衡"两者的关系。那时收入高的工作可能就是琐碎的、非自我驱动的、令人反感的、有害的或社会声望低的工作。然而，体面的或有意义的工作收入却很低。在许多情况下，更高的（金钱）奖励可能足以吸引人们从事坏工作，因此不要期待从本质上改善坏工作的设计。如果打扫办公室能够帮助一名大学生支付下学期的学费，他可能就不会介意这么做。一对夫妇想在加勒比海的豪华度假胜地待上几周，也许就不会介意在流水线上打一阵工来赚取必需的费用。① 反过来，这可能会彻底改变坏工作的分配问题：目前坏工作主要是由别无选择的人完成的，更高的奖励可能会吸引不同社会地位的人。

某些坏工作的劳动力短缺

虽然市场通过逆转工作质量与收入的关系帮助从事某些坏工作的人更好地“权衡”两者的关系，但是市场可能无法分配所有形式的坏工作。某些工作会给人造成严重的伤害，以致市场提供的奖励都无法补偿从事这些工作的人。如果存在退出选择，不管报酬多少，人们都不会愿意忍受这种伤害。为此，我们首先要思考一下哪种形式的工作可以得到合理补偿。

每种工作都要求人们忍受一定的无效性，如一周几天的通勤、无法自主安排的几个小时、完成某些不愉快的任务等。在这种情况下，我们通常假定福利（金钱）能够补偿劳动的无效性，即“人力劳动所固有的不适、不安、不便或疼痛”（Von Mises，2007：612），而且通常存在一种公平的补偿方案。我们可能不知道补偿工作负担所需金钱的确切数额（或其他福利的精确量值），但我们很清楚公平的奖励制度该有的样子。例如，虽然我们不清楚公平的补偿是什么样子的，但是如果X能够提供相同的偏好满意度，X（如金钱）就可以补偿Y（如因通勤而减少的自由时间），这与诺齐克的观点不同。②

但是这也适用于坏工作吗？笔者之前提到过，原则上任意一类坏工作

---

① 可以说，引入无条件基本收入后，最大的进步就是社会上穷人的状况可能会有所改善。没有从事有意义工作的迫切经济需要，只是因为彻底绝望而从事坏工作的人将有说“不”的权利。但是也有可能出现路径依赖的新恶性循环：和其他人相比，有些人可能无法靠无条件基本收入提供的金钱生活，因此再次依赖快速获得高收入的工作；有些人可能出于虚假的安全感，在花费无条件基本收入时大手大脚；有些人可能消费更高或花销更大；有些嗜赌成瘾或者欠债的人可能会变本加厉。因此，尽管有无条件基本收入，一些弱势群体还是很容易再次从事坏工作。

② Robert Nozick, *Anarchy*, *State*, *and Utopia* (Cambridge, MA: Harvard University Press), p. 57. 然而由于偏见或不理性，与偏好形成中断或偏好满意度感知相关的方法存在严重的问题。评估某些条件什么时候会变得有害时，依据科学研究似乎更有希望。鉴于目前的经济可能性，可接受的风险与伤害等级仍然取决于社会共识。

的负参数值都足以让我们从客观上认定其为坏工作。理由是负参数值意味着人们的身心健康、幸福感、自尊和/或个人发展受到严重伤害。但是在许多情况下，某一类的负参数值可以与另一类的正参数值持平。孤独的卡车司机可以通过少工多酬的方式得到补偿，因为他不得不独自工作。虽然这改变不了工作与社会隔绝的事实，但他可以花费额外的时间和金钱加入体育会所，在那里他可以认识更多的人。在许多情况下，坏工作的伤害是可逆的，可以通过其他福利弥补。上述机制可以这样定义：如果退出劳动力市场的选择以无条件基本收入的形式出现，那么这些坏工作将会得到更好的补偿，工作环境也会得到改善，这将足以吸引人们从事这些工作。

然而，这种推理并不适用于所有形式的坏工作。想想“镭女孩”的例子：这些女孩大多数才 20 岁出头或更小，从事用镭制成的自发光涂料给表盘上色的工作。起初，她们只是身上闪耀着光环，这让她们看起来像黑暗中发光的天使。然而，后来她们开始贫血、骨折、下颌骨脱落，随后又因镭中毒而过早地痛苦死去（Moore，2017）。很难相信有人会认为这些伤害可以得到合理的补偿。你可能认为这是一个非常极端的例子，然而许多人每天不得不冒着高风险工作，如士兵、战区非政府组织的工人、宇航员、专业运动员、赛车手等。某些工作负担的负效用很大，以致工人无法得到补偿，因此与福利不相称。如果某些坏工作给工人造成了永久且不可逆的伤害，严重影响工人的生活、身心功能或自尊，那么这些坏工作无法用福利来衡量。在这种情况下，我们无法想象也无法弥补带给工人（及其亲人）的伤害和痛苦，金钱或其他资源可能也不足以补偿他们。这种情况最常见于有害的、令人反感的、社会声望低的工作。正参数值可以使其他范畴中的负参数值“更容易承受”，但是它们无法消除有害影响。因此，以高收入、优厚的雇用条件和良好社会声望来奖励从事坏工作的人是必要的，但不足以弥补其负效用。[①]

---

① 斯坦奇克（Stanczyk，2012：154）指出，高奖金常常不足以吸引工人。尽管美国有些农村地区提供科研经费且医师的平均年薪占到全国家庭收入分配的 96%，但还是吸引不到足够的医师，农村地区的医疗救治依然困难。

鉴于坏工作给人造成的永久且不可逆的伤害不可衡量，如果诸如无条件基本收入这样的合理退出选择存在，预计将出现严重的劳动力短缺现象。如果这些工作具有社会必要性，也就是说，对特定社会中基本权利和自由的保障机构来说，这些工作不可或缺，那么它可能会对社会造成严重的后果。社会必要性与非必要性工作的明确界限取决于特定的社会，而且可能随着时间的推移而改变。然而，扪心自问：如果整个工人阶级消失了会怎么样？如果不再有人愿意做建筑工人或当兵会怎么样？这些问题有助于我们对社会必要性形成粗略的认识。“很明显，假如他们像一缕烟一样消散不见，灾难会就此降临。”（Graeber，2013）

如果人们真的团结起来拒绝某些坏工作，一旦他们有机会这样做，就会敦促我们重新思考我们目前处理坏工作的方式。有两条互补的路径可供选择①，当然，第一条路径就是尽可能合理地改进社会必要的、情况各异的坏工作。虽然这可能在一定程度上有助于改善坏工作，将其所涉及的危害降到最低，但某些坏工作可能依然很难得到改善。例如，在所有的职业中，建筑工作由高空坠落、触电等造成的死亡人数最多。如果加强安全措施，意外死亡的人数可能会明显下降。然而，并非所有的风险和危险都能完全预防。工人在操作重型机械时，一秒钟的疏忽就可能造成肢体残疾甚至死亡。如果无法改善或实现自动化②，社会可能会再三考虑这项工作是否真的有必要。例如，找不到愿意在煤矿工作的工人可能会促进煤炭向绿色能源的转变。但是这并不是唯一的选择。很明显，最公平的解决办法就是社会成员公平分担坏工作。几个世纪以来，许多社会必要的坏工作分担制度已经形成。例如，19 世纪的法国曾短暂恢复徭役制度：为了选举，每个身体健全的人都必须为大众服务三天（如公路养护）；以色列、韩国等国家依然实行义务兵役制，以便社会成员公平分担国防义务。又如，在德国，男性可以决定参军或参与社会工作、照顾病人或老人。这些分担社会所必需的坏工作的制度承认了一个事实，即许多市场驱动的国家似乎遗忘

① 当然，这两条路径只适用于非常有道德的社会、紧密的社会或各个国家都能提供足够高且无条件基本收入的世界。否则，社会可能只是将坏工作“出口”到其他更贫穷的国家——全球劳动力预备军。在许多工业发达的国家已经可以看到这一现象了。

② 或者可以说，如果自动化成本太不切实际。

了一件事——社会必要的坏工作意味着社会义务，在平等的社会中，应该由所有社会成员公平分担。引入无条件基本收入将有助于进一步恢复公民责任的概念。

结　语

引入无条件基本收入（或相似的措施）可能会造成这样一种局面：每个人都有经济能力过上体面的生活，而不依赖其对劳动力市场的贡献。如果有这样一个退出选择，它如何影响坏工作及其分配呢？它会带来怎样的变化？首先，有些坏工作会有所改进，因为人们在职业选择和发展方向方面有更多的自主权，所以主观上的坏工作会减少。工作环境可能会得到改善、工作时间可能会更加灵活，这将降低在工作中建立社交关系的机会的重要性。与社会隔绝的工作可能因此不再符合坏工作的标准。同样，工作提供经济保障的程度可能在评价工作环境时不再重要，因为无条件基本收入在一定程度上已经提供了这种保障。其次，工作报酬和整体的工作环境可能会与工作质量和工作本质挂钩，从事坏工作的人将获得最高的激励。这可能导致工作环境整体趋同，即坏工作的工作环境可能得到改善，那些相对体面的工作的环境可能变差。但是不要期待工作设计与劳动力社会分工会从本质上得到改变。最后，无条件基本收入可能以两种方式影响坏工作的分配：第一，由于报酬与工作质量挂钩，无法改善的坏工作将会更加平等地分配给所有的社会成员。第二，无法改善的坏工作会对人造成永久且不可逆的伤害，因此没有人愿意做。如果这些工作具有社会必要性，那么它们将引发严重的社会问题。因此，引入无条件基本收入并不能解决坏工作的问题。但是，考虑无条件基本收入及其对坏工作的影响，促使我们反思当今社会对其所必需的坏工作的处理方式。实际上，只是因为社会上还没有真正的退出选择，社会就强迫整个阶层（或国家）的人做肮脏的工作，我们还能假装这样的社会没有过错吗？如果不能，我们就需要开始思考另一个问题，即如何以更公平的方式分配社会所必需的坏工作？

参考文献

Arneson, R.J. 2009. "Meaningful Work and Market Socialism Revisited." *Analyse and Kritik* 31(1): 139–151.

Arnold, S. 2012. "The Difference Principle at Work." *The Journal of Political Philosophy* 20(1): 94–118.

Bailey, C. and Madden, A. 2016. "What Makes Work Meaningful: Or Meaningless." *MIT Sloan Management Review*: 53–61.

Beadle, R. and Knight, K. 2012. "Virtue and Meaningful Work." *Business Ethics Quarterly* 22(2): 433–450.

Birnbaum, S. and De Wispelaere, J. 2016. "Basic Income in the Capitalist Economy: The Mirage of 'Exit' From Employment." *Basic Income Studies* 11(1): 61–74.

Brecht, B. 1990. *Werkausgabe*, Vol. 9, Reprint of the 1967 edition. Frankfurt/Main: Edition Suhrkamp.

Bunderson, S. and Thompson, J. 2009. "The Call of the Wild: Zookeepers, Callings, and the Double-Edged Sword of Deeply Meaningful Work." *Administrative Science Quarterly* 54(1): 1–50.

Carré, F. et al. 2012. "Job Quality: Issues and Developments." In: *Are Bad Jobs Inevitable? Trends, Determinants and Responses to Job Quality in the Twenty-First Century: Critical Perspectives on Work and Employment*, 1st ed., edited by F. Carré, P. Findlay, C. Warhurst and C. Tilly, 1–24. Basingstoke: Palgrave Macmillan.

Clark, S. 2017. "Good Work." *Journal of Applied Philosophy* 34(1): 61–73.

Dao, J. 2013. "Drone Pilots Are Found to Get Stress Disorders Much as Those in Combat." *New York Times*, 22 February 2013. http://www.nytimes.com/2013/02/23/us/drone-pilots-found-to-get-stress-disorders-much-as-those-in-combat-do.html?_r=0.

Dutton, J., Roberts, L., and Bednar, J. 2010. "Pathways for Positive Identity Construction at Work: Four Types of Positive Identity and the Building of Social Resources." *Academy of Management Review* 35(2): 265–293.

Fried, Y. and Ferris, G.R. 1987. "The Validity of the Job Characteristic Model: A Review and Meta-Analysis." *Personnel Psychology* 40(2): 287–322.

Friedman, M. and Friedman, R. 1980. *Free to Choose: A Personal Statement*. New York: Harcourt Brace Jovanovich.

Friedrich-Ebert-Foundation. 2017. "Workers in the Global Economy and Trade Policy." *FES Connect*. www.fes-connect.org/monthly-focus/detail/april-workers-in-the-global-economy-and-trade-policy/ [Accessed 17 March 2017].

Füllsack, M. 2009. *Arbeit*. utb Profile 3235. Stuttgart: UTB GmbH.

Garson, B. 2014. *Down the Up Escalator: How the 99 Percent Live*. New York: Anchor Books.

Geldenhuys, M., Laba, K., and Venter, C.M. 2014. "Meaningful Work, Work Engagement and Organisational Commitment." *SA Journal of Industrial Psychology* 40(1): 1–10.

Gourevitch, A. 2016. "The Limits of a Basic Income: Means and Ends of Workplace Democracy." *Basic Income Studies* 11(1): 17–28.
Graeber, D. 2013. "On the Phenomenon of Bullshit Jobs." [Online] *STRIKE! Magazine*. http://strikemag.org/bullshit-jobs/ [Accessed 11 March 2017].
Hall, R.H. 1986. *Dimensions of Work*. Beverly Hills: Sage Publication.
Hsieh, N.-H. 2008. "Survey Article: Justice in Production." *Journal of Political Philosophy* 16(1): 72–100.
Hughes, E.C. 1951. "Work and Self." In *Social Psychology at the Crossroads*, edited by J. H. Rohrer and M. Sherif, 313–323. New York: Harper and Row.
Hughes, E.C. 1962. "Good People and Dirty Work." *Social Problems* 10(1): 3–11.
Kalleberg, A.L. 1977. "Work Values and Job Rewards: A Theory of Job Satisfaction." *American Sociological Review* 42(1): 124–143.
Kalleberg, A.L. 2000. "Nonstandard Employment Relations: Part-Time, Temporary and Contract Work." *Annual Review of Sociology* 26: 341–365.
Kalleberg, A.L. 2008. *Precarious Work, Insecure Workers: Employment Relations in Transition*. Presidential Address at the University of North Carolina at Chapel Hill.
Labatut, J. et al. 2016. "Routinized Killing of Animals. Going Beyond Dirty Work and Prestige to Understand the Well-Being of Slaughterhouse Workers." *Organization* 23(3): 351–369.
Lane, R.E. 1991. *The Market Experience*. Cambridge: Cambridge University Press.
Marx, K. 1890/1990. Das Kapital: Kritik der politischen Ökonomie. In *Collected Works of Karl Marx and Friedrich Engels*, Vol. 10, 1st ed., edited by the International Marx-Engels-Foundation. Berlin: Dietz Verlag.
McGovern, P., Smeaton, D., and Hill, S. 2004. "Bad Jobs in Britain: Nonstandard Employment and Job Quality." *Work and Occupations* 31(2): 225–249.
Michaelson, C., Pratt, M., Grant, A., and Dunn, C. 2014. "Meaningful Work: Connecting Business Ethics and Organization Studies." *Journal of Bus Ethics* 121(1): 77–90.
Moore, K. 2017. *Radium Girls: The Dark Story of America's Shining Women*. Naperville: Sourcebooks.
Nozick, R. 1974. *Anarchy, State, and Utopia*. Cambridge, MA: Harvard University Press.
Pettit, P. 2007. "A Republican Right to Basic Income?" *An International Journal of Basic Income Research* 2(2): 1–8.
Pratt, M.G., Pradies, C., and Lepisto, D.A. 2013. "Doing Well, Doing Good, and Doing With: Organizational Practices for Effectively Cultivating Meaningful Work." In *Purpose and Meaning in the Workplace*, edited by B.J. Dik, Z.S. Byrne and M.F. Steger, 173–196. Washington, DC: American Psychological Association.
Prochazka, T. 2016. "UK's Social Security Needs a 'Fundamental Rethink'." Interview with Stewart Lansley. *Basic Income Earth Network*. http://basicincome.org/news/2016/07/interview-uks-social-security-needs-a-fundamental-rethink/ [Accessed 24 March 2017].

Raventós, S. 2016. *Socioeconomic Inequality and Mental Health: The Proposal of a Basic Income as a Means to Protect and Promote Mental Health*. PhD. diss. Barcelona: Autonomous University of Barcelona.

Roessler, B. 2012. "Meaningful Work: Arguments From Autonomy." *Journal of Political Philosophy* 20(1): 71–93.

Rosso, B., Dekas, K., and Wrzesniewski, A. 2010. "On the Meaning of Work: A Theoretical Integration and Review." *Research in Organizational Behavior* 30: 91–127.

Somavia, J. 2004. "The ILO Decent Work Agenda as the Aspiration of People: The Insertion of Values and Ethics in the Global Economy." In *Philosophical and Spiritual Perspectives on Decent Work*, edited by D. Peccoud, 3–11. Geneva: International Labour Office.

Stanczyk, L. 2012. "Productive Justice." *Philosophy and Public Affairs* 40(2): 144–164.

Standing, G. 2011. *The Precariat: The New Dangerous Class*. London: Bloomsbury Academic.

Tangian, A. 2007. *Is Work in Europe Decent? A Study Based on the 4th European Survey of Working Conditions in the Year 2005*. WSI-Diskussionspapier 157. Düsseldorf: Hans-Böckler-Stiftung.

United States Department of Labour. n.n. *Commonly Used Statistics of the Occupational Safety and Health Administration*. Data for the year 2016. https://www.osha.gov/oshstats/commonstats.html [Accessed 11 November 2018].

van Dick, R. 2003. "My Job Is My Castle: Identification in Organizational Contexts." In *International Review of Industrial and Organizational Psychology*, edited by C.L. Cooper und I.T. Robertson, 171–203. Chichester: John Wiley and Sons, Ltd.

Veltman, A. 2016. *Meaningful Work*. Oxford: Oxford University Press.

Von Mises, L. 2007. *Human Action: A Treatise on Economics*, Vol. 4, edited by B.B. Greaves. Indianapolis: Liberty Fund.

Walzer, M. 1983. *Spheres of Justice: A Defense of Pluralism and Equality*. New York: Basic Books.

Widerquist, K. 2013. *Independence, Propertylessness and Basic Income*. New York: Palgrave Macmillan.

Wilde, O. 1915. *The Soul of Man Under Socialism*. New York: Max. N. Maisel.

Yeoman, R. 2014. "Conceptualizing Meaningful Work as a Fundamental Human Need." *Journal of Business Ethics* 125(2): 235–251.

第十章　基本收入和亲密劳动

维达·潘尼奇

无条件基本收入计划已经开始获得来自意识形态两派（左翼和右翼）的政治支持。一方面，相较于传统的物质福利计划，无条件基本收入计划减少了家长制作风，降低了实施成本，同时更加注重提升受惠者的个人满意度和责任感。另一方面，在工作的不稳定性增强时，无条件基本收入计划将受助者从劳动力市场的制约中解放出来，并帮助他们增强社会归属感和凝聚力。本章探讨的是，针对特定类型的劳动力市场（亲密劳动力市场），无条件基本收入计划是否也能吸引左翼和右翼的关注？本章旨在说明，无条件基本收入计划有望解决一个存在已久的争议，那就是关于亲密劳动的销售许可问题。这里所说的亲密劳动，不仅指性工作，还涉及生殖技术、有偿捐卵等。

自由主义和社群主义理论家一直在如何对亲密劳动做出适当的刑法规定这个问题上争论不休。自由主义理论家认为，亲密劳动存在道德隐患，因为这往往是个人处于绝境时做出的选择。但在他们看来，将亲密劳动定性为犯罪只会进一步限制个体的自主性。这一做法可能会保护一部分人免于做出迫不得已的选择，但损害了一部分真正享受这项工作的人的职业选择权。相反，社群主义理论家认为，性工作和商业性生殖行为应该被定罪；亲密关系和母性关系不应该转变成另一种形式的有偿劳动，这两种关系只有建立在同类感情的基础上才会变得有意义，而不应该仅仅为了从市场交易中获利。

无条件基本收入计划可以更好地解决自由主义者和社群主义者的忧虑。实际上，任何一方的担忧都不能通过对各自有利的刑法规定来解决，自由主义和社群主义理论家的努力都将更充分地证实无条件基本收入计划的有效性。本章将分四个部分进行论证。在第一部分，笔者将阐明自由主义者关于使亲密劳动合法化的论点，以及社群主义者关于对其进行刑事定罪的论点。在第二部分和第三部分，笔者将进一步阐释双方关于无条件基本收入计划的看法。相较于自由主义和社群主义理论家倾向的刑法对策，无条件基本收入计划具有更大的潜力来解决亲密劳动引发的问题。当然，无条件基本收入计划并不像也不应该像它的支持者所过度期望的那样，是解决任何现实或意识形态难题的根本之策。基本收入水平应该高到不工作就可以养活自己，至少在那些迫于生存不得不选择的行业内是这样的。但是如果将其设置得太高，那么无条件基本收入计划就会难以为继。恰恰是因为人们都可以选择不去工作，所以国家会丧失税收基础。基本收入的覆盖范围同样与此紧密相关，因为如果要用无条件基本收入计划取代而不是完善现有的福利计划，那么从实现自由主义和社群主义目标的角度来看，哪些项目会被取代以及它们将在多大程度上被逐步淘汰都很重要。因此，在第四部分，笔者将论证无条件基本收入计划能否真正成功地回应自由主义者和社群主义者各自对亲密劳动的关切，而这在很大程度上取决于基本收入的基准和覆盖范围。

亲密劳动和刑法

所谓亲密劳动，主要指一些人利用身体私密部位或亲密的生理接触以换取金钱、好处或商品的一种工作形式，包括广义上的卖淫、卵子销售等。

围绕亲密劳动，刑法有各种不同的规定，这表明从道德和法律层面上，人们还没有做好接受亲密劳动的准备。或许因为社会讨论确实会产生一定的影响，理论家和活动家都热衷于就是否应该禁止亲密劳动来阐述他们或支持或反对的观点。争论突出了亲密劳动的一个特点，那就是它属于一种独特的实践类别，只要不涉及金钱，这种做法往往是被允许的。这个特点既使亲密劳动不同于其他有争议的事物（如选票，既不能出售也不鼓励无偿转让），也使它不同于其他有争议的社会问题，后者往往需要求助于刑法。以色情制品为例，对希望全面禁止色情传播的人来说，即使它们的制作和传播是免费的，他们也不会持赞同态度。因此，有关刑法争论的焦点不在于是否应该允许非亲密者之间的性行为或捐卵行为，而在于这些行为能否是有偿的。

传统自由主义理论家认为，刑法对亲密劳动的正确回应是非刑事化，这样能从根本上保护个人的自主权。① 当然，自由主义者担心有些女性不是因为真的喜欢才去从事性和生殖交易，而是因为她们别无选择。在一个以收入不平等为特征的社会，往往存在着性别和种族歧视，部分处于不利地位的女性除了从事亲密劳动别无选择。因此，如果完全按照自由主义者的思路，亲密劳动就有一种片面的脆弱性，是铤而走险的选择，甚至带有剥削性交换的特征。然而，从自由主义的角度来看，这并不能从根本上证明对亲密劳动实施刑事禁令是正确的。②

剥削可以是互惠的，也就是说，即便是不公平的交易，也可以对弱势一方非常有利。正如艾伦·韦特海默（Alan Wertheimer）所说，在评估自由主义国家是否有理由干涉互利的剥削性交易时，重要的不是各方所持话语权的公平性，而是各方如何达成一致。③ 虽然剥削性交易是互利的，但它是不正当的，它损害了个人的自主权，具有误导性、胁迫性或无知情同意能力的特征。由于在进行性工作时经常会发生身体暴力，因此胁迫有时会以各种形式出现。它也可以表现为伴侣、皮条客或瘾君子所施加的心理或生理控制。④ 但是，若出现上述三种情况，则表明单个交易的非法性，

---

① Peter de Marneffe, *Liberalism and Prostitution* (New York: Oxford University Press, 2010).

② Martha Nussbaum, "Whether From Reason or Prejudice: Taking Money for Bodily Services," in her *Sex and Social Justice* (New York: Oxford, 1999); Karen Green, "Prostitution, Exploitation, and Taboo," *Philosophy* 64, no. 250 (1989): 525 – 534; Alison Jaggar, "Prostitution," in *The Philosophy of Sex: Contemporary Readings*, 1st ed. Alan Soble (Totowa: Rowman and Littlefield, 1980), pp. 348 – 368; Lars Ericson, "Charges Against Prostitution: An Attempt at a Philosophical Assessment," *Ethics* 90, no. 3 (1980): 335 – 366.

③ Alan Wertheimer, *Exploitation* (Princeton: Princeton University Press, 1999).

④ Ronald Weitzer, "Sociology of Sex work," *Annual Review of sociology* 35, no. 1 (2009): 213 – 234.

而不是整个行业的非法性。

从自由主义的角度出发，如果说某一行业是非法的，就需要证明对该行业表示同意从理论上来说是不可能的。那为什么人们允许不涉及金钱的性爱，反之却不允许呢？金钱可能会成为一种不当诱因，促使人们去做本来不会选择的工作。如果是这样的话，大量的有偿劳动也同样起到了诱导作用。当然，确实存在一些理论上不被允许的情况，比如奴隶制，但是人们反对奴隶制并不是因为其涉及金钱交换。[①] 我们不允许用金钱交换奴隶，也不允许无偿奴役，因为我们不允许的是奴役本身，而不是购买这一行为。当然，尽管从理论上讲并非不可行，但只要能证明实际情况不存在知情同意，也能说某个行业是非法的。但是，这种说法在现实中是站不住脚的，因为性工作、有偿捐卵等的最强声援者是部分女性，她们认为这项工作是有回报的、体现自主性的、有治愈作用的，比其他的许多选择更可取。[②] 我们不能轻易地否认上述事实，也不能简单地说这些女性都是被迫做出这种选择或被错误观念所毒害。

如果以知情同意在理论上不可能、在实际情况中不存在或者出于无奈被迫同意为由，认定亲密劳动这一行业是非法的，就否定了从事这一行业的女性的真实经历，并质疑其自主行为能力。从自由主义的角度来看，刑事制裁不仅妨碍了有自主权的女性过上她们想要的美好生活，还质疑她们的自主能力。因此，自由主义者没有理由谴责亲密劳动这个行业；相反，自由主义者既然非常看重自主权，就应该得出亲密劳动非刑事化的结论。但是，有人担心很多交易是出于个人的绝望和脆弱，而以上结论对这种合理的担忧无能为力。一些自由主义理论家承认这种方案并没有回应他们最初的道德关切，因此，他们为亲密劳动所作的非刑事

---

① John Stuart Mill, *On Liberty* (Cambridge: Cambridge University Press, 2011), pp. 168 - 208.

② Karen Busby and Delaney Vun, "Revisiting *The Handmaid's Tale*: Feminist Theory Meets Empirical Research on Surrogate Mothers," *Canadian Journal of Family Law* 26, no. 1 (2010): 13 - 93; Angela Campbell, *Sister Wives, Surrogates and Sex Workers: Outlaws by Choice?* (New York: Routledge, 2016); Alexandra Murphy and Sudir Venkatesh, "Vice Careers: The Changing Contours of Sex Work in New York City," *Qualitative Sociology* 29, no. 2 (2006): 129 - 154.

化辩护有些不情不愿。①

传统社群主义理论家认为，自由主义者只能得出这种勉强甚至自相矛盾的结论。社群主义者认为，为了弄清楚亲密劳动的问题所在，我们需要减少对交易性剥削的关注，而更多地聚焦整个行业的商业化。② 整个亲密劳动行业（而不仅仅针对其中的特定实例）的问题在于对性、妊娠和卵子的价值分配。商品化会损害利他主义，若遵循利他主义或着眼于促进利他主义，则应适当地分享和享用它们。③ 市场竞争规范，包括个人利益、讨价还价和支付能力，但这些规范并不适用于那些对人际关系的建立而言非常重要的东西。④ 这些规范将社会关系转化为资本关系。竞争和利己主义不仅不利于个人的幸福成长，因为个人的美好生活离不开亲密的人际关系，也不利于个人的长远发展，因为城市的繁荣有赖于社会的团结。⑤

安德森认为，只有在那些寻求通过亲密关系增进彼此幸福的人之间进行性交换时，性才保留其应有的价值。在她看来，若性结合服从于体现市场关系的竞争性和利己性规范，其真正的价值就会受到威胁。⑥ 同样，怀孕是建立母子（母女）关系的一种手段，母性的无私亦与之相关联，将利己和讨价还价作为准则就是侮辱了母性最核心的品质。⑦ 安德森认为，如

---

① Scott A. Anderson, "Prostitution and Sexual Autonomy," *Ethics* 112, no. 3 (2002): 748 – 780; Debra Satz, "Markets in Womens Sexual Labor," *Ethics* 106, no. 1 (1995): 63 – 85; Laurie Shrage, *Moral Dilemmas of feminism: Prostitution, Adultery, and Abortion* (New York: Routledge, 1994), pp. 99 – 161.

② 重要的是我们要承认，哲学和法律层面的辩论在很大程度上把性工作和妊娠工作分开来对待。一般来说，关于卖淫的争论涉及自由女权主义者与激进女权主义者之间的对抗，而非与社群主义者的对抗。然而，关于卵子销售等的辩论则更明显地体现了社群主义和关系平等理论与自由主义的对立。

③ Michael J. Sandel, *What Money Can't Buy: The Moral Limits of the Market* (New York: Farrar, Straus and Girous, 2012).

④ Elizabeth Anderson, "Ethical Limitations of the market," *Economics and Philosophy* 6, no. 2 (1990): 179 – 205; Michael Walzer, *Spheres of Justice: A Defense of Pluralism and Equality* (New York: Basic Books, 1984).

⑤ Charles Taylor, "Atomism," in his *Philosophy and the Human Sciences* (Cambridge: Cambridge University Press, 1985), pp. 187 – 210.

⑥ Elizabeth Anderson, "Is Women's Labor a Commodity?" *Philosophy and Public affairs* 19, no. 1 (1990): 71 – 92.

⑦ Elizabeth Anderson, "Is Women's Labor a Commodity?" *Philosophy and Public affairs* 19, no. 1 (1990): 71 – 92.

果这些行为被市场交换的原则所支配，我们就无法体会到亲密关系和母性的真正价值，因为它们的真正价值就在于它们本质上是善的。她进一步指出，市场规范的渗透不仅危及个人关系，还危及公民关系。随着竞争性市场关系的发展，它们取代了亲密关系所依赖的利他主义和公民关系所依赖的团结主义。①

许多理论家提出了不同的观点，但最终结论都是支持将亲密劳动定为犯罪。② 然而问题在于，刑事禁令并不一定能解除社群主义者的担忧。玛格丽特·拉丁（Margaret Radin）警告说，我们身处的世界并非理想世界，虽然我们希望刑事制裁有效，但刑事制裁与其说保护了亲密关系和母性的价值，不如说抹杀了许多女性最后的最优选择，或者更糟的是，将她们推向“影子经济”③。众所周知，涉及性、妊娠和卵子的灰色交易不利于女性的健康与幸福。④ “影子经济”的发展同样清楚地表明，刑事禁令并不能保护亲密关系免受市场腐败规范的侵害。黑市终究是以讨价还价、竞争和利己为特征的市场。社群主义者青睐的刑法手段只会使合法市场变成黑市，因此，刑事制裁根本就不是解决问题的根本办法。

在为亲密劳动合法化提供自主性论据时，针对绝望感和脆弱感在剥削性交换中起到的作用，自由主义者好像被迫对其合理担忧闭口不谈。而社群主义者从人际关系或巩固团结角度提出支持刑事化的论点时，他们所面临的现实问题是，黑市不仅更危险，还遵循不亚于合法市场的竞争规范。因此，对社群主义者所呼吁的通过刑事化来保护的那种社会关系来说，黑

---

① Elizabeth Anderson, “Is Women's Labor a Commodity?” *Philosophy and Public affairs* 19, no. 1 (1990): 71 – 92.

② Carole Pateman, “What's Wrong with Prostitution?” *Womens Studies Quarterly* 27, nos. 1 – 2 (1999): 53 – 64; Mary Warnock, *Report of the Committee of Inquiry Into Human Fertilization and Embryology* (London: HMSO, 1984); Margaret Sommerville, *The Ethical Canary* (Toronto: Penguin Canada, 2000).

③ Margaret Jane Radin, *Contested Commodities* (Cambridge, MA: Harvard University Press, 1996), pp. 123 – 130.

④ Scott Carney, *The Red Market* (New York: William Morrow, 2011). 考虑到这些因素，世界卫生组织（WHO）建议在全球范围内取消对性工作的刑事定罪，参见：*Consolidated Guidelines on HIV Prevention, Diagnosis, Treatment and Care for Key Populations*, 2014, http://apps.who.int/iris/bitstream/10665/128048/1/9789241507431_eng.pdf?ua=1&ua=1.

市同样是有害的。如果这两个阵营的理论家对他们各自偏好的刑法解决方案都不满意（他们理应不满意），我们不禁要问，争论是否将亲密劳动刑事化有什么意义？他们共同努力能实现更好的结果吗？

自治、社区和基本收入

这一部分论证的内容是，无条件基本收入可以更好地解决自由主义者和社群主义者对亲密劳动的担忧。关于是否将亲密劳动定为刑事犯罪，自由主义和社群主义理论家或支持或反对，其理由正与支持基本收入的两个主要论点相一致。为此，本部分将说明，从自治角度出发的自由主义论点和从巩固团结角度出发的社群主义论点构成了支持无条件基本收入的两个主要理由。

自由主义者对基本收入的论点基于对自治和自由之间关系的理解，在这种关系下，自主生活的自由不仅依赖于对真正的权利和自由的保障，还依赖于赋予个人客观机会，使其能够成为自己选择成为的人、做任何自己选择做的事。[①] 选择的自由如果只有形式上的保障，那它就是空洞的。实际上，从事自主选择的事情的自由需要一定的客观前提。范·帕里斯认为，不能说领工资的卑微劳动者拥有真正意义上的自由。虽然按照他有权享有的权利和自由，他可以在形式上拥有自我，但他仍然不能做真正的自己，因为他缺少机会，无法独自掌控外部对象，去做他自主选择的事情或成为他希望成为的人。在范·帕里斯看来，他并无自主权，因为他没有真正的自由。

> 真正的自由观认为，安全和自我所有权是自由的必要条件，而非充分条件，因为做任何事情都需要利用外部对象，仅靠安全和自我所有权是无法保障自由的……“真正的自由”这一理念包含安全、自我所有权和机会三大要素，而“形式上的自由”只包含前两个要素。[②]

范·帕里斯认为，无条件基本收入可以最好地保障人们的自由。在实

① Philippe Van Parijs, *Real Freedom for All: What (If Anything) Can Justify Capitalism?* (Oxford: Oxford University Press, 1995).

② Philippe Van Parijs, *Real Freedom for All: What (If Anything) Can Justify Capitalism?* (Oxford: Oxford University Press, 1995), pp. 21 - 22.

施已明确的计划时，“无条件”可以确保不会将任何特定的选择置于不利或优先地位，而现金支持也不会对个人所需物资的种类和数量做出预设。正如他所说的，基本收入的意义在于物质保障，因为物质保障是真正自由的基础；抑或在于确保选择自己想要过的生活的自由，包括“随心所欲地过不平凡的生活”的自由。① 不平凡的生活选择可能包括在马里布冲浪，还可能包括从事艺术、护理、学术或志愿服务工作，在典型的自由福利国家，所有这些都得不到有条件的转移支付的认可和支持。在给予公民不平凡生活的自由的同时，也给予他们平凡生活的自由，对那些本来会被拖入边缘化、污名化或剥削性工作的人来说，无条件基本收入可以为他们提供一个真正的选择机会。

然而，这种支持无条件基本收入的自由主义观点面临以下异议：

> 无条件基本收入并不要求有工作能力的人去工作，这促进了无责任的自由，从而违背和破坏了履行社会义务的理想，而社会义务是福利国家的根基……社会保险计划构成了现代福利国家的基础，也构成了伟大社会契约的条款。就像任何保险一样，人们购买获得他人帮助的权利，前提是自己有能力且愿意为他人提供帮助……当前的制度宣扬有能力的人可以享受休闲生活，很难想象，在这种制度下，上述社会契约如何得以维持。②

社会契约依赖于互惠原则。根据互惠原则，只要有能力，一个人所享有的社会产品份额必须取决于他是否愿意为之做出贡献。斯图尔特·怀特以“剥削”（因为懒惰之人显然在剥削生产者的劳动）为理由提出的反对意见对基本收入构成了相当大的挑战。③ 然而，对这一挑战的最佳回应，不是挖掘自由主义学说的互惠漏洞，而是认识到无条件基本收入还有第二个截然不同的基本原理。

---

① Philippe Van Parijs, *Real Freedom for All: What (If Anything) Can Justify Capitalism?* (Oxford: Oxford University Press, 1995), p. 33.

② Elizabeth Anderson, "Optional Freedoms," in *What's Wrong with a Free Lunch?* ed. Joel Rogers, Joshua Cohen, and Philippe Van Parijs (Boston: Beacon Press, 2001).

③ Stuart White, "Liberal Equality, Exploitation, and the Case for an Unconditional Basic Income," *Political Studies* 45, no. 2 (1997): 312-326.

基本收入是合乎情理的，不仅因为从自由主义的角度来看，它为人们提供了做自己想做的事的物质自由，还因为从社会关系或社群主义的角度来看，基本收入审查社会权利的资格以是否为某一群体的成员为基准，而不是以是否参与劳动力市场为基准。① 基本收入并不把社会权利限制在所谓的“应得者”（那些愿意但没有能力对经济做出生产性贡献的人）手中。更确切地说，基本收入可以确保所有公民在面对其劳动能力被市场所异化时，能真正拥有选择权，而这种选择权在资本主义经济体制下是不可能拥有的。② 基本收入视其为社会权利③，拥有这种权利的唯一合法条件是拥有公民身份或团体成员身份。从这个角度看，基本收入的基本理念不是鼓励闲散和“搭便车”，而是满足公民的社会权利，包括不将劳动力转化为市场商品的权利。

范·帕里斯指出，对无条件基本收入的这种辩护反映了长久以来“科学”社会主义和“乌托邦”社会主义对资本主义所做批判的一个关键要素，即无产阶级屈从于工资关系，进而屈从于资本家的统治。基于这个原因，无条件基本收入是合乎情理的，因为它实现了劳动的去商品化，并促进了个人自由和社会团结。正如哥斯塔·埃斯平-安德森（Gosta Esping-Andersen）所解释的那样，当一项服务变成了权利，就发生了去商品化，这样一个人就可以在不依赖市场的情况下维持生计。他指出：“商品化是指工人放弃对自己的工作的控制权以换取工资……在这种情况下，他们对市场的依赖得到确认。”他又指出：“如果一种制度允许雇员在从事工作以外的活动时获得报酬，这些活动包括抚养孩子、承担家庭责任、再教育、

---

① Philippe Van Parijs, “Why Surfers Should Be Fed: The Liberal Case for an Unconditional Basic Income,” *Philosophy and Public Affairs* 22, no. 2 (1991): 101 - 131; Bill Jordan, “Basic Income and the Common good,” in *Arguing for Basic Income: Ethical Foundations for a Radical Reform*, ed. Philippe Van Parijs (London: Verso, 1992), pp. 155 - 177.

② Claus Offe, “A Non-Productivist Design for Social Policy,” in *Arguing for Basic Income: Ethical Foundations for a Radical Reform*, ed. Philippe Van Parijs (London: Verso, 1992), pp. 61 - 80.

③ Carole Pateman, “Democratizing Citizenship: Some Advantages of a Basic Income,” *Politics and Society* 32, no. 1 (2004): 89 - 105.

组织活动，甚至是休闲活动……这些制度就真正做到了去商品化。”①

我们不必为了获得社会支持和实现社会权利而将劳动力商品化。否则，我们都将面临和低薪劳动者相同的选择——要么工作，要么挨饿。就像那些低薪劳动者一样，当我们被迫工作时，我们并不是真正的自由。但劳动力去商品化并不仅仅是为了保护真正的自由。当我们被迫出卖自己的劳动力以换取部分社会产品时，我们就陷入了买卖和雇佣的竞争关系中，这种竞争关系受到市场利己准则的支配。被迫将劳动力商品化，就等于被迫进入竞争性的市场关系，在这种关系中，我们的利益不可避免地与他人的利益对立。由此，我们被剥夺了在非竞争条件下与他人交往的机会②，社会团结也因此受到挑战。当面临劳动力商品化抉择时，无条件基本收入既保护了个人自由，也维系了社会团结。③ 它通过提供替代性选择，而不是通过将带薪劳动定为犯罪而实现上述目标。

亲密劳动和基本收入

不出所料，自由主义者主张将亲密劳动合法化的论据与其关于基本收入的论据的根源是一致的。公民能否自主地做出选择非常重要。无论是通过有条件的福利政策，还是通过刑事制裁，国家都不能决定公民对自己的生活做出怎样的自由选择。但是，关于亲密劳动是否应处以刑事制裁的讨论将就此打住：制裁限制了选择，因此我们倾向于取消制裁。但无论是制裁还是取消制裁，我们都不能真正改善做出选择的条件。支持基本收入的自由主义者认为，如果没有自主选择的物质前提，公民在形式上可能是自由的，但却不能享有真正的自由，去做自己选择的事或成为自己想成为的人。

---

① Gosta Esping-Andersen, *The Three Worlds of Welfare Capitalism* (Princeton: Princeton University Press, 1990), pp. 21–22.

② Xavier Landes and Pierre Yves Neron, "Public Insurance and Equality: From Redistribution to Relation," *Res Publica* 21, no. 2 (2015): 137–154.

③ Gijs van Donselaar, "The Freedom Based Account of Solidarity and Basic Income," *Ethical Theory and Moral Practice* 1, no. 3 (1998): 313–338.

亲密劳动合法化当然可以部分使女性在形式上自由做出选择——是否从事性工作或生殖交易。工薪劳动者如果要享有真正的自由，而不仅仅是形式上的自由，需要保证自己有对一部分社会资源的控制权，使自己既不被剥削，也不会挨饿。对性工作者和捐卵者来说，也是如此。为了保护他们自由选择的权利，刑事禁令并不是解决办法。然而，一些女性因为走投无路而从事亲密劳动，如果不进一步改变这种状况，那么合法化也不是解决办法。她们需要的是物质机会，能有亲密劳动以外的其他选择。这意味着女性普遍需要正式的择业机会保障，而不是被拒之门外。

社群主义者反对亲密劳动，支持基本收入，还有一个关于社会规范的理论基础。其根本要求是防止社会关系变成资本关系，或者更确切地说，防止团结关系变成竞争关系。然而，支持制裁亲密劳动的社群主义者遇到了难题：禁令使合法市场变成了黑市，而黑市同样以竞争、讨价还价和利己主义为特征。因此，禁令并不能达到预期效果，它既不能保护团结关系不受市场竞争规范的影响，也不能遏制市场对人类私密领域和公民生活的侵蚀。社群主义者关于无条件基本收入的见解为我们提供了一种可以在不引入刑事制裁的情况下保持团结的社会关系的方法。

我们不需要通过禁止亲密劳动来达到去商品化的目的，正如我们不需要通过禁止一般劳动来达到去商品化的目的一样，相反，我们需要确保有意义的选择成为一种社会权利。换句话说，我们不需要阻止人们进入资本关系，我们只需要确保这样做不是人们唯一的选择。在某种程度上，无条件基本收入使雇佣劳动不具强制性，从而能更普遍地去商品化。我们也期望无条件基本收入可以在亲密劳动领域产生同样的效果，确保一些人不是完全为了金钱而从事亲密劳动。① 无条件基本收入还有望减少亲密交易的数量和频率，目前因为绝望而选择亲密劳动的人将有望不再从事亲密劳动。考虑到这些因素，社群主义者和关系理论家应该支持无条件基本收入。

① 在某种程度上，人们认为利己主义的存在威胁了利他主义和团结主义，社群主义的论点可以归结为对动机的担忧。但我们没有理由认为，利己主义必然会扼杀利他主义。

那些致力于维护刑事禁令的人试图回应：尽管无条件基本收入有望强化善意的动机，降低亲密关系转变为资本关系的可能性，但这并不能解决核心问题。社群主义者或关系理论家可能会争辩说，他们的主要担忧既不是动机，也不是结果，而是表达功能。从表达功能来看，禁令代表了一种集体信念，即某些活动及其界定的关系应该以特定的方式得到重视。无条件基本收入很可能会减少亲密交易的数量和频率，但它不允许我们表达这样一种集体信念，即母性和性的价值不该按照市场价格来衡量。基于这种理解，我们需要制定法律来禁止亲密交易，因为法律的功能是表达社会价值，而我们想表达的是，母性和性的价值是不能以价格来衡量的。

表达论者有两种可行的解决方案：一是确保将我们的价值观庄严地载入法律，二是改变我们的价值观。表达论者的论点本身与这两种解决方案并无多大关联。[1] 基于平等主义，我们更应该考虑采纳后一种解决方案。鉴于此，我们必须问：如果我们担心市场蚕食人际关系的利他主义领域，为什么我们只坚持禁止亲密劳动？是什么让性和母性有别于其他类型的关系？我们同样希望这两种关系不受市场规范的影响，它们的非市场价值必须单独得到法律的保护。

性工作和卵子销售的特殊之处在于，它们几乎完全是由女性完成的（而且几乎全部或者至少一部分是为男性完成的）。[2] 这表明，我们试图通过法律来表达对这些特殊商业行为的不屑，其中一个原因是，它们源于父权制对性别利他主义的期望。人们认为女性更适合也更顺从于利他主义和慈善事业，期望她们承担传达这些价值观的社会角色。长期以来，这种期望界定并束缚着女性的生活。为什么我们要继续把维护社区利益和团结的重担压在女性身上？如果法律确实起到表达的作用，那么对于它所表达的关于女性身体和社会角色的内容，我们应该非常谨慎。性别利他主义以父权制为基础，这使我们有充分的理由拒绝通过法律来表达的反映和延续压

---

① Jason Brennan and Peter Martin Jaworski, "Markets Without Symbolic Limits," *Ethics* 125, no. 4 (2015): 1053–1077.

② Debra Satz, *Why Some Things Should Not Be for Sale: The Moral Limits of Markets* (New York: Oxford University Press, 2010), pp. 146–148.

迫性社会结构的价值观。①

进一步考虑，女性的工作价值较低这种观念源于性别不平等观。这通常表现为支付给女性较低的工资，若是她们从事家务劳动和护理工作，则没有任何工资。亲密劳动有偿即犯罪，好像也证明了这一点。我们有充分的理由认为，公民工资可以最好地确保大部分未被承认的女性劳动得到适当的报酬。② 从这个角度来看，主张通过刑事禁令来表达信念（女性有责任背负利他主义的重担），体现了深层次的不公正。尽管表达论者对我们是否将价值观写进法律或仅仅改变它们毫不在意，但基于平等主义，我们有理由支持后一种方案，并欣然接受可以实现下列目标的社会政策：既不会剥夺女性的选择权，也不会限制她们的身体，还能维护社会团结。

基本收入制度化

对基本收入的支持者来说，参与关于亲密劳动与刑法讨论的人理应支持无条件基本收入，这毫不奇怪。基于自主性而反对禁止亲密劳动的论点，牢牢植根于自由平等主义；基于反对商品化而支持禁止亲密劳动的论点，则牢牢植根于社群主义或关系平等主义。每个理论框架的最终目的都不是为刑法体系提供依据，而是为社会保险体系和支持这一体系所需的市场规则提供依据。到目前为止，本章已经为辩论双方提供了充分的依据，在符合各自规范性承诺的情况下，无条件基本收入将更好地解决他们所关心的核心问题，并为正在进行的论辩提供一个双方都满意的解决方案。

但我们必须注意，不要将无条件基本收入视为解决任何现实问题或意识形态问题的万全之策。正如巴里所说："问基本收入的利弊，就像问将猫科动物当宠物养的利弊，却搞不清楚老虎和斑猫之间的差别。"基本收

① Catharine A. MacKinnon, *Toward a Feminist Theory of the State* (Cambridge, MA: Harvard University Press, 1989).

② Julieta Elgarte, "Basic Income and the Gendered Division of Labor," *Basic Income Studies* 3, no. 3 (2008): 1-8.

入的基准和覆盖范围不同，其特征和潜力也将大不相同。基本收入是否真的能促进自由和团结，在很大程度上取决于它是否高到足以成为工作的真正替代品，以及它是否能取代物质转移形式的社会福利和保险计划或成为其有益的补充。

为了实现在自由主义和社群主义两方面的意识形态目标，基本收入的基准必须设置得足够高，以形成一个真正的工作替代方案。否则，我们既不能指望它为受益者提供做事和做人的自由，也不能指望它将社会权利和劳动力市场参与分离开来。然而，如果将基本收入的基准设置得太高，完全有可能抑制劳动力市场参与，使其变得不可持续。众所周知，这很难达成平衡。但就我们当下的目的而言，只要基本收入足够高，人们就不会出于绝望而从事某些行业，这样就足够了。从解决亲密劳动有关问题的角度来看，我们的目的并不是给予一些人不用工作的自由，而是给予其无须被迫出卖性能力的自由。

性工作者最初进入这一行业通常只是打打零工，以应付不时之需。大多数性工作者在开始全职工作之前并不会产生性工作者的自我认同，而这个自我认同的过程可能长达数年。[①] 这一点很重要，因为这意味着基本收入不需要高到不可持续的程度，就可以决定性工作者是否一开始就选择进入这一领域。在此，月基本收入数据具有借鉴意义：芬兰 560 欧元（相当于 640 美元），加利福尼亚州 1 000 美元，安大略省 1 400 加元（相当于 1 060 美元）。[②] 对很多女性来说，以月均 900 美元为基准可能就足够高了，这样她们中的一部分人就无须以打零工的形式进入性工作领域，从而避免完全进入该领域并产生自我认同。对那些为了支付突发费用而从事性工作的女性而言，基本收入将会提供一个重要且可靠的收入来源，从而改变她们的命运，使她们不必违背自己的意愿而成为性工作者。

---

① Ronald Weitzer, "Prostitution as a Form of Work," *Sociology Compass* 1, no. 1 (2007): 143 - 155.

② Basic Income Earth Network, "Overview of Current Basic Income Related Experiments," October 2017, https://basicincome. org/news/2017/10/overview-of-current-basic-income-related-experiments-october-2017.（这里采用了 2018 年 11 月欧元兑美元和加元兑美元的汇率。）

对捐卵者而言，情况也是如此。在美国，许多人捐卵是为了支付学费或还贷款。[①] 每次捐卵的平均收入为 4 200 美元，捐卵次数不能超过 6 次，大多数人的捐卵次数少于 2 次。[②] 每月 900 美元（或每年 10 800 美元）的定期拨款，将能为她们提供一个真正的替代性选择。对捐卵者、性工作者等来说，尽管这一水平的基本收入可能无法完全替代她们的工作，但应该足够支付那些最初将其逼入亲密劳动领域的费用了。

第二个要考虑的问题是基本收入的覆盖范围，它是否会补充或取代从事亲密劳动的女性所依赖的现有福利计划？无条件基本收入是否取代现有的有条件的现金计划，与它是否取代现有的物资供应网络（如医疗保健、教育、保障性住房）的性质完全不同。无条件基本收入不应取代已有的物质救助制度，而应作为其补充措施一起实施。如果无条件基本收入取代了公共教育，那么学费必须从拨款中支付，这将破坏公共教育最重要的潜力，即提高高中毕业率。[③] 由于亲密劳动行业与性健康和生殖健康需求密切相关，行业内女性的保健或保险费用可能高于其他受助者，如果以现金补助取代医疗保健或医疗保险，这将是不公平的。此外，试图离开亲密劳动行业的女性有时会依赖保障性住房制度，因此这一制度应得到充分补贴。

首先，物质救助制度符合自由主义和社群主义关于基本收入的论点。虽然从自由主义的角度来看，这一制度可能问题更大，因为其缺乏可替代性，这可以说是对自主性和中立性的一种冒犯，而这种自主性和中立性本应通过现金转移得到加强。福利国家提供的商品和服务可以看作自主选择的先决条件，而现金转移则使人们能够行使这种选择权。其次，很多人不善于理财，至少一开始是这样的。管理流动资产并不是一件容易的事，即便具备一定金融知识的人也倾向于优先考虑当下而不是未来，从而选择相

① Stephanie Talmadge, "College Females Turn to Egg Donation to Fund School," *USA Today*, July 11, 2013; Lois Rogers and Jane Mulkerrins, "Young Women Selling Their Eggs to Pay Off Student Loans," *Sunday Times*, June 5, 2016.

② Carina Hsieh, "16 Things You Need to Know about Donating Your eggs," *Cosmopolitan*, September 27, 2017.

③ Evelyn L. Forget, "The Town with No Poverty," *University of Manitoba*, February 12, 2011, http://nccdh.ca/images/uploads/comments/forget-cea_ (2). pdf.

对较差的商品。因此，理性的分析证明，在许多情况下，我们有理由支持物质救助制度，并将其当作一种自我约束机制，这样我们就完全可以从自由主义的立场为其辩护。[①] 最后，从自由主义的角度来看，在私营市场导致低效率的情况下，物质救助制度是更可取的，医疗保险就是一个典型的例子。[②]

以覆盖面较大的物质救助制度为基础，以补助金为补充，这与社群主义者关于基本收入的主张相一致。有人认为，某些商品必须是公共的，若不是公共提供则无法享用。比尔·乔丹（Bill Jordan）认为，只有基本收入与“同样坚定的公共资源政策”相结合，才能有望产生一个公正的社群主义社会。[③] 埃斯平-安德森认为，提供公共商品和社会服务救助是确保去商品化、维护非商品化社会关系的必要手段。[④] 基于社群主义，发放补助金的目的是将劳动去商品化，防止所有的社会关系变成市场关系，用单一的现金转移来取代公共产品和社会服务将会适得其反——迫使公民进入市场，以满足他们所有的基本需求。[⑤] 一方面，公民对于收入的需求只能通过发放现金来满足；另一方面，公民的其他基本需求最好以物质形式直接给予满足，从而有效避免市场交易和市场关系的泛滥。

本章最后一部分旨在表明，在基准足够高、覆盖范围有所限制的条件下，无条件基本收入能实现自由主义者和社群主义者的既定目标，并对与亲密劳动有关的问题做出比刑法更令人满意的回应。对自由主义者来说，补助金的数额至关重要，因为它关系到是否能促进从事亲密劳动的女性做其他事情的真正自由。因此，无条件基本收入的基准至少应该高到足以让那些出于绝望而从事亲密交易的女性做出其他的选择。基于效率、公平和

---

① Joseph Heath and Vida Panitch, “Why Cash violates Neutrality,” *Basic Income Studies* 5, no. 1 (2010): 1 - 26.

② L. Chad Horne, “Medical Need, Equality, and Uncertainty,” *Bioethics* 30, no. 8 (2016): 588 - 596.

③ Bill Jordan, “Basic Income and the Common good,” in *Arguing for Basic Income: Ethical Foundations for a Radical Reform*, ed. Philippe Van Parijs (London: Verso, 1992), p. 162.

④ Gosta Esping-Andersen, *The Three Worlds of Welfare Capitalism* (Princeton: Princeton University Press, 1990), p. 45.

⑤ Vida Panitch, “Basic Income, Decommodification, and the Welfare State,” *Philosophy and Social Criticism* 37, no. 8 (2011): 935 - 945.

自主，自由主义者应该倾向于在广泛的社会支持下实行无条件基本收入。对社群主义者来说，无条件基本收入的基准同样重要，它要高到足以让一些女性离开亲密劳动行业，或者从一开始就避免进入这一行业。这是因为提供一种足够替代亲密劳动的选择可以规范市场关系；同时，提供公民所需的物质和服务，使他们不必为了满足基本需求而进入市场关系。

本章的结论如下：对辩论中的任何一方而言，刑法不能令人满意，而无条件基本收入可以令双方都满意。合法化或许能很好地维护自主性，但不能解除自由主义者关于脆弱性和绝望感的担忧。同时，从表面上来看，刑事禁令似乎解除了社群主义者的担忧（重要的社会关系不应该变成资本关系），实际上却忽视了刑事禁令使合法市场变成黑市的可能性。如果无条件基本收入的基准高到足以替代亲密劳动，将其纳入覆盖面较广的物质救助制度体系而不是取代已有制度，就可以让部分女性离开亲密劳动行业，或者从一开始就避免进入这一行业，同时也不会剥夺她们选择自己心仪工作的机会，从而防止任何利他主义或团结关系转变为资本关系。这种意义上的无条件基本收入一方面可以扩大人们的自治权，另一方面可以改善人与人之间的关系，加强团结。前者是自由主义的核心，后者则是社群主义的基石。因此，自由主义者和社群主义者都应该放弃支持刑法，转而支持基本收入。

译后记

翻译不仅是语言间的转换，而且是知识领域的扩展和思维方式的灵活转变。我原本相当狭隘的知识面在翻译本书的过程得到了拓展，我对工作、生活、政治、经济和公共政策的理解也不再拘泥于个人的主观感受和习惯性思维，而是更多地考虑其他社会结构和群体。本书收录的文章探讨了基本收入的方方面面，构成了一个相对完整的框架。有些文章偏重理论分析，如第一章和第二章。关于自由、自主和国家治理之间的矛盾与统一晦涩难懂，只有广泛阅读相关文献，我们才能大致厘清各种概念及其关系。虽然理论上尚未形成定论，但无条件基本收入或全民基本收入无疑是福利国家可以纳入考量的一个政策思路。有些文章则更加关注民生问题，如最后两章探讨的是底层劳动者和受歧视的女性群体所面临的困境，而无条件基本收入则显然能帮助他们减轻负担，增加他们的选择机会，从而使他们过上更加轻松、舒适的生活。

本书让我重新思考工作的本质。我们工作仅仅是为了赚钱吗？如果有基本收入，我们还需要工作吗？书中有文章指出，不工作的人并不一定会虚度时光，反倒可以更好地利用闲暇时间来提升生活质量，进行艺术创作或者帮助他人。虽然这是一种非常美好的憧憬，但是我担心这种憧憬或许很难实现。就目前来看，技术正越来越全面地渗透到我们的日常生活中，而我们有限的闲暇时光似乎已经被数字娱乐所侵占。如果年轻一代可以不用工作，他们是会选择更加有意义的创造性生活，还是会沉迷于娱乐至死的虚拟世界？这将是关于人性的考验，也是关于人类社会存亡的问题。当然，这一切的前提是有人不断推动技术进步，从而使得大规模的人类劳动不再是社会生产的必要条件。对我这样一个在“劳动最光荣”的歌声里长大的人来说，无论生活条件如何改善，工作（有偿或者无偿）都将是我实现自我价值的必要手段。

由于译者专业知识不足，水平有限，译文中难免出现各种问题，敬请专家和广大读者批评指正。

内容提要

abstract

本书探讨的问题主要包括自由意志主义者和无政府主义者主张全民基本收入的理由，基本收入对某些从业者的积极作用，全民基本收入是否可以减少家长制作风，“坏工作”的性质及基本收入对其影响，等等。关于基本收入与自由的探讨，证明了全民基本收入有利于保障公民的自由；关于工作的探讨，证明了全民基本收入有助于改善不平等就业；关于实施基本收入政策能否避免福利政策的家长制作风的探讨，有研究者认为这是不言而喻的，也有研究者从家长制的定义出发进行细节分析，认为并非基本收入能减少家长制作风，而是无条件或全民这一前提有利于减少家长制作风。除此之外，本书还指出，在科技不断发展、工作性质不断发生变化的社会，工作的未来和全民基本收入的问题值得人们进行更深入的研究。